SIGMUND
FREUD
OBRAS COMPLETAS

SIGMUND
FREUD
OBRAS COMPLETAS VOLUME 9

OBSERVAÇÕES SOBRE UM CASO DE NEUROSE OBSESSIVA ["O HOMEM DOS RATOS"], UMA RECORDAÇÃO DE INFÂNCIA DE LEONARDO DA VINCI E OUTROS TEXTOS
(1909-1910)
TRADUÇÃO PAULO CÉSAR DE SOUZA

9ª reimpressão

COMPANHIA DAS LETRAS

Copyright da tradução © 2013 by Paulo César Lima de Souza

Grafia atualizada segundo o Acordo Ortográfico da Língua Portuguesa de 1990, que entrou em vigor no Brasil em 2009.

Os textos deste volume foram traduzidos de *Gesammelte Werke*, volumes VII, VIII e XII (Londres: Imago, 1941, 1943 e 1947). Os títulos originais estão na página inicial de cada texto. A outra edição alemã referida é *Studienausgabe*, Frankfurt: Fischer, 2000.

Capa e projeto gráfico
warrakloureiro

Imagens das pp. 3 e 4
Figura feminina, Síria, c. 2000-1750 a.C., argila, 11,7 cm.
Abutre, Egito, 716-332 a.C., bronze, 4,3 cm.
Obras da coleção pessoal de Freud.
Freud Museum, Londres.

Preparação
Célia Euvaldo

Índice remissivo
Luciano Marchiori

Revisão
Renata Lopes Del Nero
Valquíria Della Pozza

Dados Internacionais de Catalogação na Publicação (CIP)
(Câmara Brasileira do Livro, SP, Brasil)

Freud, Sigmund, 1856-1939.
    Obras completas, volume 9: observações sobre um caso de neurose obsessiva ["O homem dos ratos"], uma recordação de infância de Leonardo da Vinci e outros textos (1909-1910) / Sigmund Freud; tradução Paulo César de Souza. — 1ª ed. — São Paulo: Companhia das Letras, 2013.

Título original: Gesammelte Werke
ISBN 978-85-359-2239-4

1. Freud, Sigmund, 1856-1939 2. Psicanálise 3. Psicologia
4. Psicoterapia I. Título.

13-01600   CDD-150.1952

Índice para catálogo sistemático:
1. Sigmund Freud: Obras completas: Psicologia analítica   150.1952

Todos os direitos desta edição reservados à
EDITORA SCHWARCZ S.A.
Rua Bandeira Paulista, 702, cj. 32
04532-002 — São Paulo — SP
Telefone: (11) 3707-3500
www.companhiadasletras.com.br
www.blogdacompanhia.com.br
facebook.com/companhiadasletras
instagram.com/companhiadasletras
twitter.com/cialetras

SUMÁRIO

ESTA EDIÇÃO 9

OBSERVAÇÕES SOBRE UM CASO DE NEUROSE OBSESSIVA ("O HOMEM DOS RATOS", 1909) 13
I. HISTÓRIA CLÍNICA 17
II. CONSIDERAÇÕES TEÓRICAS 82

UMA RECORDAÇÃO DE INFÂNCIA DE LEONARDO DA VINCI (1910) 113

CINCO LIÇÕES DE PSICANÁLISE (1910) 220

AS PERSPECTIVAS FUTURAS DA TERAPIA PSICANALÍTICA (1910) 287

SOBRE O SENTIDO ANTITÉTICO DAS PALAVRAS PRIMITIVAS (1910) 302

CONCEPÇÃO PSICANALÍTICA DO TRANSTORNO PSICOGÊNICO DA VISÃO (1910) 313

SOBRE PSICANÁLISE "SELVAGEM" (1910) 324

UM TIPO ESPECIAL DE ESCOLHA DE OBJETO FEITA PELO HOMEM (CONTRIBUIÇÕES À PSICOLOGIA DO AMOR I) (1910) 334

SOBRE A MAIS COMUM DEPRECIAÇÃO NA VIDA AMOROSA (CONTRIBUIÇÕES À PSICOLOGIA DO AMOR II) (1912) 347

O TABU DA VIRGINDADE (CONTRIBUIÇÕES À PSICOLOGIA DO AMOR III) (1917) 364

TEXTOS BREVES (1910) 388
INTRODUÇÃO E CONCLUSÃO DE UM DEBATE SOBRE O SUICÍDIO 389
CARTA A FRIEDRICH S. KRAUSS SOBRE A REVISTA *ANTHROPOPHYTEIA* 391
EXEMPLOS DE COMO OS NEURÓTICOS REVELAM SUAS FANTASIAS PATOGÊNICAS 393
RESENHA DE *CARTAS A MULHERES NEURÓTICAS*, DE WILHELM NEUTRA 395

ÍNDICE REMISSIVO 397

ESTA EDIÇÃO

Esta edição das obras completas de Sigmund Freud pretende ser a primeira, em língua portuguesa, traduzida do original alemão e organizada na sequência cronológica em que apareceram originalmente os textos.

A afirmação de que são obras completas pede um esclarecimento. Não se incluem os textos de neurologia, isto é, não psicanalíticos, anteriores à criação da psicanálise. Isso porque o próprio autor decidiu deixá-los de fora quando se fez a primeira edição completa de suas obras, nas décadas de 1920 e 30. No entanto, vários textos pré-psicanalíticos, já psicológicos, serão incluídos nos dois primeiros volumes. A coleção inteira será composta de vinte volumes, sendo dezenove de textos e um de índices e bibliografia.

A edição alemã que serviu de base para esta foi *Gesammelte Werke* [Obras completas], publicada em Londres entre 1940 e 1952. Agora pertence ao catálogo da editora Fischer, de Frankfurt, que também recolheu num grosso volume, intitulado *Nachtragsband* [Volume suplementar], inúmeros textos menores ou inéditos que haviam sido omitidos na edição londrina. Apenas alguns deles foram traduzidos para a presente edição, pois muitos são de caráter apenas circunstancial.

A ordem cronológica adotada pode sofrer pequenas alterações no interior de um volume. Os textos considerados mais importantes do período coberto pelo volume, cujos títulos aparecem na página de rosto, vêm em primeiro lugar. Em uma ou outra ocasião, são reunidos aqueles que tratam de um só tema, mas não foram publicados sucessivamente; é o caso dos artigos sobre a técnica psicanalítica, por exemplo. Por fim, os textos mais curtos são agrupados no final do volume.

Embora constituam a mais ampla reunião de textos de Freud, os dezessete volumes dos *Gesammelte Werke* foram sofrivelmente editados, talvez devido à penúria dos anos de guerra e de pós-guerra na Europa. Embora ordenados cronologicamente, não indicam sequer o ano da publicação de cada trabalho. O texto em si é geralmente confiável, mas sempre que possível foi cotejado com a *Studienausgabe* [Edição de estudos], publicada pela Fischer em 1969-75, da qual consultamos uma edição revista, lançada posteriormente. Trata-se de onze volumes organizados por temas (como a primeira coleção de obras de Freud), que não incluem vários textos secundários ou de conteúdo repetido, mas incorporam, traduzidas para o alemão, as apresentações e notas que o inglês James Strachey redigiu para a *Standard edition* (Londres, Hogarth Press, 1955-66).

O objetivo da presente edição é oferecer os textos com o máximo de fidelidade ao original, sem interpretações de comentaristas e teóricos posteriores da psicanálise, que devem ser buscadas na imensa bibliografia sobre o tema. Informações sobre a gênese de cada obra também podem ser encontradas na literatura secundária. Para questionamentos de pontos específicos e do próprio conjunto da teoria freudiana, o leitor deve recorrer à literatura crítica de M. Macmillan, A. Esterson, F. Cioffi, J. Van Rillaer, E. Gellner e outros.

Após o título de cada texto há apenas a referência bibliográfica da primeira publicação, não a das edições subsequentes ou em outras línguas, que interessam tão somente a alguns especialistas. Entre parênteses se acha o ano da publicação original; havendo transcorrido mais de um ano entre a redação e a publicação, a data da redação aparece entre colchetes. As indicações bibliográficas do autor foram normalmente conservadas tais como ele as redigiu, isto é, não foram substituídas por edições mais recentes das obras citadas. Mas sempre é fornecido o ano da publicação, que, no caso de remissões do autor a seus próprios textos, permite que o leitor os localize sem maior dificuldade, tanto nesta como em outras edições das obras de Freud.

As notas do tradutor geralmente informam sobre os termos e passagens de versão problemática, para que o leitor tenha uma ideia mais precisa de seu significado e para justificar em alguma medida as soluções aqui adotadas. Nessas notas são reproduzidos os equivalentes achados em algumas versões estrangeiras dos textos, em línguas aparentadas ao português e ao alemão. Não utilizamos as duas versões das obras completas já aparecidas em português, das editoras Delta e Imago, pois não foram traduzidas do alemão, e sim do francês e do espanhol (a primeira) e do inglês (a segunda).

No tocante aos termos considerados técnicos, não existe a pretensão de impor as escolhas aqui feitas, como se fossem absolutas. Elas apenas pareceram as menos insatisfatórias para o tradutor, e os leitores e profissionais que empregam termos diferentes, conforme suas diferentes abordagens e percepções da psicanálise, devem sentir-se à vontade para conservar suas opções; que cada qual seja "feliz à sua maneira", como disse aquele famoso rei da Prússia, citado por Freud.

P.C.S.

OBSERVAÇÕES SOBRE UM CASO DE NEUROSE OBSESSIVA ("O HOMEM DOS RATOS", 1909)

TÍTULO ORIGINAL: *BEMERKUNGEN ÜBER EINEN FALL VON ZWANGSNEUROSE*, PUBLICADO PRIMEIRAMENTE EM *JAHRBUCH FÜR PSYCHOANALYTISCHE UND PSYCHOPATHOLOGISCHE FORSCHUNGEN* [ANUÁRIO DE PESQUISAS PSICANALÍTICAS E PSICOPATOLÓGICAS], 1, N. 2, PP. 357-421. TRADUZIDO DE *GESAMMELTE WERKE* VII, PP. 381-463; TAMBÉM SE ACHA EM *STUDIENAUSGABE* VII, PP. 31-103.

As páginas seguintes conterão duas coisas: primeiro, uma comunicação fragmentária da história de um caso de neurose obsessiva* que, por sua duração e consequências, e numa apreciação subjetiva, pode ser incluído entre aqueles de certa gravidade, e cujo tratamento, durando cerca de um ano, obteve a princípio a recuperação plena da personalidade e o fim de suas inibições. Em segundo lugar, relacionadas a este e apoiadas em outros casos anteriormente analisados, afirmações de natureza aforística sobre a gênese e o delicado mecanismo dos processos psíquicos obsessivos, que devem dar prosseguimento à minha primeira exposição sobre o tema, publicada em 1896.[1]

Tal sumário do conteúdo me parece requerer uma justificação, a fim de que não pensem que considero impecável e exemplar essa forma de comunicação, quando, na realidade, apenas levo em conta inibições de natureza externa e interna, e bem gostaria de oferecer mais, se assim me fosse dado e permitido. A história completa do tratamento não posso informar, pois ela exigiria penetrar detalhadamente na vida do paciente. A incô-

---

* *Zwangsneurose*, no original. O termo *Zwang*, presente nessa e em outras expressões que surgirão no texto, pode significar "compulsão" e "coação", além de "obsessão", a escolha geralmente adotada. O leitor deverá ter isso em mente todas as vezes que deparar com o substantivo "obsessão" e o adjetivo "obsessivo". [As notas chamadas por asteriscos e as interpolações às notas do autor, entre colchetes, são de autoria do tradutor. As notas do autor são sempre numeradas.]

1 "Novas observações sobre as neuropsicoses de defesa, parte II, "Natureza e mecanismo da neurose obsessiva" [1896].

moda atenção de uma grande cidade, dirigida muito especialmente à minha atividade médica, proíbe-me uma exposição inteiramente fiel; e acho cada vez mais inadequadas e reprováveis as distorções a que se costuma recorrer nessas circunstâncias. Sendo pequeninas, não alcançam o fim de proteger o paciente da curiosidade indiscreta; indo mais além, envolvem sacrifícios demasiado grandes, pois anulam a compreensão do conjunto de fatores ligado justamente aos pequenos dados da vida real. Desse último fato vem a situação paradoxal de que podemos antes tornar públicos os mais íntimos segredos de um paciente, pelos quais ninguém o conhece, do que as mais inofensivas e banais características de sua pessoa, que são conhecidas de todos e o tornariam facilmente reconhecível.

Se assim justifico a severa abreviação da história da doença e do tratamento, minha limitação a alguns resultados da investigação psicanalítica da neurose obsessiva terá explicação ainda mais pertinente. Admito que ainda não consegui penetrar inteiramente a complicada trama de um caso difícil de neurose obsessiva, e que, na reprodução da análise, não teria como tornar visível a outros, através das sobreposições do tratamento, essa estrutura analiticamente reconhecida ou suspeitada. São as resistências dos doentes e as formas em que elas se manifestam que dificultam sobremaneira essa última tarefa. Mas é preciso dizer que uma neurose obsessiva não é, em si, coisa fácil de compreender; é bem mais difícil do que um caso de histeria. Na verdade, seria de esperar o contrário. Os meios de que se serve a neurose obsessiva para exprimir seus pensamentos ocultos, a linguagem da neurose obsessiva, são como que um dialeto da linguagem histérica, mas um dialeto que nos deveria ser mais inteligível, porque é mais aparentado ao nosso pensar consciente do que o histérico. Ele não envolve, sobretudo, o salto do psíquico para a inervação somática — a conversão histérica — que jamais podemos acompanhar com o nosso intelecto.

Talvez o fato de a realidade não confirmar a expectativa deva-se apenas à nossa pouca familiaridade com a neurose obsessiva. Os neuróticos obsessivos de alto calibre buscam o tratamento analítico mais raramente do que os histéricos. Eles também dissimulam na vida o seu estado, tanto quanto possível, e frequentemente vão ao médico apenas nos estágios avançados da doença, tal como, se sofressem de tuberculose, recusariam o internamento num sanatório. Faço esta comparação porque, tanto nos casos leves de neurose obsessiva como naqueles graves, mas combatidos a tempo, podemos mostrar uma série de brilhantes sucessos terapêuticos, de modo semelhante àquela doença infecciosa crônica.

Em tais circunstâncias, não há alternativa senão relatar as coisas da maneira incompleta e imperfeita como as sabemos e podemos comunicar. Os nacos de conhecimento aqui oferecidos, laboriosamente obtidos, podem não ser muito satisfatórios em si, mas talvez venha a juntar-se a eles o trabalho de outros pesquisadores, e os esforços conjuntos alcancem o que pode ser demasiado para um só indivíduo.

I. HISTÓRIA CLÍNICA

Um homem jovem, de formação acadêmica, apresenta-se afirmando que sofre de ideias obsessivas desde a infância, mas há quatro anos com intensidade particular. O conteúdo principal de sua doença, diz ele, são *temores* de que aconteça algo a duas pessoas que muito ama, o pai e uma dama da qual é admirador. Além do que, sente *impulsos obsessivos*, como cortar a garganta com uma navalha de barbear, e cria *proibições* relativas também a coisas insignificantes. Na luta contra essas ideias perdeu anos de sua vida, e por causa disso ficou para trás. Dos tratamentos que experimentou, o único que o ajudou em algo foi uma hidroterapia numa instituição perto de **; mas isso, talvez, por lá haver conhecido uma mulher com quem teve relação sexual regular. Aqui ele não tem oportunidade para isso, suas relações são raras e a intervalos irregulares. Tem aversão a prostitutas. Até hoje sua vida sexual foi pobre, a masturbação teve nela um papel pequeno, aos dezesseis e dezessete anos de idade. A potência é normal; o primeiro coito sucedeu aos vinte e seis anos.

Ele dá a impressão de uma mente clara e aguda. Quando lhe pergunto o que o faz pôr em primeiro plano as informações sobre sua vida sexual, responde que é o que sabe sobre as minhas teorias. Não leu realmente nenhuma de minhas obras, mas recentemente deparou com a explicação de umas curiosas associações de palavras, num livro meu,[2] que lhe lembraram tanto seus

---

2 *Psicopatologia da vida cotidiana* [1901].

próprios "trabalhos mentais" com suas ideias, que resolveu confiar-se a mim.

A) O INÍCIO DO TRATAMENTO

Após fazê-lo comprometer-se, no dia seguinte, a observar a única condição do tratamento — dizer tudo o que lhe vier à mente, ainda que lhe seja *desagradável*, ainda que lhe pareça *insignificante, impertinente* e *sem sentido* —, e deixando ao seu alvitre o tema com que iniciará suas comunicações, ele começa da seguinte forma:[3]

Há um amigo que ele tem em altíssima conta. Costuma procurá-lo quando se vê atormentado por um impulso[*] à delinquência, perguntando-lhe se o despreza como delinquente. O amigo lhe dá ânimo, assegura-lhe que é um homem inatacável, que desde a infância, provavelmente, habituou-se a avaliar sua vida por esse ponto de vista. Influência igual exerceu sobre ele, anos atrás, outro amigo, um estudante que tinha dezenove anos, enquanto ele tinha catorze ou quinze, e que dele gostou e elevou extraordinariamente sua autoestima, de forma que ele acreditou-se um gênio. Depois esse estudante

---

[3] Redigido segundo as anotações feitas na noite de cada dia do tratamento, buscando servir-me das palavras que recordava do paciente. — Sinto-me obrigado a advertir que não se utilize a hora mesma do tratamento para registrar o que se ouve. O desvio da atenção do médico traz mais danos ao paciente do que o que poderia ser relevado pelo ganho na fidelidade da reprodução do caso.

[*] *Impuls*, no original. Normalmente a palavra "impulso" é tradução de *Regung* nesta edição de obras de Freud, por isso assinalamos as poucas ocasiões em que o autor utiliza outro termo.

I. HISTÓRIA CLÍNICA

veio a dar-lhe aulas particulares e mudou subitamente a conduta, tratando-o como um imbecil. Ele notou, enfim, que o outro se interessava por uma de suas irmãs, e estabelecera relação com ele apenas para ter acesso à sua casa. Esta foi a primeira comoção de sua vida.

Ele então prossegue, abruptamente:

b) A SEXUALIDADE INFANTIL

"Minha vida sexual começou bastante cedo. Lembro-me de uma cena de quando tinha quatro ou cinco anos de idade (a partir dos seis minha lembrança é completa), que anos depois me veio claramente à memória. Tínhamos uma governanta jovem e muito bela, a srta. Peter.[4] Uma noite, ela lia, deitada no sofá, com roupas leves; eu estava a seu lado e pedi que me deixasse entrar sob sua saia. Ela o permitiu, desde que eu não falasse a ninguém sobre isso. Ela estava com pouca roupa, e eu toquei nos seus geni-

---

[4] Quando ainda era psicanalista, o dr. Alfred Adler mencionou, numa conferência privada, a importância especial que têm as *primeiríssimas* comunicações dos pacientes. Eis aqui uma prova disso. As palavras iniciais do paciente enfatizam a influência que os homens exercem sobre ele, o papel da escolha homossexual de objeto em sua vida, e em seguida abordam um segundo tema, que depois sobressairá bastante: o conflito e a oposição de interesses entre homem e mulher. Também deve ser registrado o fato de se lembrar da primeira e bela governanta pelo nome de família, que casualmente é igual a um prenome masculino. Nos círculos burgueses de Viena, costuma-se chamar as governantas pelo prenome, guardando-se sobretudo este na memória. [Na primeira edição, de 1909, essa nota começava da seguinte forma: "Meu colega, o dr. Alfred Adler [...]"; foi modificada em 1913, após a ruptura com Adler.]

tais e no ventre, que me pareceram esquisitos. Desde então sinto uma curiosidade ardente, dolorosa, de ver o corpo feminino. Ainda lembro com que tensão eu aguardava que, ao nos banharmos (o que ainda podia fazer com a senhorita e minhas irmãs), ela se despisse e entrasse na água. A partir dos seis anos lembro-me de mais coisas. Tínhamos então uma outra governanta, também jovem e bonita, que tinha abscessos nas nádegas e costumava espremê-los à noite. Eu esperava por esse momento, para saciar minha curiosidade. A mesma coisa no banho, embora a srta. Lina fosse mais reservada do que a primeira. (Respondendo a uma pergunta: Eu não dormia normalmente no seu quarto, e sim no de meus pais.) Recordo uma cena em que eu devia ter sete anos de idade.[5] Estávamos juntos, uma noite, eu, meu irmão que é um ano e meio mais jovem, a senhorita, a cozinheira e uma outra garota. De repente ouvi, na conversa das garotas, a srta. Lina dizer: 'Com o menor dá para fazer, mas Paul (eu) é muito sem jeito, não acerta'. Não compreendi bem o que queriam dizer, mas senti o menosprezo e me pus a chorar. Lina me consolou e disse que uma garota, que fizera algo assim com um menino do qual cuidava, havia passado vários meses na prisão. Não creio que ela tenha feito algo errado comigo, mas eu tomei liberdades com ela. Quando ia para sua cama, eu a descobria e

---

[5] Depois ele admite que provavelmente a cena ocorreu um ou dois anos mais tarde.

I. HISTÓRIA CLÍNICA

a bolinava, o que ela consentia sem nada dizer. Ela não era muito inteligente e, claramente, tinha fortes desejos sexuais. Com 23 anos já tivera um filho, cujo pai veio a desposá-la, de modo que hoje ela é uma sra. *Hofrat*.* Eu ainda a vejo frequentemente na rua.

"Já com seis anos eu sofria de ereções, e lembro que certa vez fui à minha mãe e queixei-me disso. Tive que superar alguma hesitação para falar sobre o assunto, pois suspeitava que aquilo tinha relação com minhas ideias e minha curiosidade, e durante algum tempo, naquela época, abriguei a ideia doentia de que *meus pais sabiam de meus pensamentos, e a explicação que dava a mim mesmo é que os havia falado sem ouvi-los*. Vejo aí o começo de minha doença. Havia pessoas, garotas, que me agradavam muito, e que eu desejava ardentemente *ver nuas*. Mas com esses desejos eu tinha *uma sensação inquietante de que algo aconteceria, se eu pensasse tais coisas, e eu devia fazer tudo para evitá-lo*."

(Perguntado sobre esses temores, ele diz: "Por exemplo, *que meu pai morreria*"). "Pensamentos sobre a morte de meu pai me ocuparam bastante cedo e por muito tempo, causando-me grande tristeza."

Nessa oportunidade fico sabendo, com enorme surpresa, que seu pai, alvo de seus temores obsessivos atuais, morreu há alguns anos.

---

* *Hofrat* (literalmente "conselheiro da corte") era um título que, na monarquia austro-húngara, outorgava-se a profissionais liberais e funcionários públicos que se destacavam.

O que o nosso paciente relata dos seus seis ou sete anos de idade, na primeira sessão do tratamento, não é apenas, como ele acredita, o início da doença, mas a doença mesma. Uma neurose obsessiva completa, a que não falta nenhum elemento essencial, ao mesmo tempo núcleo e protótipo da enfermidade posterior, como que o organismo elementar cujo estudo — apenas ele — pode nos dar a medida da complexa organização da doença atual. Nós vemos a criança sob o domínio de um componente instintual sexual, o prazer em olhar, que resulta no desejo, recorrente e cada vez mais forte, de enxergar nuas pessoas do sexo feminino que lhe agradam. Esse desejo corresponde à ideia obsessiva posterior; se ainda não tem caráter obsessivo, isto se deve ao fato de o Eu ainda não se colocar em plena oposição a ele, não percebê-lo como algo alheio. No entanto, de alguma parte já se move uma oposição a esse desejo, pois um afeto doloroso acompanha regularmente o surgimento dele.[6] Evidentemente, há um conflito na vida psíquica do pequeno voluptuoso; junto ao desejo obsessivo, e intimamente ligado a ele, encontra-se um temor obsessivo: toda vez que tem esse pensamento, ele não pode deixar de temer que algo terrível deve acontecer. Essa coisa terrível já se reveste de uma indeterminação característica, que doravante não faltará nas manifestações da neurose. Numa criança não é difícil, no entanto, descobrir o que se acha oculto por essa indeterminação.

---

6 Recordemos que já se fez a tentativa de explicar as ideias obsessivas sem considerar a afetividade!

I. HISTÓRIA CLÍNICA

Podendo-se obter um exemplo específico, para alguma das vagas generalidades da neurose obsessiva, tenha-se a certeza de que tal exemplo é a coisa original e autêntica mesma, que devia permanecer escondida pela generalização. Restaurado conforme o seu sentido, o temor obsessivo é este, portanto: "Se tenho o desejo de ver uma mulher nua, meu pai vai morrer". O afeto penoso adquire claramente o matiz do inquietante, do supersticioso, já dando origem a impulsos* de fazer algo para prevenir a desgraça, impulsos que se afirmarão depois nas medidas protetoras.**

Portanto: um instinto erótico e uma revolta contra ele, um desejo (ainda não obsessivo) e um temor (já obsessivo) que a ele se opõe, um afeto penoso e um impulso a atos de defesa; o inventário da neurose está completo. E há outra coisa mais, uma espécie de delírio ou ilusão de conteúdo especial: os pais saberiam dos seus pensamentos, porque ele os enuncia sem que os escute. Dificilmente nos enganaremos ao perceber, nessa tentativa de explicação infantil, um pressentimento daqueles notáveis processos psíquicos a que chamamos de inconscientes e de que não podemos prescindir, para esclarecer cientificamente essa obscura questão. "Expresso meus pensamentos sem ouvi-los" — isto soa como

---

* "Impulsos": *Impulsen*, no original.
** Não há espaço de uma linha vazia entre esse parágrafo e o anterior na edição alemã utilizada, *Gesammelte Werke*. Mas, considerando que faz sentido um espaço nesse ponto e que ele se acha numa edição alemã mais recente (*Studienausgabe*), resolvemos incorporá-lo, aqui e em alguns outros lugares.

uma projeção para o exterior de nossa suposição de que ele tem pensamentos sem saber algo deles, como uma percepção endopsíquica do reprimido.

Claramente notamos que essa elementar neurose infantil já envolve um problema e um aparente absurdo, como toda neurose complicada de adulto. Qual o sentido da afirmação de que o pai vai morrer se o filho tiver aquele desejo voluptuoso? Isso é puro disparate ou há formas de compreender essa afirmação, de vê-la como resultado de processos e pressupostos anteriores?

Se aplicamos a este caso de neurose infantil conhecimentos obtidos em outro âmbito, temos de supor que também aqui, ou seja, antes do sexto ano de vida, aconteceram vivências, conflitos e repressões que sucumbiram eles próprios à amnésia, mas deixaram para trás, como resíduo, esse conteúdo de temor obsessivo. Depois saberemos até que ponto nos é possível redescobrir ou construir com alguma certeza essas vivências esquecidas. Enquanto isso devemos enfatizar, como provavelmente mais do que simples coincidência, que a amnésia infantil do nosso paciente chega ao fim no sexto ano de idade precisamente.

De muitos outros casos conheço uma neurose obsessiva crônica que tem início na primeira infância, com tais desejos lascivos, a que se acham ligadas expectativas inquietantes e tendência a atos defensivos. É absolutamente típico, embora provavelmente não seja o único tipo possível. Direi ainda algo sobre as vivências sexuais precoces do analisando, antes de passarmos ao conteúdo da segunda sessão. Dificilmente não se pode-

I. HISTÓRIA CLÍNICA

rá caracterizá-las como particularmente substanciais e ricas de consequências. Mas assim é também nos outros casos de neurose obsessiva que pude analisar. Ao contrário da histeria, nela sempre se acha a característica da atividade sexual prematura. A neurose obsessiva leva a perceber, muito mais claramente que a histeria, que os fatores constitutivos da psiconeurose devem ser buscados na vida sexual infantil, não na atual. A vida sexual dos neuróticos obsessivos pode parecer inteiramente normal ao pesquisador superficial; ela oferece, com frequência, muito menos fatores patogênicos e anormalidades que a do nosso paciente.

c) O GRANDE MEDO OBSESSIVO

"Acho que começarei hoje pela vivência que foi, para mim, o motivo direto para procurá-lo. Aconteceu em agosto, durante os exercícios militares em **. Eu vinha sofrendo antes, atormentava-me com pensamentos obsessivos de toda espécie, mas que pararam após o começo dos exercícios. Tinha interesse em mostrar aos oficiais regulares que nós não só aprendíamos alguma coisa, mas podíamos aguentar alguma coisa. Um dia fizemos uma pequena marcha partindo de *. No descanso, perdi meu pincenê. Embora pudesse tê-lo encontrado sem dificuldade, não quis adiar o prosseguimento da marcha e renunciei a ele, telegrafando a meu óptico em Viena, para que me enviasse um novo. No mesmo descanso tomei lugar entre dois oficiais, um dos quais, um capitão de sobrenome tcheco, viria a ter importância para mim. Eu tinha um certo medo desse homem, *pois evidentemente ele gostava de crueldades*. Não digo que fosse ruim, mas durante a refeição dos oficiais havia defendido a introdução do castigo corporal, e eu o havia contestado energicamente. Naquele intervalo, então, pusemo-nos a conversar, e o capitão falou de um castigo particularmente horrível que se usa no Oriente, sobre o qual havia lido..."

Aqui ele se interrompe, levanta-se e me pede para dispensá-lo da descrição dos detalhes. Eu lhe asseguro que não tenho inclinação alguma para a crueldade, que certamente não desejo atormentá-lo, mas que, naturalmente, não posso conceder-lhe algo que não está em meu poder. Seria, digamos, como se ele me pedisse que lhe presenteasse um cometa. A superação de resistências, disse-lhe, é um imperativo do tratamento a que não podemos nos furtar. (O conceito de "resistência" eu lhe havia explicado no início da sessão, quando ele afirmou que tinha muita coisa a superar dentro de si, para relatar aquela vivência.) Mas eu tudo faria, continuei, para adivinhar o sentido completo de algo que ele apenas insinuasse. Ele estava se referindo à empalação?

— Não, não é isso, o condenado é amarrado — (ele expressou-se de modo tão pouco claro, que não pude entender logo em qual posição) —, sobre o seu traseiro colocam um recipiente virado, contendo ratos que — ele novamente se ergueu e mostrava todos os sinais de horror e resistência — *perfuravam*. O ânus, completei.

Nos momentos mais importantes da narrativa percebe-se nele uma expressão facial muito peculiar, que

I. HISTÓRIA CLÍNICA

posso entender apenas como *de horror ante um prazer seu que ele próprio desconhecia*. Ele prossegue, com bastante dificuldade: "Naquele momento estremeci com *a ideia de que aquilo sucedia a uma pessoa cara para mim*".[7] Perguntado diretamente, ele diz não ser ele próprio que executa o castigo, e que este é executado impessoalmente. Após refletir por um instante, sei que a "ideia" diz respeito à mulher por ele adorada.

Ele interrompe a narrativa para me assegurar que tais pensamentos lhe são estranhos e desagradáveis, e que tudo a eles vinculado passa dentro dele com extraordinária rapidez. Simultaneamente à ideia há também a "sanção", isto é, a medida defensiva que é obrigado a tomar, para que a fantasia não se realize. Quando o capitão falou daquele castigo terrível e lhe vieram tais ideias, ele conseguiu defender-se de *ambos* com suas fórmulas habituais, com um "mas" associado a um gesto de repulsa da mão, e com a frase "Que coisa me vem à cabeça!".

O plural me surpreendeu, assim como terá ficado incompreensível para o leitor. Pois até agora soubemos de apenas uma ideia, a de que o castigo dos ratos seria executado na mulher. Nesse momento ele confessa que ao mesmo tempo lhe ocorreu outra, a de que a punição atinge também seu pai. Como este já morreu há muitos anos, esse temor obsessivo é ainda mais

---

7 Ele diz "ideia" [*Vorstellung*] —"desejo" [*Wunsch*], ou antes "temor" [*Befürchtung*], a designação mais forte e mais importante foi evidentemente encoberta pela censura. A característica indefinição de todas as suas falas não pode ser aqui reproduzida, infelizmente.

absurdo que o primeiro, e tentou escapar à confissão ainda por algum tempo.

Na noite seguinte, o mesmo capitão entregou-lhe um pacote que chegara pelo correio e disse: "O primeiro-tenente A.[8] pagou o reembolso; você deve dar-lhe o dinheiro". No embrulho estava o pincenê encomendado por telégrafo. Mas naquele instante formou-se nele uma "sanção": *Não dar o dinheiro*, senão aconteceria (isto é, a fantasia dos ratos se concretizaria no pai e na mulher). E, segundo um modelo que já conhecia, imediatamente surgiu, para combater esta sanção, uma ordem que era como um juramento: *"Você tem que pagar as 3,80 coroas ao primeiro-tenente A."*, que ele quase falou a meia-voz para si mesmo.

Dois dias depois tiveram fim os exercícios militares. Ele gastou esse tempo com esforços para devolver a pequena soma ao primeiro-tenente A., mas dificuldades de natureza aparentemente *objetiva* ergueram-se contra isso. Inicialmente ele tentou fazer o pagamento através de outro oficial que ia à agência do correio, mas alegrou-se quando este lhe trouxe de volta o dinheiro com a explicação de que não havia encontrado o primeiro-tenente A. no correio, pois tal forma de cumprir o juramento não o satisfazia, não correspondendo ao sentido literal de *"Você* tem que pagar o dinheiro ao primeiro-tenente A.". Por fim encontrou o oficial que buscava, mas este recusou o dinheiro, com a afirmação de que não pagara nada a ele, de que nem era encarregado do

---

8 Os nomes quase não importam aqui.

I. HISTÓRIA CLÍNICA

correio, mas sim o primeiro-tenente B. Ele ficou atônito por não poder cumprir seu juramento, fundado numa premissa falsa, e arquitetou um singular expediente. Ele iria com os senhores A. e B. ao correio, onde A. daria 3,80 coroas à funcionária, esta os daria a B., e ele, conforme o juramento, pagaria as 3,80 coroas a A.

Não me surpreenderei se a compreensão dos leitores falhar neste ponto, pois também a exposição detalhada que o paciente me fez dos eventos exteriores e de suas reações a eles tinha contradições internas e soava irremediavelmente confusa. Apenas na terceira narração pude levá-lo a compreender essas obscuridades, revelando os equívocos de memória e os deslocamentos em que ele havia incorrido. Não reproduzirei esses detalhes, dos quais logo teremos o essencial, e direi apenas que no final desta segunda sessão ele se comportava como se estivesse atordoado e confuso. Chamava-me de "capitão", provavelmente porque no início eu afirmara não ser cruel como o capitão M. e não abrigar a intenção de atormentá-lo gratuitamente.

Nessa sessão, a única informação que ainda obtive dele foi que desde o início, em todos os seus temores de que algo acontecesse às pessoas que amava, havia situado esses castigos não apenas na vida atual, mas também na eternidade, no além. Até os catorze ou quinze anos ele fora conscienciosamente religioso, depois evoluindo gradualmente para o seu livre-pensar de agora. Resolvia a contradição [entre o que pensava e suas obsessões] dizendo a si mesmo: "Que sabe você da vida no além? Que sabem os outros? Não se pode saber nada realmente, você não está arriscando nada, então faça isto". Esse homem, de intelecto normalmente agudo, acha este raciocínio impecável e, assim, utiliza a incerteza da razão nesse ponto em favor da superada concepção religiosa do mundo.

Na terceira sessão ele termina a narração, bastante característica, de seus esforços para cumprir o juramento obsessivo. À noite houve o último encontro dos oficiais, antes do encerramento das manobras. Coube-lhe agradecer, após o brinde "aos senhores reservistas". Ele falou bem, mas como um sonâmbulo, pois no fundo o atormentava sempre aquele juramento. Passou uma noite horrível; argumentos e contra-argumentos lutavam entre si; o principal era, naturalmente, que a premissa do seu juramento, de que o primeiro-tenente A. fizera o pagamento para ele, não correspondia aos fatos. Mas ele consolou-se com a ideia de que aquilo não havia passado, de que A. os acompanharia até certo ponto na marcha à estação ferroviária de P., na manhã seguinte, e ele teria tempo de falar-lhe acerca do obséquio. Não o fez, deixou que A. seguisse, e encarregou seu ajudante de anunciar-lhe sua visita à tarde. Ele próprio chegou à estação às nove e meia da manhã, deixou depositada a sua bagagem e providenciou várias coisas na pequena cidade, com a intenção de depois visitar A. A aldeia em que estava acantonado A. ficava aproximadamente a uma hora de coche da cidade de P. A viagem de trem até o local da agência de correio levaria três horas; então ele achou que daria justamente para chegar a Viena com

I. HISTÓRIA CLÍNICA

o trem vespertino de P., executando o seu complicado plano. As ideias que se entrechocavam eram, por um lado: tratava-se de uma covardia dele, que evidentemente queria apenas poupar-se o incômodo de pedir a A. este sacrifício e parecer-lhe um tolo, e por isso ignorava o próprio juramento; por outro lado, era o oposto de uma covardia cumprir o juramento, pois com isso ele apenas queria ser deixado em paz por suas obsessões. Quando, numa reflexão, os argumentos se contrabalançavam de tal modo, diz ele, habitualmente deixava-se levar por eventos casuais, como se estes fossem decisões divinas. Por isso, quando um carregador lhe perguntou na estação, "Vai pegar o trem das dez horas, sr. tenente?", respondeu que sim e partiu às dez, criando um *fait accompli* [fato consumado] que muito o aliviou. Com o funcionário do vagão-restaurante reservou um lugar à mesa. Na primeira estação ocorreu-lhe subitamente que podia descer, esperar pelo primeiro trem na direção oposta e ir a P. e onde estava o primeiro-tenente A., fazer com este o trajeto de três horas até a agência do correio etc. Apenas a consideração de que havia feito reserva com o garçom o impediu de executar esse propósito; mas não o abandonou, apenas adiou a descida. Desse modo arrastou-se de uma estação a outra, até chegar a uma em que lhe pareceu impossível descer, porque ali tinha parentes, e resolveu ir até Viena e lá procurar seu amigo, expor-lhe a questão e, conforme a decisão dele, retornar ainda a P. com o trem noturno. Respondendo à minha dúvida de que isso fosse factível, ele garantiu ter uma meia hora livre entre a chegada de um trem e a partida do outro. Uma vez em Viena, não encontrou o amigo no restaurante onde pensava encontrá-lo, chegou somente às onze horas ao seu apartamento e expôs-lhe o problema ainda naquela noite. O amigo ficou pasmo de que ele ainda duvidasse que era uma obsessão, tranquilizou-o por aquela noite, de forma que ele dormiu muito bem, e na manhã seguinte o acompanhou ao correio — para remeter as 3,80 coroas à agência de correio onde havia chegado o pacote do pincenê.

Essa última informação deu-me o ponto de partida para desemaranhar as distorções de sua narrativa. Quando, chamado à razão pelo amigo, não enviou a pequena soma ao primeiro-tenente A. nem ao primeiro-tenente B., mas diretamente à agência de correio, ele devia saber, já quando partiu, que não estava devendo a taxa de remessa a *outra pessoa que não o funcionário do correio*. Verificou-se, de fato, que ele já o sabia antes da advertência do capitão e de seu juramento, pois agora se lembrava de que algumas horas antes de encontrar o capitão cruel tivera oportunidade de apresentar-se a outro capitão, que o informara da verdadeira situação. Este oficial lhe contara, ao ouvir seu nome, que havia estado na agência do correio e a funcionária lhe perguntara se conhecia um tenente H. (o nome de nosso paciente). Ele respondeu que não, mas a senhorita afirmou que confiava no tenente desconhecido e desembolsaria ela mesma o valor da taxa. Assim chegou ao paciente o pincenê encomendado. O capitão cruel cometeu um erro, ao lhe entregar o pacote, dizendo que ele reembolsasse a A. as 3,80 coroas. Nosso paciente devia saber que se tratava de um erro. Mas fez, com base nesse erro, o juramento que se transformaria num tormento. Ele omitiu para si próprio e depois para mim, ao fazer o relato, o episódio do outro capitão e a existência da confiante funcionária do correio. Admito que após essa retificação sua conduta parece ainda mais insensata e incompreensível do que antes.

Depois que deixou seu amigo e voltou para sua família, as dúvidas o acometeram de novo. Os argumentos do amigo, afinal, haviam sido os mesmos argumentos seus, e ele via muito bem que a temporária tranquilização era devida à influência pessoal do amigo. A decisão de procurar um médico foi habilmente integrada ao delírio, da seguinte forma. Ele solicitaria a um médico o atestado de que, para sua recuperação, necessitava fazer atos como o que planejava fazer com o primeiro-tenente A., e o atestado certamente levaria este a aceitar dele as 3,80 coroas. A casualidade de que um livro meu lhe caíra nas mãos fez sua escolha incidir sobre mim. Mas comigo não falou daquele atestado, pediu apenas, muito razoavelmente, que o livrasse de suas ideias obsessivas. Meses depois, no auge da resistência, surgiu de novo a tentação de ir a P., procurar o primeiro-tenente A. e representar com ele a comédia da restituição do dinheiro.

D) INTRODUÇÃO À COMPREENSÃO DO TRATAMENTO

Não espere o leitor que eu lhe apresente logo minha explicação para essas ideias obsessivas particularmente absurdas (com os ratos); a técnica psicanalítica correta solicita que o médico refreie sua curiosidade e deixe o paciente livre para escolher a ordem dos temas durante o trabalho. Portanto, dei início à quarta sessão com esta pergunta: "Como vai prosseguir hoje?".

"Decidi lhe comunicar o que me parece muito significativo e me atormenta desde o princípio." Ele agora conta detalhadamente a história clínica de seu pai, que morreu de enfisema há nove anos. Uma noite, achando que se tratava de uma crise, perguntou ao médico quando poderia não haver mais perigo. A resposta foi: Amanhã à noite. Não lhe ocorreu que o pai poderia não sobreviver a esse prazo. Deitou-se às onze e meia, para dormir durante uma hora, e, quando acordou à uma da madrugada, um amigo médico lhe disse que seu pai havia morrido. Recriminou-se por não estar presente na morte, mais ainda quando a enfermeira lhe disse que nos últimos dias o pai pronunciara seu nome e perguntara, quando ela se aproximou dele: "É Paul?". Ele acreditou notar que a mãe e as irmãs recriminavam-se de forma semelhante; mas não falavam disso. De início, porém, a recriminação não era dolorosa; durante algum tempo não se deu conta da morte do pai; aconteceu-lhe algumas vezes pensar, ao ouvir uma boa piada: "Essa tenho de contar a meu pai". Também sua imaginação lidava com o pai, de modo que frequentemente, quando alguém batia na porta, ele pensava: "É meu pai"; quando entrava num aposento, esperava encontrar ali o pai, e, embora nunca esquecesse o fato de sua morte, a expectativa do aparecimento daquele fantasma não era acompanhada de medo, mas sim de desejo. Apenas um ano e meio depois lhe veio a lembrança de sua negligên-

I. HISTÓRIA CLÍNICA

cia e começou a torturá-lo horrivelmente, de modo que ele viu a si mesmo como um criminoso. A ocasião para isso foi a morte de uma tia — mulher de um tio — e seu comparecimento ao velório. A partir de então ele incluiu em suas construções mentais o prosseguimento no além. A consequência imediata desse ataque foi uma séria incapacitação para o trabalho.[9] Como ele relata que apenas as palavras de consolo do amigo o haviam sustentado, que este sempre rejeitava essas recriminações como extremamente exageradas, aproveito a ocasião para dar-lhe uma primeira visão dos pressupostos da terapia psicanalítica. Quando há uma disparidade entre conteúdo ideativo e afeto, ou seja, entre o grau da recriminação e o ensejo para ela, um leigo diria que o afeto é demasiado grande para o ensejo, isto é, exagerado, e a inferência tirada da recriminação — a de ser um criminoso — é falsa, portanto. Já o médico diz: "Não, o afeto é justificado, a consciência de culpa não deve ser criticada, mas liga-se a outro conteúdo, que não é conhecido (*inconsciente*), e que deve antes ser procurado. O conteúdo ideativo conhecido chegou a esse lugar devido a um nexo errado. Mas não estamos habituados a ver em nós afetos poderosos sem conteúdo ideativo,

---

[9] Uma descrição mais precisa do episódio, depois fornecida pelo paciente, levou a uma compreensão desse efeito. O tio viúvo exclamara, lamentando: "Outros homens se permitem tudo, e eu vivi somente para essa mulher!". Nosso paciente imaginou que o tio aludisse a seu pai e suspeitou da fidelidade conjugal deste, e, embora o tio contestasse resolutamente essa interpretação de suas palavras, o seu efeito não pôde ser anulado.

e por isso, na falta de conteúdo, tomamos algum outro aceitável como substituto, mais ou menos como nossa polícia, não conseguindo achar o verdadeiro assassino, prende outro em seu lugar. O fato da conexão errada também explica a impotência do lavor da lógica para combater a ideia penosa. Concluo, então, admitindo que essa nova concepção resulta inicialmente em grandes problemas, pois como justificaria ele sua recriminação de ser um criminoso, se sabia que na realidade não cometera nenhum crime contra o pai?"

Ele mostra, na sessão seguinte, grande interesse pelo que digo, mas não deixa de explicitar algumas dúvidas: Como poderia ter efeito curativo a informação de que a recriminação, a consciência de culpa, é justificada? — Não é esta informação que tem esse efeito, mas a descoberta do teor desconhecido a que se liga a represão. — Sim, sua pergunta diz respeito a isso justamente. — Para ilustrar minhas breves observações sobre as *diferenças psicológicas entre o consciente e o inconsciente*, sobre o desgaste a que se acha submetido tudo o que é consciente, enquanto o inconsciente é relativamente imutável, indico as antiguidades expostas em minha sala. São objetos que foram desenterrados, o sepultamento significou para eles a conservação. Pompeia sucumbe apenas agora, depois que foi descoberta. — Ele pergunta, então, se há alguma garantia de como a pessoa se comportará em relação ao achado. Uma pessoa, ele acredita, vai agir de modo a superar a recriminação, mas outra, não. — Não, é da própria natureza da situação que toda vez o afeto seja supera-

I. HISTÓRIA CLÍNICA

do, geralmente já durante o trabalho [analítico]. Há o esforço para conservar Pompeia, e o desejo de livrar-se absolutamente de tais ideias penosas. — Ele acha que uma recriminação pode resultar apenas da violação das leis morais íntimas, não das externas. (Eu confirmo que alguém que infringe apenas estas vê-se frequentemente como um herói.) Tal evento, ele continua, é possível apenas numa *desagregação da personalidade* presente já no início. Ele conseguirá reaver a unidade de sua personalidade? Nesse caso, acredita ser capaz de realizar muitas coisas, talvez mais do que outros. — Respondo que estou de acordo com essa [teoria da] cisão da personalidade, que ele apenas deve fundir essa nova oposição entre a pessoa moral e o mal com a oposição anterior entre consciente e inconsciente. A pessoa moral seria o consciente, o mal, o inconsciente.[10] — Ele bem se recorda que, embora se achando uma pessoa moral, certamente fez coisas, em sua *infância*, que emanaram da outra pessoa. — Acho que ele teria descoberto aí, incidentalmente, uma característica-mor do inconsciente, a relação com o *infantil*. O inconsciente seria o infantil, mais exatamente, aquela parte da pessoa que então se separou dela, não acompanhou o desenvolvimento posterior e por isso foi *reprimida*. Os derivados desse inconsciente reprimido seriam os elementos responsáveis pelo pensar involuntário em que consiste o seu sofrimento. Ele poderia, digo eu, descobrir mais uma carac-

---

10 Isso é correto apenas de modo bem aproximado, mas basta para um primeiro passo.

terística do inconsciente; prefiro que ele mesmo o faça.
— De imediato não tem o que dizer, expressa a dúvida de que seja possível desfazer mudanças há tanto existentes. O que se faria, em especial, contra a [sua] ideia do Além, que não pode ser logicamente refutada? — Eu não contesto a gravidade do seu caso e a importância de suas construções, mas digo que sua idade o favorece bastante, assim como a natureza intacta de sua personalidade, e nisso expresso um bom juízo a seu respeito, o que visivelmente o alegra.

Ele começa a sessão seguinte dizendo que tem de contar algo acontecido na infância. Aos sete anos tinha, como já disse, medo de que os pais lhe adivinhassem os pensamentos, e isto continuou depois em sua vida. Aos doze anos amava uma garota, irmã de um amigo (respondendo a uma pergunta minha: não sensualmente, não queria vê-la nua, era muito pequena), que porém não tinha com ele a ternura que esperava. Então lhe veio a ideia de que ela seria amorosa se lhe acontecesse um infortúnio; e tal seria, inevitavelmente pensou, a morte do pai. De imediato rechaçou energicamente essa ideia, também agora rejeita a possibilidade de que um "desejo" estaria se expressando ali. Foi apenas uma "ligação de pensamentos".[11] — Eu faço uma objeção: se não era um desejo, por que rejeitar isso? — Apenas devido ao conteúdo da ideia, de que o pai poderia

---

11 Não apenas o neurótico obsessivo se satisfaz com esses eufemismos.

I. HISTÓRIA CLÍNICA

morrer. — Eu digo que ele trata essas palavras como se fossem uma expressão de lesa-majestade, em que notoriamente é punido tanto quem diz: "O Imperador é um asno" quanto quem assim disfarça esses termos proibidos: "Se alguém disser que..., terá de se haver comigo". Eu poderia, sem dificuldade, inserir o conteúdo ideativo que ele rejeita num contexto que excluiria tal rejeição; por exemplo: "Se meu pai morrer, eu me mato sobre seu túmulo". — Ele fica abalado, mas sem desistir de contradizer-me, de modo que interrompo a disputa com a observação de que a ideia da morte do pai não surgiu nesse caso pela primeira vez, evidentemente procedia de antes, e teríamos que rastrear sua origem.
— Ele conta que um pensamento igual também lhe atravessara a mente seis meses antes da morte do pai. Já estava apaixonado por aquela senhora,[12] mas não podia pensar numa relação, devido a obstáculos materiais. A ideia foi, então: *Com a morte do pai ele talvez se tornasse rico, de forma a poder esposá-la*. Defendendo-se dela, foi ao ponto de desejar que o pai não deixasse herança nenhuma, para que nenhuma vantagem compensasse uma perda tão horrível para ele. A mesma ideia surgiu uma terceira vez, bastante atenuada, no dia anterior à morte do pai. Ele pensou: "Agora posso perder meu ente mais querido", e logo veio a reação: "Não, há outra pessoa cuja perda me seria ainda mais dolorosa".[13] Ele se ad-

---

12 Dez anos antes.
13 Aqui é claramente mostrada uma oposição entre as duas pessoas amadas, o pai e a "senhora".

mira muito com esses pensamentos, pois tem certeza de que a morte do pai nunca poderia ter sido objeto de seu desejo, apenas de temor. — Após essas palavras, exprimidas intensamente por ele, acho oportuno apresentar-lhe mais um pouco da teoria. Segundo ela, digo-lhe, esse medo corresponde a um *desejo* antigo, agora reprimido, de modo que devemos supor justamente o contrário do que ele assevera. Isso também se harmoniza com a reivindicação de que o inconsciente seria o exato oposto do consciente. Ele fica agitado, não acredita, e se admira de que tal desejo tenha sido possível com ele, para quem o pai foi o mais querido dos seres. Não tem dúvida de que teria renunciado a toda felicidade pessoal, se com isso pudesse salvar a vida do pai. Eu respondo que justamente esse amor intenso é condição para o ódio reprimido. No caso de pessoas que lhe são indiferentes, ele não terá dificuldade em manter lado a lado os motivos para uma afeição moderada e uma aversão idem: se ele for um funcionário, digamos, e pensar que seu chefe é um superior simpático, mas um jurista estreito e um juiz desumano. (Algo semelhante o Brutus de Shakespeare fala de César: "Como César me amava, eu o pranteio; como era afortunado, alegro-me; como era valente, rendo-lhe homenagem; mas, como era ambicioso, eu o matei" [*Júlio César*, III, 2]. Esta fala já nos parece estranha porque imaginávamos mais forte a afeição de Brutus por César.) No caso de uma pessoa mais próxima — sua esposa, digamos — ele se empenhará em ter um sentimento homogêneo, e por isso, como fazem universalmente os seres

I. HISTÓRIA CLÍNICA

humanos, relevará os defeitos que poderiam provocar sua aversão, deixará de enxergá-los, como que eneguecido. Logo, justamente o grande amor não admite que o ódio (assim designado caricaturalmente), que deve ter alguma fonte, permaneça consciente. De onde vem esse ódio é um problema, sem dúvida; suas próprias declarações indicariam a época em que ele temeu que os pais adivinhassem seus pensamentos. Por outro lado, é possível também perguntar por que o grande amor não foi capaz de eliminar o ódio, como habitualmente sucede quando há duas emoções opostas. Pode-se apenas supor que o ódio esteja ligado a uma fonte, um motivo que o torne indestrutível. Logo, tal nexo impede, por um lado, o desaparecimento do ódio ao pai e, por outro, não deixa que se torne consciente o grande amor a ele, de modo que só lhe resta a existência no inconsciente, do qual pode emergir subitamente em alguns instantes.

Ele concede que tudo isto soa bem plausível, mas naturalmente não dá mostra de estar convencido.[14] Como se explicaria, deseja saber, que uma tal ideia faça intervalos, vindo por um instante aos doze anos, depois novamente aos vinte e uma vez mais dois anos

---

14 O propósito de tais discussões não é jamais o convencimento. Elas devem apenas introduzir os complexos reprimidos na consciência, avivar a luta em torno deles no terreno da atividade psíquica consciente e facilitar a emergência de novos materiais do inconsciente. A convicção vem somente após a elaboração do material readquirido pelo doente, e enquanto ela for hesitante não se pode julgar esgotado o material.

depois, persistindo desde então. Ele não pode acreditar que naquelas pausas a hostilidade se extinguisse, e, no entanto, nelas não houve recriminações. Ao que respondo: Quando alguém faz uma pergunta assim, já tem pronta a resposta. Basta deixar que prossiga falando. Ele então continua, aparentemente sem nexo com o que falava: Havia sido o melhor amigo do pai, como este havia sido o dele; tirando umas poucas áreas em que os dois costumavam divergir (a que estará se referindo?), a intimidade entre eles foi maior do que a que tem hoje com seu melhor amigo. Tinha certamente amado aquela senhora pela qual relegara o pai a segundo plano em sua mente, mas desejos propriamente sensuais, como os que povoaram sua infância, não surgiram em relação a ela; seus impulsos sensuais haviam sido bem mais fortes na infância do que na puberdade. — Digo então que ele deu a resposta que esperávamos, e ao mesmo tempo deparou com a terceira grande característica do inconsciente. A fonte da qual a hostilidade ao pai tira sua indestrutibilidade é evidentemente da natureza de apetites *sensuais*, e nisso ele percebeu o pai como um *estorvo* de algum modo. Tal conflito entre sensualidade e amor infantil é absolutamente típico, acrescento. Nele houve intervalos porque, devido à precoce explosão de sua sensualidade, de imediato verificou-se nela um considerável amortecimento. Apenas quando nele novamente surgiram desejos amorosos intensos é que essa hostilidade reapareceu, a partir de situação análoga. Atendendo a uma solicitação minha, ele confirma que não o guiei

I. HISTÓRIA CLÍNICA

para o tema da infância nem para o da sexualidade, que chegou aos dois por conta própria. — Ele então pergunta por que, quando estava apaixonado pela dama, ele simplesmente não resolveu que o fato de o pai estorvar essa paixão não podia pesar contra seu amor a ele. — Eu respondo que é muito difícil matar alguém *in absentia*. Tal decisão seria possível apenas se o desejo reprovado lhe ocorresse então pela primeira vez; mas era um desejo *há muito reprimido*, ante o qual ele não podia comportar-se de modo diferente de antes, e que, por isso, ficou imune à destruição. O desejo (de eliminar o pai como sendo um estorvo) devia ter se originado num tempo em que a situação era muito diferente, em que talvez não amasse o pai mais do que a pessoa desejada sensualmente, ou em que não fosse capaz de uma clara decisão, isto é, cedo na infância, antes dos seis anos de idade, antes que sua memória se tornasse contínua, e isto permaneceu assim para sempre. — Com essa construção termina provisoriamente a discussão.

No encontro seguinte, o sétimo, ele aborda de novo esse tema. Diz não poder acreditar que jamais tenha tido esse desejo em relação ao pai. Lembra-se de uma novela de Sudermann[*] que o impressionou bastante, na qual uma mulher, junto ao leito de morte da irmã, sente esse desejo de morte em relação a ela, a fim de poder ca-

---

[*] Hermann Sudermann, ficcionista alemão (1857-1928); o título da novela mencionada é *Geschwister* [Irmãos].

sar com o seu marido. E então se mata, porque não merece viver após tal baixeza. Ele entende isso, e acharia justo se morresse devido a seus pensamentos, pois não mereceria outra coisa.[15] Faço a observação de que sabemos que a doença traz alguma satisfação aos doentes, de modo que todos eles se recusam parcialmente a restabelecer-se. Ele deve ter presente que um tratamento como o nosso se realiza sob *contínua resistência*; sempre voltarei a lembrar-lhe disso.

Ele agora quer falar de um ato delinquente em que não se reconhece, mas do qual decididamente se recorda. Cita uma frase de Nietzsche: *"Eu fiz isso", diz minha memória; "eu não posso ter feito isso", diz meu orgulho, e permanece inflexível. Por fim — a memória cede.*[16] "Nisso minha memória não cedeu." — Justamente porque você, para castigar a si mesmo, tira prazer de suas recriminações.

"Com meu irmão menor — sou realmente bom com ele agora, está me preocupando muito, quer fazer um casamento que considero absurdo; já me ocorreu ir até lá e assassinar a mulher, para que ele não case com ela —, com meu irmão briguei muito, quando criança. Ao mesmo tempo nos gostávamos muito, éramos inseparáveis, mas obviamente eu tinha ciú-

---

15 Essa consciência de culpa contraria abertamente sua negativa inicial de que nunca tivera tal desejo ruim em relação ao pai. É um tipo frequente de reação ao reprimido tornado consciente: ao primeiro Não de rejeição logo se segue a confirmação, primeiramente indireta.

16 *Além do bem e do mal*, § 68.

I. HISTÓRIA CLÍNICA

mes, pois ele era o mais forte, o mais bonito e, portanto, o mais querido."

— Você já relatou uma destas cenas de ciúme, com a srta. Lina. —

"Sim, e após uma ocasião dessas, certamente antes dos oito anos de idade, pois eu ainda não frequentava a escola, onde entrei aos oito anos, eu fiz o seguinte. Nós tínhamos espingardas de brinquedo, do tipo conhecido. Eu carreguei a minha com a vareta e disse a ele para olhar dentro do cano, que veria algo; e quando olhou, apertei o gatilho. Ele foi atingido na testa e não teve nada, mas havia sido minha intenção machucá-lo. Depois fiquei inteiramente fora de mim, lancei-me ao chão e perguntei a mim mesmo como podia ter feito aquilo. Mas o fiz."

— Aproveito a oportunidade para defender minha causa. Se ele conservou na memória um ato assim estranho a ele próprio, não pode contestar a possibilidade de numa época anterior ter feito algo semelhante contra o pai, algo de que não mais se lembra. — Ele está cônscio de outros impulsos vingativos contra a mulher que tanto venera, de cujo caráter faz uma descrição entusiasmada. Ela talvez não ame facilmente, ela se poupa inteiramente para aquele a quem pertencerá, ela não o ama. Quando ficou certo disso, formou a fantasia consciente de que se tornará muito rico, esposará outra e fará com ela uma visita à mulher em questão, a fim de aborrecê-la. Mas a fantasia fracassou, pois ele teve de admitir para si mesmo que a outra, a esposa, era-lhe indiferente, seus pensamentos tornaram-se confusos, e afinal viu que essa outra deveria morrer. Também nessa fantasia ele encontra, como no ataque ao irmão, a característica da *covardia*, para ele execrável.[17] — No prosseguimento da conversa, enfatizo que logicamente ele não deve considerar-se responsável por todos esses traços característicos, pois todos esses impulsos reprováveis procedem da infância, correspondem aos derivados do caráter infantil que subsistem no inconsciente, e ele bem sabe que a responsabilidade ética não tem validez para a criança. Apenas no curso do desenvolvimento, a partir da soma das predisposições da criança, surge o indivíduo responsável eticamente.[18] Mas ele duvida que todos os seus impulsos maus tenham essa origem. Eu prometo demonstrar isso no curso do tratamento.

Ele ainda acrescenta que sua enfermidade piorou muito desde a morte do pai, e dou-lhe razão, na medida em que reconheço no luto pelo pai a principal fonte da intensidade da doença. O luto como que achou na doença uma expressão patológica. Enquanto um luto normal toma de um a dois anos, um patológico, como o seu, tem duração indefinida.

Isso é quanto posso relatar desse caso clínico em detalhes e de forma consecutiva. Corresponde aproxima-

---

17 Algo que mais adiante achará explicação.
18 Exponho esses argumentos apenas para mais uma vez comprovar como são impotentes. Não entendo quando outros psicólogos dizem que combatem eficazmente as neuroses com tais armas.

damente à exposição do tratamento, que durou pouco mais de onze meses.

e) ALGUMAS IDEIAS OBSESSIVAS E SUA TRADUÇÃO

Sabe-se que as ideias obsessivas parecem desprovidas de motivo ou de sentido, exatamente como o teor de nossos sonhos noturnos, e o problema imediato que nos colocam é dar-lhes sentido e lugar na vida psíquica do indivíduo, de modo que venham a se tornar compreensíveis e até mesmo óbvias. Nesse problema que é traduzi-las não devemos jamais nos iludir com sua aparente insolubilidade; as ideias obsessivas mais loucas e extravagantes podem ser esclarecidas, se investigadas adequadamente. Chegamos a este esclarecimento, porém, situando-as em relação temporal com as vivências do paciente, ou seja, ao pesquisar quando surgiu primeiramente uma ideia obsessiva particular e em que circunstâncias externas costuma se repetir. Tratando-se de ideias obsessivas que, como frequentemente sucede, não alcançaram existência duradoura, o trabalho de investigação simplifica-se de modo correspondente. Podemos facilmente convencer-nos de que, após desvendar o nexo entre a ideia obsessiva e as vivências do paciente, não nos será difícil ganhar compreensão de tudo o mais que houver de enigmático e digno de conhecimento na formação patológica, sua significação, o mecanismo de sua gênese, sua derivação das forças instintuais psíquicas decisivas.

Começo com um exemplo bem claro do *impulso de suicídio* frequente em nosso paciente, que na exposição quase se analisa por si próprio. Ele perdeu algumas semanas de estudo por causa da ausência de sua dama, que viajara a fim de cuidar da avó doente. Enquanto estava imerso no estudo, ocorreu-lhe: "Pode-se admitir a ordem de fazer os exames do semestre na primeira oportunidade. Mas se viesse a ordem de cortar a garganta com a navalha?". De imediato percebeu que esta ordem já fora dada, correu para o armário, a fim de pegar a navalha, e então lhe ocorreu: "Não, não é tão simples. Você deve[19] ir lá e matar a velha". Então caiu no chão, horrorizado.

A relação dessa ideia obsessiva com a vida [do paciente] já se acha no princípio do relato. Sua dama estava ausente, enquanto ele estudava duramente para um exame, a fim de apressar a união com ela. Então o acometeu, durante o estudo, a saudade da amada ausente, e pensou no motivo de sua ausência. E veio-lhe algo que, numa pessoa normal, teria sido apenas um aborrecimento em relação à avó: "A velha tinha de ficar doente logo agora, quando sinto tanta falta dela!". Algo semelhante, mas muito mais forte, devemos supor em nosso paciente, um inconsciente ataque de fúria que, com a saudade, poderia exprimir-se na exclamação: "Ah, como eu gostaria de ir lá e matar essa velha que me afasta de meu amor!". Ao que se segue a ordem: "Mate a si mesmo, como punição por tais desejos raivosos e homicidas", e todo o processo vai à consciência do obsessivo, acompanhado pelo mais veemente afeto,

---

19 Aqui eu acrescento: "antes".

I. HISTÓRIA CLÍNICA

em ordem inversa — a ordem de punição antes, e no fim a menção do desejo condenável. Não creio que essa tentativa de explicação pareça forçada ou incorpore muitos elementos hipotéticos.

Um outro impulso mais duradouro de suicídio indireto, digamos, não foi de explicação tão fácil, porque pôde esconder seu nexo com a experiência atrás de uma das associações externas que parecem repugnantes à nossa consciência. Um dia, numa estação de veraneio, achou que estava muito gordo [*dick*, em alemão], que precisava *emagrecer*. Ele começou a levantar-se da mesa antes do pudim, correndo pela rua sem chapéu, no sol de agosto, e subindo a montanha em passo rápido, até que tinha de parar, coberto de suor. A intenção de suicídio por trás dessa mania de emagrecer apareceu abertamente uma vez, quando, à beira de uma escarpa, surgiu o imperativo de que pulasse, o que certamente acarretaria a morte. A explicação para este absurdo ato obsessivo lhe ocorreu apenas quando lembrou, de repente, que naquela época a sua amada também se encontrava na estação de férias, mas acompanhada de um primo inglês que se desdobrava em zelos por ela, e do qual ele sentia muito ciúme. O nome do primo era *Richard* e, como é costume na Inglaterra, chamavam-no *Dick*. Ele queria matar esse Dick, tinha muito mais raiva e ciúme dele do que podia confessar a si mesmo, e por causa disso impôs-se, como autopunição, a dor daquele tratamento de emagrecer. Embora este impulso obsessivo pareça diferente da ordem de suicídio anterior, um traço significativo é comum aos dois, o surgimento como reação a uma raiva enorme, inapreensível à consciência, a alguém que aparece para atrapalhar seu amor.[20]

Outras ideias obsessivas, de novo relacionadas à amada, deixam perceber outros mecanismos e outra origem instintual. Na época em que sua dama estava presente na estação de veraneio, ele produziu, além da mania de emagrecer, toda uma série de atividades obsessivas que diziam respeito a ela ao menos em parte. Certa vez, quando estava com ela num barco e um vento forte soprou, teve de obrigá-la a pôr seu boné, porque em sua mente formou-se o imperativo de que *nada podia acontecer à amada*.[21] Era uma espécie de obsessão protetora, que também deu outros frutos. Em outro momento, encontrando-se junto a ela numa tempestade, teve a obsessão de contar até quarenta ou cinquenta entre o relâmpago e o trovão, não compreendia por quê. No dia em que ela partiu, topou com uma pedra no meio da estrada e *teve* de afastá-la para o lado, pois em algumas horas o veículo em que ela estava passaria ali e talvez a pedra o danificasse; mas minutos depois achou que isso era absurdo, e *teve* de voltar e colocar a pedra no mesmo

---

20 Na neurose obsessiva, está longe de ser tão frequente e desconsiderado como na histeria o uso de nomes e palavras para estabelecer nexos entre os pensamentos inconscientes (impulsos, fantasias) e os sintomas. Mas justamente para o nome "Richard" lembro-me de um outro exemplo, num paciente analisado muito tempo atrás. Após um desentendimento com o irmão, ele se pôs a cogitar como poderia se desfazer de sua riqueza, dizia não querer nada mais com dinheiro etc. O irmão se chamava Richard (*richard*, em francês, significa "ricaço").
21 Acrescentemos: "de que ele pudesse ter culpa".

I. HISTÓRIA CLÍNICA

lugar. Depois que ela partiu, foi tomado de uma *obsessão de compreender* que o tornou insuportável para todos. Obrigava-se a compreender exatamente cada sílaba que alguém lhe falava, como se lhe escapasse um tesouro, se não o fizesse. Então perguntava sempre: "O que você falou agora?"; e, quando a pessoa o repetia para ele, achava que da primeira vez fora diferente e ficava insatisfeito.

Todos esses produtos da doença ligavam-se a um episódio que então dominava sua relação com a amada. Quando, antes das férias de verão, despediu-se dela em Viena, interpretou uma de suas frases como se ela quisesse repudiá-lo ante as pessoas presentes, e ficou bastante infeliz. Na estação de veraneio houve oportunidade para discutir isso, e ela pôde então provar que, com aquelas palavras mal-entendidas por ele, quisera antes protegê-lo do ridículo. Ele ficou novamente bastante feliz. A mais clara alusão a este incidente estava na obsessão de compreender, que se acha formada como se ele dissesse a si próprio: "Depois disso você não pode novamente entender mal alguém, se quiser evitar um sofrimento inútil". Mas essa intenção não foi apenas generalizada a partir daquela ocasião, foi também — talvez devido à ausência da amada — deslocada de sua pessoa altamente estimada para todas as outras de menor valor. A obsessão também não pode ter se originado apenas da satisfação com o esclarecimento recebido, deve exprimir outra coisa mais, pois inclui a insatisfação e dúvida quanto à repetição do que foi escutado.

As outras ordens obsessivas nos colocam na pista desse outro elemento. A obsessão protetora não pode significar outra coisa senão a reação — arrependimento e penitência — a um impulso contrário, ou seja, hostil, dirigido à amada antes do esclarecimento. A obsessão de contar durante o temporal pode ser interpretada, com ajuda do material que ele apresentou, como uma medida de defesa em relação a temores que implicavam perigo de vida. A análise das primeiras ideias obsessivas mencionadas já nos deixa preparados para ver os impulsos hostis do paciente como particularmente violentos, da natureza da raiva sem sentido, e descobrimos que essa raiva pela dama, mesmo depois da reconciliação, contribui para as formações obsessivas. Na mania de duvidar que tenha ouvido corretamente se expressa a dúvida contínua de que dessa vez tenha entendido corretamente a amada e possa justamente enxergar em suas palavras uma prova da sua afeição. A dúvida da obsessão de compreender é dúvida quanto ao seu amor. Em nosso apaixonado há uma luta entre o amor e o ódio que dizem respeito à mesma pessoa, e essa luta é representada plasticamente no ato obsessivo, também simbolicamente significativo, de tirar a pedra do caminho que ela irá percorrer e depois desfazer esse ato de amor, colocando a pedra novamente onde estava, para que o seu veículo nela esbarre e ela se machuque. Não compreendemos corretamente esta segunda parte do ato obsessivo se a vemos tão só como rejeição crítica da ação doentia, tal como ela deseja apresentar-se. O fato de que também ocorre numa sensação de compulsão mostra que ela mesma é parte da ação doentia, determinada pelo oposto do motivo da primeira parte.

I. HISTÓRIA CLÍNICA

Tais ações obsessivas em dois tempos, em que o primeiro é anulado pelo segundo, ocorrem tipicamente na neurose obsessiva. Elas são naturalmente mal-entendidas pelo pensamento consciente do enfermo e dotadas de uma motivação secundária — *racionalizadas*.[22] Seu verdadeiro significado, porém, está na representação do conflito entre dois impulsos contrários de magnitude aproximadamente igual, pelo que até agora pude constatar: sempre a oposição entre amor e ódio. Elas reclamam um interesse teórico especial, pois deixam perceber um novo tipo de formação de sintomas. Em vez de, como sucede normalmente na histeria, achar um compromisso que contemple os dois opostos numa só representação, que mate dois pássaros com um só tiro,[23] os opostos são aí satisfeitos isoladamente, primeiro um e depois o outro, naturalmente não sem que antes se fizesse a tentativa de criar uma espécie de conexão lógica — muitas vezes ao arrepio de toda lógica — entre os dois contrários hostis.[24]

---

22 Cf. Ernest Jones, "Rationalisation in every-day life", *Journal of Abnormal Psychology*, 1908.
23 Cf. "Fantasias histéricas e sua relação com a bissexualidade" [1908].
24 Outro paciente obsessivo contou-me que, estando certa vez no parque de Schönbrunn, havia topado com um ramo de árvore solto no caminho, que ele então arrastou com o pé em direção à sebe lateral. Já voltando para casa, veio-lhe subitamente a preocupação de que o ramo, que ficara um tanto saliente, poderia ser motivo de acidente para quem passasse pelo mesmo local. Teve que descer do bonde, correr de volta ao parque, procurar o lugar e colocar o ramo na posição anterior, embora qualquer outra pessoa notasse

O conflito entre amor e ódio revelou-se também por outros indícios em nosso paciente. Na época de seu redespertar religioso, ele fazia orações que aos poucos chegaram a tomar uma hora e meia, pois nas formulações devotas sempre se misturava para ele — um Balaão* invertido — algo que as convertia no oposto. Por exemplo, se ele dizia *"Deus o proteja"*, logo o espírito maligno interpolava um "não" à frase.[25] Uma vez ocorreu-lhe amaldiçoar; então certamente o contrário se insinuaria; nessa ideia irrompeu a intenção original reprimida pela oração. Em tais apuros, ele achou o expediente de abolir a oração e trocá-la por uma fórmula curta, preparada com as letras ou sílabas iniciais de orações diferentes. Ele a falava tão rapidamente que nada podia nela intrometer-se.

Um dia ele contou um sonho que representava o mesmo conflito, transferido para o médico. Minha mãe morreu. Ele quer expressar condolências, mas teme produzir a *risada impertinente* que já soltou algumas vezes em casos de falecimento. Então prefere escrever um cartão com *p. c.* [*pour condoler*], mas essas letras se transformam, ao redigi-las, em *p. f.* [*pour féliciter*].[26]

---

que a velha posição era mais perigosa, para um passante, do que a nova, junto à sebe. A segunda ação, hostil, que se impôs como compulsão, havia se adornado, ante o pensamento consciente, com a motivação da primeira, esta sim benfeitora.

* Balaão: personagem do Antigo Testamento (cf. *Números*, 22-24).

25 Veja-se o mecanismo análogo das ideias sacrílegas que, como é sabido, ocorrem às pessoas santas.

26 Este sonho esclarece o riso compulsivo em ocasiões de luto, tão frequente e tido como enigmático.

I. HISTÓRIA CLÍNICA

O conflito de seus sentimentos em relação à dama era nítido demais para escapar de todo à sua percepção consciente, embora possamos inferir, das manifestações obsessivas do conflito, que ele não avaliava corretamente a profundidade de seus impulsos negativos. Ela havia respondido com um "não" à primeira corte que ele lhe fizera, dez anos antes. Desde então, períodos em que ele acreditava amá-la bastante alternavam, também de forma consciente, com outros, em que se sentia indiferente para com ela. Quando, no curso do tratamento, devia dar um passo que o aproximaria do objetivo da corte, sua resistência manifestava-se primeiro, habitualmente, na convicção de que não a amava tanto na realidade, convicção que logo desaparecia.* Numa ocasião em que ela estava gravemente adoecida, o que requereu muita assistência de sua parte, veio-lhe, observando-a, o desejo de que ela permanecesse deitada para sempre. Tal ideia ele explicou para si mesmo com a interpretação capciosa de que, desejando-a sempre doente, estaria livre da angústia ante os repetidos acessos da doença, que não podia suportar!²⁷ Às vezes ocupava a imaginação em devaneios que ele próprio reconhecia

---

* "Convicção que logo desaparecia": *die freilich bald überwunden wurde*; na edição *Standard* inglesa se lê "*though this resistance, it is true, used soon to break down*" [embora essa resistência, é verdade, costumasse logo ceder] — trata-se de um erro, pois no original o pronome *die* (feminino) se refere a *Überzeugung* ("convicção"), que é um substantivo feminino, e não a *Widerstand* ("resistência"), que é masculino e pediria o pronome *der*.

27 Não é de excluir que outro motivo contribuísse para esta súbita ideia obsessiva: a vontade de sabê-la indefesa ante as suas intenções.

como "fantasias de vingança" e de que se envergonhava. Por achar que ela daria muito valor à posição social de um pretendente, fantasiava que ela havia desposado um homem assim, um alto funcionário. Ele então ingressa na mesma carreira e se destaca bem mais do que ele, que se torna seu subordinado. Um dia, prossegue ele, esse homem comete algo ilícito. A dama se joga a seus pés, implorando-lhe que salve o marido. Ele promete fazê-lo, e lhe diz que apenas por amor a ela abraçou aquela carreira, porque previu tal momento. Com a salvação do marido, sua missão está completa; ele renuncia ao posto.

Em outras fantasias, nas quais, por exemplo, ele lhe presta um grande favor sem que ela saiba quem o fez, ele reconheceu apenas a ternura, sem apreciar o bastante, em sua origem e tendência, a magnanimidade voltada para a repressão da sede de vingança, segundo o modelo do conde de Monte Cristo, de Alexandre Dumas. Ele admitiu, de resto, que ocasionalmente sentia impulsos muito claros de fazer algum mal à dama que venerava. Esses impulsos geralmente silenciavam na presença dela e irrompiam na sua ausência.

F) A CAUSA IMEDIATA DA DOENÇA
Um dia, nosso paciente mencionou brevemente um episódio no qual logo divisei a causa precipitadora da doença, ou pelo menos o motivo imediato do surto que principiou há seis anos e ainda continua. Ele mesmo não fazia ideia de que apresentava algo importante; não se lembrava de ter atribuído algum valor ao episódio, do qual, aliás, nunca se esquecera. Essa atitude pede uma consideração teórica.

I. HISTÓRIA CLÍNICA

A regra, na histeria, é que os motivos recentes para a enfermidade sucumbam à amnésia, tal como as vivências infantis que os ajudam a transformar sua energia afetiva em sintomas. Quando não é possível um completo esquecimento, ainda assim a amnésia corrói o ensejo traumático recente, roubando-lhe ao menos seus componentes mais significativos. Em tal amnésia enxergamos a prova da repressão ocorrida. Na neurose obsessiva sucede normalmente de outra forma. Os pressupostos infantis da neurose podem ter cedido a uma amnésia — frequentemente incompleta; mas as ocasiões recentes para o adoecimento se acham preservadas na memória. Aí a repressão utilizou-se de um outro mecanismo, mais simples, na verdade; em vez de esquecer o trauma, subtraiu-lhe o investimento afetivo, de modo que na consciência resta apenas um conteúdo ideativo indiferente, tido por insignificante. A diferença [entre histeria e neurose obsessiva] está nos processos psíquicos que podemos construir por trás dos fenômenos; o resultado é quase o mesmo, pois o conteúdo mnêmico indiferente é reproduzido muito raramente, não tendo papel na atividade mental consciente da pessoa. Para diferençar os dois tipos de repressão podemos recorrer, primeiramente, tão só à garantia do paciente, de que tem a sensação de que num caso sempre soube aquilo, e no outro o esqueceu há muito tempo.[28]

---

28 É preciso então admitir que na neurose obsessiva há dois tipos de conhecimento, e com igual direito pode-se afirmar que o neurótico obsessivo tanto "conhece" os seus sonhos como não os "co-

Não é raro suceder, portanto, que neuróticos obsessivos que sofrem de autorrecriminações e ligaram seus afetos a motivos errados informem ao médico também os corretos, sem suspeitar que suas recriminações estão apenas desconectadas desses últimos. Às vezes exclamam, admirados ou mesmo jactanciosos, que aquilo não lhes importa o mínimo. Assim ocorreu no primeiro caso de neurose obsessiva que há muitos anos permitiu-me a compreensão desta doença. O paciente, um funcionário público que sofria de inúmeras dificuldades, é o mesmo do qual relatei a ação obsessiva com o ramo de árvore no parque de Schönbrunn. Chamou-me a atenção o fato de ele sempre me dar, como pagamento das sessões, cédulas de florins perfeitamente lisas e limpas. (Naquele tempo não havia moedas de prata na Áustria.) Quando, um dia, fiz a observação de que se podia reconhecer um funcionário do governo pelos florins novos que recebia da Caixa Estatal, ele me disse que as cédulas não eram novas, haviam sido passadas a ferro (alisadas) em sua casa. Para ele era questão de consciência não entregar cédulas sujas a alguém, pois nelas se achavam perigosas bactérias que poderiam ser nocivas à pessoa. Naquele tempo eu começava a per-

---

nhece". Pois os conhece na medida em que não os esqueceu, e não os conhece por não reconhecer sua significação. Na vida normal também não sucede de outro modo. Os garçons que costumavam servir o filósofo Schopenhauer no restaurante que frequentava o "conheciam", em determinado sentido, numa época em que era desconhecido em Frankfurt e outros lugares, mas não no sentido que hoje ligamos ao "conhecimento" de Schopenhauer.

I. HISTÓRIA CLÍNICA

ceber vagamente a relação entre as neuroses e a vida sexual, e ousei perguntar ao paciente, num outro dia, como estava a dele. "Oh, tudo em ordem", afirmou simplesmente, "não posso me queixar. Faço o papel de um tio velho e querido em muitas casas de boas famílias, valendo-me disso para de vez em quando chamar uma garota para um passeio no campo. Então arranjo as coisas de modo que perdemos o trem e somos obrigados a passar a noite num albergue. Sempre peço dois quartos, sou bastante cavalheiro; mas quando a garota está na cama vou até lá e a masturbo com os dedos." — Mas você não teme fazer-lhe mal, tocando nos genitais dela com a mão suja? — Ele então se irritou: "Mal? Como isso pode lhe fazer mal? Nenhuma delas foi prejudicada, todas elas concordaram. Algumas já estão casadas, e isso não as prejudicou." — O paciente levou a mal minha objeção e nunca mais voltou. O contraste entre seus escrúpulos ao lidar com as cédulas de dinheiro e sua desconsideração ao abusar das garotas que lhe eram confiadas eu podia explicar apenas mediante um *deslocamento* do afeto recriminador. A tendência desse deslocamento era clara o bastante; se ele deixasse que a recriminação fosse para onde cabia, teria que abandonar uma satisfação sexual a que provavelmente era impelido por fortes determinantes infantis. Obteve então, com o deslocamento, uma considerável *vantagem da doença*.

Agora devo abordar mais a fundo a causa imediata da doença. A mãe do paciente fora educada, como parente distante, por uma rica família detentora de uma enorme empresa industrial. Ao desposá-la, seu pai entrou para os quadros dessa indústria, chegando a uma boa situação graças ao casamento, portanto. O filho soubera, por gracejos entre os pais (que viviam um ótimo casamento), que o pai fizera a corte a uma bela garota de família modesta, antes de conhecer a mãe. Essa é a história preliminar. Após o falecimento do pai, a mãe comunicou ao filho, um dia, que havia falado de seu futuro com os parentes abastados, e um dos primos se declarara disposto a oferecer-lhe uma das filhas, quando ele terminasse os estudos. A ligação com a firma lhe abriria excelentes perspectivas na profissão. Esse plano da família despertou nele o conflito entre permanecer fiel à garota pobre que amava ou seguir as pegadas do pai e tomar como esposa a garota bela, rica e nobre que lhe destinavam. E esse conflito, que era, de fato, entre o seu amor e a persistente vontade do pai, ele resolveu adoecendo, ou, melhor dizendo: ele subtraiu-se, mediante a enfermidade, à tarefa de resolvê-lo na realidade.[29]

A prova para essa concepção reside no fato de a principal consequência da enfermidade ter sido uma teimosa incapacidade para o trabalho, que o fez adiar por anos a conclusão dos estudos. Mas o resultado da doença já estava na intenção dela; o que parece ser consequência é, na realidade, a causa, o motivo do adoecimento.

Compreensivelmente, de início o doente não admitiu a minha explicação. Disse não poder imaginar seme-

---

29 Cabe ressaltar que a fuga para a doença lhe foi possibilitada pela identificação com o pai. Esta permitiu a regressão dos seus afetos aos vestígios da infância.

lhante efeito do plano de casamento, este não lhe fizera a menor impressão na época. Mas durante o tratamento ele teve de convencer-se, por um caminho peculiar, da justeza de minha conjectura. Com o auxílio de uma fantasia de transferência, vivenciou como novo e atual algo do passado que havia esquecido, ou que apenas inconscientemente nele transcorrera. De um período obscuro e difícil do tratamento resultou, enfim, que ele promovera a minha filha uma jovem que havia encontrado certa vez na escada de meu edifício. Ela lhe agradou, e ele imaginou que eu era tão amável e paciente com ele porque o desejava para genro, e nisso elevou a opulência e nobreza de minha casa a um nível que correspondia a seu modelo. Mas essa tentação foi combatida pelo inabalável amor à sua dama. Depois de superarmos toda uma série de graves resistências e amargos insultos ele não pôde escapar ao efeito convincente da perfeita analogia entre a transferência fantasiada e a realidade de outrora. Reproduzo agora um dos sonhos desse período, como exemplo de sua forma de representação. *Ele vê minha filha à sua frente, mas ela tem duas bolas de excremento no lugar dos olhos*. Para qualquer um que compreenda a linguagem dos sonhos a tradução é fácil: *Ele não se casa com minha filha por seus belos olhos, mas por seu dinheiro*.

G) O COMPLEXO RELATIVO AO PAI
E A SOLUÇÃO DA IDEIA DOS RATOS

Partindo da causa imediata da doença, na época adulta, um fio conduzia à infância do paciente. Ele se encontrava na situação pela qual, conforme sabia ou imaginava, o pai havia passado antes de seu próprio casamento, e pôde identificar-se com o pai. Ainda de outra maneira o falecido pai teve um papel na doença recente. O conflito da doença era, no essencial, uma luta entre a persistente vontade do pai e sua própria inclinação amorosa. Se levamos em conta o que o paciente havia comunicado nas primeiras sessões do tratamento, não podemos afastar a suspeita de que essa luta era bem antiga, já tendo ocorrido em sua infância.

Seu pai era, de acordo com todas as informações, um homem excelente. Antes do casamento fora suboficial, e conservara, dessa época de sua vida, francas maneiras de soldado e gosto por expressões rudes. Além das virtudes que as lajes dos sepulcros costumam atribuir a todos, distinguia-se por um animado senso de humor e uma bondosa indulgência com os semelhantes. Não contradiz essa característica, antes a complementa, o fato de que podia ser brusco e veemente, algo que, quando as crianças ainda eram novas e traquinas, ocasionalmente as fazia tomarem duras reprimendas. Quando os filhos cresceram, diferenciou-se de outros pais por não querer se arvorar em autoridade indiscutível, mas por revelar aos filhos, com benévola franqueza, os pequenos fracassos e infortúnios de sua vida. Certamente o filho não exagerava ao dizer que se relacionavam como dois ótimos amigos, exceto num único ponto (cf. p. 43). Deve ter sido por causa dessa única questão que o pensamento da morte do pai ocupou o menino com intensidade invulgar e indevida (cf. p. 22), que pensamentos tais surgiram em suas ideias obsessivas

I. HISTÓRIA CLÍNICA

infantis, que ele pôde desejar que o pai morresse, para que uma determinada moça, influenciada pela compaixão, se mostrasse mais afetuosa para com ele (p. 39).

Não há dúvida de que no âmbito da sexualidade surgia uma diferença entre pai e filho, e que o pai ficara em decidida oposição ao erotismo precocemente despertado no filho. Vários anos depois da morte do pai, quando experimentou pela primeira vez a sensação prazerosa de um coito, veio-lhe à mente a seguinte ideia: "Mas isso é formidável; por isso bem se poderia matar o próprio pai!". Eis, simultaneamente, um eco e uma explicitação de suas ideias obsessivas infantis. Pouco antes de morrer, o pai se manifestara diretamente contra a inclinação que depois viria a dominar o paciente. Notou que este procurava a companhia daquela mulher e advertiu-o contra ela, afirmando que isso não era prudente e que ele se exporia ao ridículo.

A esses dados se junta outro, quando nos voltamos para a história da atividade sexual masturbatória do paciente. Existe, nesse terreno, uma oposição entre as opiniões dos médicos e as dos doentes que ainda não foi considerada. Esses últimos se acham de acordo em ver na masturbação, por eles entendida como masturbação na puberdade, a origem e fonte primeira de todos os seus males. Os médicos, em geral, não sabem o que dizer a respeito do tema, mas, influenciados pelo conhecimento de que a maioria dos que depois seriam normais também se masturbou na puberdade, tendem a ver como exageradas as afirmações dos pacientes. Acho que também nisso os doentes estão mais próximos da razão do que os médicos; eles têm um vislumbre do que sucede, enquanto os médicos correm o risco de ignorar algo essencial. Certamente não é como creem os doentes, que a masturbação quase típica da puberdade seria responsável por todas as perturbações neuróticas. Esta sua tese requer interpretação. A masturbação na puberdade não é senão revivescência daquela — até agora negligenciada — da infância, que geralmente alcança uma espécie de clímax na idade de três a quatro ou cinco anos e é a mais nítida expressão da constituição sexual da criança, na qual também nós buscamos a etiologia das neuroses posteriores. Portanto, os doentes culpam disfarçadamente sua própria sexualidade infantil, e nisso estão inteiramente certos. Por outro lado, o problema da masturbação fica insolúvel se a vemos como uma unidade clínica e esquecemos que representa a descarga de componentes sexuais vários e das fantasias por eles alimentadas. Apenas num grau mínimo a nocividade da masturbação é autônoma, ou seja, determinada por sua própria natureza. Coincide, no principal, com a significação patogênica da vida sexual. O fato de muitos indivíduos tolerarem sem danos a masturbação — certa medida dela — mostra que neles a constituição sexual e o curso de desenvolvimento da sua vida sexual permitiram-lhes exercer esta função nas condições culturais vigentes,[30] enquanto outros, devido a uma constituição sexual desfavorável ou a um distúrbio no desenvolvimento, adoecem por causa

---

30 Cf. *Três ensaios sobre a teoria da sexualidade*, 1905 [sobretudo o resumo final].

I. HISTÓRIA CLÍNICA

de sua sexualidade, isto é, não conseguem atingir a supressão e sublimação dos componentes sexuais sem que haja inibições e formações substitutivas.

Nosso paciente teve um comportamento peculiar no que toca a masturbação. Não se masturbou durante a puberdade, o que, de acordo com certas expectativas, poderia deixá-lo livre de neuroses. Mas o impulso à atividade masturbatória surgiu nele aos 21 anos, *pouco tempo depois da morte do pai*. Ficava muito envergonhado após satisfazer-se assim, e logo abandonou essa atividade. Desde então se masturbou apenas em ocasiões raras e extraordinárias. Ocasiões trazidas por momentos particularmente belos que viveu, ou passagens peculiarmente belas que leu. Por exemplo, quando ouviu no centro da cidade, numa bela tarde de verão, um postilhão soar maravilhosamente sua corneta, até que um guarda o proibiu de fazê-lo, pois não era permitido tocar dentro da cidade! Ou, numa outra vez, quando leu, em *Poesia e verdade*, como o jovem Goethe, em apaixonada exaltação, libertou-se da praga que uma ciumenta lançara sobre a mulher que lhe beijasse os lábios depois dela. Por longo tempo ele se deixara conter por essa praga, um tanto supersticiosamente, mas naquele instante rompeu as cadeias e aplicou vários beijos em seu amor.

Ele se admirava muito de que fosse impelido a masturbar-se precisamente nessas ocasiões belas e enaltecedoras. Mas não pude deixar de sublinhar que nesses dois exemplos o que havia em comum era a proibição e o desafio a uma ordem.

No mesmo contexto se achava sua peculiar conduta no tempo em que estudava para uma prova e brincava com uma fantasia a que se afeiçoou, a de que o pai ainda vivia e podia retornar a qualquer momento. Ele arranjou as coisas de modo a estudar na noite avançada. Entre meia-noite e uma hora fazia uma interrupção, abria a porta que dava para o corredor do edifício, como se o pai estivesse ali esperando, e, depois de voltar, tirava o pênis e o contemplava no espelho do vestíbulo. Esse louco agir torna-se compreensível pressupondo que ele se portava como se aguardasse a visita do pai na hora dos fantasmas. Quando este vivia, ele fora um estudante relapso, o que frequentemente aborrecia o pai. Agora este devia alegrar-se com ele, ao retornar como espírito e encontrá-lo estudando. Mas dificilmente o pai se alegraria com a outra parte do seu procedimento; assim ele o desafiava, e num só ato obsessivo exprimia os dois lados de sua relação com o pai, tal como faria depois com a mulher que amava, no ato obsessivo da pedra na estrada.

Com base nesses e em outros indícios semelhantes, arrisquei a construção de que quando era criança, aos seis anos de idade, ele incorrera em alguma má conduta sexual relacionada à masturbação e fora então sensivelmente castigado pelo pai. Esse corretivo pusera fim à masturbação, mas também deixara um indelével rancor ao pai, fixando para sempre o papel deste como estragador do prazer sexual. (Cf. a conjectura semelhante que fiz numa das primeiras sessões, p. 43). Para minha surpresa o paciente relatou, então, que um evento assim, ocorrido em sua primeira infância, fora-lhe contado

I. HISTÓRIA CLÍNICA

várias vezes pela mãe, e evidentemente não caíra no esquecimento porque estava ligado a coisas notáveis. Sua própria memória nada guardava a respeito disso. Mas a história é a seguinte. Quando era bem pequeno — a época exata ainda podia ser determinada, por coincidir com a da doença fatal de uma irmã mais velha — ele deve ter feito algo ruim, devido ao qual foi surrado pelo pai. Então o meninote se enraiveceu terrivelmente e soltou imprecações até debaixo dos golpes do pai. Mas, como ainda não sabia xingar, aplicara a este os nomes de objetos que lhe ocorriam, dizendo: "Seu lâmpada! Seu lenço! Seu prato!" etc. O pai, assustado com tal explosão elementar, parou de golpeá-lo e afirmou: "Esse menino será ou um grande homem ou um grande criminoso!".[31] Ele acha que esta cena deixou uma impressão duradoura tanto nele como no pai. Este nunca mais o surrou. Mas ele mesmo atribui parte da sua mudança de caráter a essa vivência. O medo ante a magnitude de sua raiva o tornou covarde a partir de então. Por toda a vida ele teve um medo horrível de golpes, e quando um de seus irmãos era surrado ele se escondia, cheio de terror e indignação.

Ao inquirir novamente sua mãe, ela lhe disse, além de confirmar a história, que na época ele tinha três a quatro anos de idade, e que merecera o castigo, porque havia *mordido* alguém. Mas tampouco a mãe se recordava de mais detalhes. Apenas achou, um tanto vagamente, que a

---

31 As alternativas eram incompletas. O pai não pensou no resultado mais frequente de paixões assim prematuras, a neurose.

pessoa machucada pelo filho teria sido a babá. Não houve menção de um caráter sexual do delito em seu relato.³²

Remeto a discussão desta cena infantil à nota de rodapé, apenas observando aqui que o seu aparecimento abalou, pela primeira vez, a recusa do paciente em crer que na pré-história de sua vida fora tomado de raiva pelo pai amado, que depois se tornou latente. Mas eu havia esperado um efeito mais intenso, pois esse episódio lhe fora relatado tantas vezes, inclusive pelo pai, que sua realida-

---

32 Nas psicanálises deparamos frequentemente com tais eventos da primeira infância, nos quais a atividade sexual infantil parece atingir o apogeu e, devido a um acidente ou uma punição, termina frequentemente de modo catastrófico. Eles anunciam-se debilmente nos sonhos e às vezes tornam-se tão nítidos que acreditamos apreendê-los firmemente, mas escapam a uma elucidação definitiva, e, se não procedemos com particular prudência e habilidade, não temos como decidir se tal cena verdadeiramente ocorreu. Somos levados ao caminho correto de interpretação pelo conhecimento de que várias versões de tais cenas, às vezes muito diferentes, podem ser detectadas na imaginação inconsciente do analisando. Se não quisermos nos equivocar no julgamento da realidade, devemos nos lembrar, sobretudo, que as "lembranças infantis" das pessoas vêm a se estabelecer apenas numa idade posterior (em geral na época da puberdade), sendo então submetidas a um complicado processo de reelaboração, inteiramente análogo à formação de lendas de um povo acerca de sua história primitiva. Pode-se claramente perceber que o indivíduo em crescimento procura, nessas fantasias relativas à sua primeira infância, *apagar a lembrança de sua atividade autoerótica*, na medida em que eleva seus traços mnemônicos ao nível do amor objetal, como um historiador que busca enxergar o passado à luz do presente. Daí a profusão de ataques e seduções nessas fantasias, quando a realidade se limitou à atividade autoerótica e aos carinhos e castigos que a estimularam. Além disso, notamos que fantasiando sobre sua infância o indivíduo *sexualiza suas recordações*,

I. HISTÓRIA CLÍNICA

de não estava sujeita a dúvida. Com uma capacidade de torcer a lógica que nos doentes obsessivos bem inteligentes nunca deixa de causar espanto, prosseguia afirmando, contra o valor de evidência do relato, que ele próprio não se lembrava daquilo. Então foi somente pela dolorosa via da transferência que ele chegou a convencer-se de que sua relação com o pai exigia aquele complemento inconsciente. Logo veio a suceder, em sonhos, devaneios e pensamentos espontâneos, que ele xingasse a mim e meus parentes do modo mais grosseiro e vil, enquanto

---

isto é, relaciona vivências banais à sua atividade sexual, estende sobre elas o seu interesse sexual, nisso provavelmente seguindo a trilha do nexo efetivamente presente. Estas observações não pretendem diminuir posteriormente a significação da sexualidade infantil, reduzindo-a ao interesse sexual da puberdade, como bem sabe o leitor que guarda na memória a minha "Análise da fobia de um garoto de cinco anos" [1909]. Minha intenção é apenas dar instruções técnicas que solucionem as fantasias destinadas a falsear o quadro da atividade sexual infantil.

Raramente nos achamos na feliz situação de poder confirmar, através do inabalável testemunho de um adulto, os fatos sobre os quais se baseiam essas histórias relativas ao passado remoto, como sucede no caso deste paciente. De toda forma, a declaração da mãe deixa em aberto várias possibilidades. O fato de ela não mencionar a natureza sexual da ofensa pela qual o menino foi castigado pode se dever à sua própria censura, já que em todos os pais é precisamente isso que a censura se esforça por eliminar do passado dos filhos. Também é possível que a babá ou a própria mãe tenha punido o garoto por uma coisa banal, de natureza não sexual, e depois o pai o tenha castigado por sua reação violenta. Nessas fantasias, a babá ou outra serviçal é normalmente substituída pela figura mais nobre da mãe. Ao aprofundarmos a interpretação dos sonhos do paciente relativos a esse episódio, achamos claros indícios de uma história que se pode chamar de épica, na qual desejos

me testemunhava sempre um enorme respeito. Quando informava sobre tais insultos seu comportamento era o de um desesperado. "Como pode o senhor, professor, admitir que um sujeito sórdido e vadio como eu o insulte? O senhor tem que me mandar embora; é o mínimo que mereço." Ao falar isso, ele se erguia do divã e andava pela sala, algo que inicialmente justificou pela delicadeza: não conseguia, afirmou, dizer coisas tão horríveis deitado confortavelmente. No entanto, logo ele mesmo encontrou a explicação mais pertinente de que se afas-

---

sexuais referentes à mãe e à irmã, e a morte prematura dessa irmã, eram relacionados ao castigo do pequeno herói nas mãos do pai. Não foi possível desfazer fio por fio esse emaranhado de fantasias; precisamente o sucesso terapêutico foi o obstáculo para isso. O paciente restabeleceu-se e teve de enfrentar várias tarefas que a vida lhe impunha, já há muito tempo adiadas, que não eram compatíveis com o prosseguimento da terapia. Que não me seja criticada, portanto, essa lacuna na análise. A investigação científica mediante a psicanálise é hoje apenas um produto secundário do esforço terapêutico, e por isso a colheita é maior, com frequência, justamente nos casos em que o tratamento fracassou.

O teor da vida sexual infantil consiste na atividade autoerótica dos componentes sexuais dominantes, em traços de amor objetal e na formação do complexo que poderíamos chamar de *complexo nuclear das neuroses*, que compreende os primeiros impulsos carinhosos ou hostis ante os pais e irmãos, depois que a curiosidade do pequeno é despertada, geralmente pela chegada de um novo irmãozinho. A uniformidade desse conteúdo e a constância das influências modificadoras futuras explicam facilmente por que, de modo geral, sempre se formam as mesmas fantasias sobre a infância, não importando se foi pequena ou grande a contribuição das vivências reais. Corresponde ao complexo nuclear infantil que o pai tenha o papel de rival sexual e perturbador da atividade sexual autoerótica, e nisso a realidade tem boa participação geralmente.

I. HISTÓRIA CLÍNICA

tava de minha proximidade por medo de que eu o surrasse. Quando ficava sentado, portava-se como alguém que, desesperadamente amedrontado, busca proteger-se de uma enorme punição: levava as mãos à cabeça, cobria o rosto com os braços, arredava-se repentinamente, com as feições distorcidas pela dor etc. Ele se lembrou de que o pai era de gênio irascível e, em seu arrebatamento, às vezes não sabia até onde podia chegar. Em tal escola do sofrimento adquiriu aos poucos a convicção que lhe faltava, que teria sido evidente para qualquer outro não envolvido pessoalmente. Mas com isso estava livre o caminho para a solução da ideia que envolvia os ratos. Uma pletora de dados até então retidos tornou-se ali disponível, no auge do tratamento, e permitiu o estabelecimento de todo o contexto.

Ao expô-lo, vou resumir e abreviar ao máximo, como já disse. O primeiro enigma era, naturalmente, por que as duas falas do capitão tcheco, a história dos ratos e a exortação para que reembolsasse o primeiro-tenente A. haviam-no deixado tão inquieto e provocado reações patológicas tão veementes. Era de supor que aí houvesse "sensibilidade de complexo",[*] que pontos

---

[*] "Sensibilidade de complexo": *"Komplexempfindlichkeit"*; nas versões estrangeiras consultadas — duas em espanhol, das editoras Biblioteca Nueva e Amorrortu, a italiana da Boringhieri e a *Standard* inglesa — encontramos: *sensibilidad de complejo, idem, sensibilità complessuale, complexive sensitiveness*. Segundo Strachey, trata-se de uma expressão tomada das experiências com associação de palavras de Jung e seus discípulos. Talvez "sensibilidade ao complexo" seja uma versão mais adequada.

hiperestésicos de seu inconsciente fossem asperamente tocados por aqueles dizeres. E assim foi. Ele se achava, como sempre lhe ocorria no exército, numa inconsciente identificação com o pai, que servira durante muitos anos e contava histórias de seu tempo de soldado. Permitiu então o acaso, que na formação de sintomas pode ajudar tanto quanto a linguagem na piada, que uma das pequenas aventuras do pai tivesse um importante elemento em comum com a solicitação do capitão. Certa vez, o pai havia perdido algum dinheiro num jogo de cartas (era um *Spielratte*),* e estaria em apuros, se um camarada não lhe adiantasse a quantia. Depois que deixou o exército e alcançou prosperidade, buscou o colega que o ajudara, a fim de lhe devolver o dinheiro, mas não o encontrou. O paciente não estava seguro de que a devolução tivesse ocorrido. A lembrança desse pecado juvenil do pai lhe era penosa, pois seu inconsciente abrigava hostis objeções ao caráter do pai. As palavras do capitão: "Você tem que restituir 3,80 coroas ao primeiro-tenente A.", pareciam-lhe uma alusão à dívida não saldada do pai.

Mas a informação de que a própria funcionária do correio em Z. fizera o reembolso, com palavras lisonjeiras sobre ele,[33] fortaleceu a identificação com o pai num outro terreno. Ele então acrescentou que no luga-

---

* *Spielratte*: literalmente, "rato de jogo".
33 Não esqueçamos que ele soube disso antes que o capitão lhe fizesse a solicitação (injustificada) de que reembolsasse o primeiro-tenente A. Eis o ponto indispensável para a compreensão [da história], e o fato de suprimi-lo envolveu o paciente numa confusão atroz e impediu-me, por algum tempo, de apreender o sentido do conjunto.

I. HISTÓRIA CLÍNICA

rejo onde ficava a agência postal havia uma bela moça, filha do estalajadeiro, que se mostrara bastante amável com o jovem e garboso oficial, de modo que ele podia lá retornar após o fim das manobras e tentar sua sorte com a moça. Mas agora ela tinha uma rival na funcionária do correio. Tal como seu pai na novela do casamento, ele podia hesitar acerca de qual das duas teria sua atenção. Notamos agora que sua peculiar indecisão entre partir para Viena ou voltar ao local da agência do correio, suas contínuas tentações de interromper a viagem e retornar (cf. p. 31), não eram tão sem sentido como inicialmente pareceram. Em seu pensamento consciente, a atração do povoado Z., onde se achava a agência do correio, era justificada pela necessidade de cumprir a palavra, com ajuda do primeiro-tenente A. Na realidade, o objeto de sua ânsia era a empregada do correio, o primeiro-tenente era apenas um bom substituto para ela, tendo vivido naquele lugar e se ocupado ele mesmo do serviço postal do exército. Quando soube que não o primeiro-tenente A., mas outro oficial estivera aquele dia no correio, incluiu também este na combinação e pôde repetir nos delírios com os dois oficiais a hesitação entre as duas moças tão gentis para com ele.[34]

---

34 [Nota acrescentada em 1923:] Depois que o paciente tudo fez para embaralhar o episódio do reembolso do valor do pincenê, talvez eu também não tenha conseguido expô-lo de modo inteiramente claro. Por isso reproduzo aqui um pequeno mapa, com o qual Mr. e Mrs. Strachey buscaram ilustrar a situação no momento do fim das manobras. Meus tradutores observaram, com justeza, que o comportamento do paciente será ainda incompreensível se

Esclarecendo os efeitos que resultaram da história dos ratos contada pelo capitão, precisamos seguir mais de perto o curso da análise. Houve inicialmente uma quantidade enorme de material associativo, sem que ficasse mais transparente a situação em que se formara a obsessão. A ideia do castigo com ratos havia estimulado certo número de instintos e despertado uma série de recordações, de modo que os ratos, no breve intervalo entre a história do capitão e a advertência deste para que ele restituísse o dinheiro, adquiriram vários significados simbólicos, aos quais se juntaram ainda outros no período subsequente. O relato que posso fazer de tudo isso é necessariamente

---

não enfatizarmos que o primeiro-tenente A. tinha vivido na localidade da agência postal Z. e lá se ocupado do correio militar, mas nos últimos dias das manobras passou esta função para o primeiro-tenente B. e foi transferido para A. O capitão "cruel" ainda não sabia desta mudança, daí o seu erro de acreditar que o reembolso devia ser feito ao primeiro-tenente A.

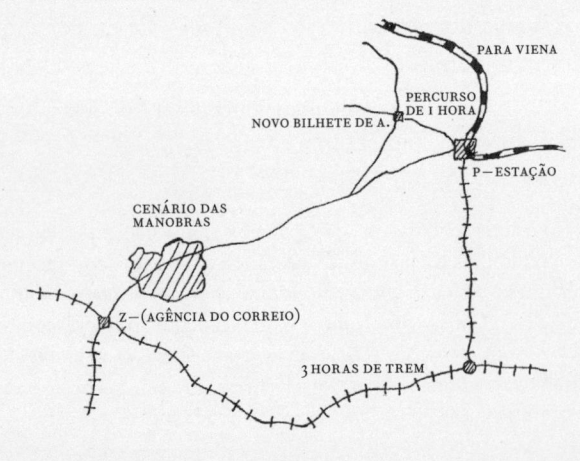

PARA VIENA
PERCURSO DE 1 HORA
NOVO BILHETE DE A.
P—ESTAÇÃO
CENÁRIO DAS MANOBRAS
Z—(AGÊNCIA DO CORREIO)
3 HORAS DE TREM

I. HISTÓRIA CLÍNICA

incompleto. O castigo dos ratos mexeu sobretudo com o erotismo anal, que tivera um grande papel na sua infância, favorecido, durante anos, pela presença de vermes intestinais. Assim os ratos vieram a significar "dinheiro",[35] nexo que ele mostrou na associação de *Raten* [prestações] com *Ratten* [ratos]. Em seus delírios obsessivos ele havia criado uma verdadeira "moeda de rato". Por exemplo, quando me perguntou e eu lhe informei o custo de uma sessão de tratamento, isto significou, para ele, como me disse seis meses depois: tantos florins, tantos ratos. Gradualmente ele transpôs para essa linguagem todo o complexo dos interesses financeiros ligados à herança do pai, isto é, todas as ideias a isso relacionadas foram inscritas no âmbito obsessivo* através da ponte verbal *Raten-Ratten* e submetidas ao inconsciente. Além disso, esta significação monetária dos ratos apoiava-se na advertência do capitão para que ele restituísse o dinheiro da encomenda, com a ajuda da ponte verbal *Spielratte*, que remetia ao fracasso do pai no jogo.

Mas ele também conhecia os ratos como transmissores de infecções perigosas, e podia vê-los como símbolos do medo da *infecção sifilítica*, tão justificado no exército — medo que envolvia toda espécie de dúvidas sobre o modo de vida de seu pai durante o

---

35 Cf. "Caráter e erotismo anal" (1908).
* "Inscritas no âmbito obsessivo": no original, *ins Zwanghafte eingetragen* — nas versões consultadas: *incorporadas a la obsesión, asentadas... en lo obsesivo, convogliate nella sfera dell'ossessivo, carried over into his obsessional life*.

serviço militar. Em outro sentido, o *pênis* mesmo era transmissor da sífilis, de forma que o rato se tornava um membro sexual, e por outro título podia também ser visto como tal. O pênis, em especial o do bebê, pode ser comparado a um *verme*, e na história do capitão os ratos se revolviam no ânus de alguém, tal como as lombrigas quando ele era pequeno. Assim, o significado de pênis assumido pelos ratos baseava-se igualmente no erotismo anal. O rato é, além disso, um animal sujo, que se alimenta de excrementos e vive em esgotos.[36] Não é preciso dizer como o delírio dos ratos pôde se ampliar, em virtude dessa nova significação. "Tantos ratos — tantos florins", por exemplo, podia ser a caracterização exata de uma profissão feminina que ele odiava. Por outro lado, não é irrelevante que a substituição do pênis pelo rato, na história do capitão, resultasse numa situação de coito *per anum*, que devia ser especialmente revoltante para o paciente, quando relacionada ao pai e à mulher que amava. Tornando a aparecer na ameaça obsessiva que nele se formou após a advertência do capitão [p. 29], esta situação lembrava inequivocamente certas imprecações usadas pelos eslavos do Sul, que podem ser lidas na revista editada por F. S. Krauss, *Anthropophyteia* [n. 2 (1905), pp. 421ss]. Todo esse material, e ainda mais, inseria-se na

---

36 Se o leitor sacudir a cabeça, questionando esses saltos da fantasia neurótica, tenha em mente caprichos semelhantes, a que a fantasia dos artistas eventualmente se entrega; por exemplo, as *Diableries érotiques*, de Le Poitevin.

I. HISTÓRIA CLÍNICA

trama da discussão sobre os ratos, por trás da associação encobridora.

A história do suplício com ratos incitou, no paciente, todos os impulsos de crueldade egoísta e sexual prematuramente suprimidos, como foi mostrado por seu próprio relato e por seus gestos e expressões ao fazê-lo. Apesar de todo esse rico material, no entanto, o significado de sua ideia obsessiva permaneceu obscuro até que surgiu numa sessão a Senhora dos Ratos, de *O pequeno Eyolf*, de Ibsen, e tornou inevitável a conclusão de que em muitas formas de seu delírio obsessivo os ratos também significavam crianças.[37] Investigando a origem desse novo significado, logo deparamos com raízes bem antigas e relevantes. Certa vez, numa visita ao túmulo do pai, ele vira um animal que acreditou ser um rato, passando rapidamente.[38] Imaginou que ele estivesse saindo do túmulo do pai, tendo acabado de fazer uma refeição em seu cadáver. É inseparável da ideia que temos do rato o fato de que ele rói e morde com seus dentes afiados.[39] Mas o rato não é mordaz,

---

37 A Senhora dos Ratos, personagem de Ibsen, certamente derivou do lendário Flautista de Hamelin, que primeiramente atrai os ratos para a água e depois arrebata as crianças da cidade, para que nunca mais retornem. Também o pequeno Eyolf se joga na água sob o sortilégio da Senhora dos Ratos. Em geral o rato não aparece nas lendas como um animal asqueroso, e sim inquietante, um animal ctônio, pode-se dizer, sendo usado para representar as almas dos mortos.
38 Provavelmente uma das numerosas doninhas que se acham no Cemitério Central de Viena.
39 Diz Mefistófeles:

voraz e sujo impunemente; como o paciente constatara, horrorizado, ele é cruelmente perseguido e implacavelmente liquidado. Com frequência tivera compaixão desses pobres ratos. E ele próprio fora um ser assim asqueroso, sujo, pequeno, que enraivecido podia morder e fora terrivelmente castigado por isso (cf. p. 68). Ele realmente podia ver no rato sua "imagem viva".[40] É como se o destino lhe lançasse, na história do capitão, uma "palavra-estímulo" de complexo [cf. nota à tradução, p. 72], e ele não deixou de reagir a ela com a ideia obsessiva.

Ratos eram crianças, portanto, conforme suas experiências mais antigas e momentosas. Nesse ponto ele trouxe uma informação que por algum tempo deixara de lado, mas que agora esclarecia o interesse que nutria por crianças. A mulher que ele adorava havia anos e que não pudera se decidir a esposar estava condenada a não ter filhos devido a uma operação ginecológica, a remoção dos ovários. Para ele, que gostava muito de crianças, esse era mesmo o principal motivo da hesitação.

"*Doch dieser Schwelle Zauber zu zerspalten
Bedarf ich eines Rattenzahns.*
. . . .
Noch einen Biß, so ist's geschehen"
[Mas para romper o sortilégio desse umbral/ Necessito dos dentes de um rato. [...] Mais uma mordida, e está feito! (Goethe, *Fausto*, I, cena 3).]
40 Na taberna de Auerbach [*Er sieht in der geschwollnen Ratte/ Sein ganz natürlich Ebenbild* — "Ele vê, no rato inchado/ A imagem viva de si mesmo", *Fausto*, I, cena 5].

I. HISTÓRIA CLÍNICA

Só então foi possível entender o inexplicável processo ocorrido na formação de sua ideia obsessiva; com a ajuda das teorias sexuais infantis e do simbolismo que se conhece a partir da interpretação de sonhos, tudo pôde ser traduzido significativamente. Quando o capitão falou do suplício com os ratos, na tarde em que desapareceu o pincenê, o paciente ficou impressionado apenas com a natureza cruel e lasciva da situação narrada. Mas logo se estabeleceu o vínculo com a cena infantil em que ele mesmo havia dado mordidas. O capitão, que era capaz de defender castigos assim, tomou para ele o lugar do pai e atraiu para si uma parte da animosidade que irrompera contra o pai e que então retornava. A ideia que rapidamente lhe passou na cabeça, de que algo assim poderia suceder a alguém de que gostava, seria traduzida num desejo como: "Deviam fazer assim com você", dirigido ao narrador do suplício, mas, através dele, ao pai. Quando, um dia e meio depois,[41] o capitão lhe entrega o pacote enviado por reembolso, dizendo-lhe que restitua as 3,80 coroas ao primeiro-tenente A., ele já sabe que o "cruel superior" se engana, e que apenas à funcionária do correio deve alguma coisa. Poderia facilmente dar uma resposta zombeteira como: "Será que eu pago mesmo?", ou "Ora, bolas!", ou "Aqui que eu

---

41 Não naquela noite, como ele disse primeiramente. Não é possível que o pincenê encomendado chegasse no mesmo dia. Ele abrevia na memória esse intervalo, porque nele se produziram as conexões de pensamento decisivas e porque reprime o encontro, sucedido neste intervalo, com o oficial que lhe relatou a atitude simpática da funcionária do correio.

pagarei!", respostas que ele não se sentiria obrigado a dar. Mas, a partir do complexo paterno entrementes excitado e da lembrança daquela cena infantil, formou-se nele esta resposta: "Sim, pagarei o dinheiro a A. quando meu pai e minha amada tiverem filhos", ou: "É tão certo que lhe pagarei o dinheiro quanto meu pai e ela poderem ter filhos". Ou seja, uma afirmação derrisória ligada a uma condição absurda, irrealizável.[42]

Mas o delito fora cometido, as duas pessoas que lhe eram mais caras, o pai e a amada, foram insultadas. Isso requeria punição, a qual consistiu na autoimposição de um juramento impossível de ser cumprido, que implicava a obediência literal à admoestação do superior: *"Agora você tem realmente que pagar o dinheiro a A."*. Em sua convulsiva obediência, ele reprimiu o conhecimento de que o capitão baseava sua advertência num pressuposto errado: "Sim, você tem que restituir o dinheiro a A., como exige o representante do pai. O pai não erra". Também Sua Majestade não erra, e quando se dirige a um súdito com um título inadequado, ele passa a usar esse título.

Apenas uma vaga notícia desses eventos chega à consciência dele, mas a revolta contra a ordem do capitão e a mudança para o oposto se acham representadas na consciência. Primeiro, *não* restituir o dinheiro, senão acontece o... (o castigo com os ratos), e depois a transformação no juramento oposto, como castigo pela revolta.

---

[42] Logo, o absurdo significa também derrisão na linguagem do pensamento obsessivo, tal como nos sonhos. Ver *Interpretação dos sonhos*, 8ª ed., p. 297 [cap. VI, seção G].

I. HISTÓRIA CLÍNICA

Tenhamos presente a constelação dentro da qual se formou a grande ideia obsessiva. A longa abstinência, juntamente com a amável acolhida que um jovem oficial sempre pode esperar das mulheres, tornou-o mais libidinoso, e, além disso, ele se achava algo distanciado de sua dama quando partiu para as manobras. Esta intensificação da libido o predispôs a retomar a antiga luta contra a autoridade do pai, e ele sentiu-se confiante para pensar em satisfação sexual com outras mulheres. Haviam aumentado as dúvidas quanto ao falecido pai e as incertezas quanto ao valor da amada. Nesse estado de ânimo deixou-se levar ao denegrecimento dos dois, e então puniu a si mesmo por isso. Dessa maneira repetiu um velho modelo. Quando, ao fim das manobras, hesitou bastante em ir para Viena ou ficar e cumprir o juramento, representou de uma só vez os dois conflitos que desde sempre o agitavam: se devia obedecer ao pai ou permanecer leal à amada.[43]

Ainda uma palavra sobre a interpretação do conteúdo da sanção: "de outro modo o suplício dos ratos será realizado nas duas pessoas". Ela se baseia na influência de duas teorias sexuais infantis que abordei em outro lugar.[44] A primeira diz que os bebês saem do ânus; a segunda acrescenta, logicamente, a possibilidade de que

---

43 Pode ser interessante sublinhar que a obediência ao pai coincide mais uma vez com o afastamento da dama. Se ele ficasse e restituísse o dinheiro a A., cumpriria a penitência em relação ao pai e ao mesmo tempo abandonaria a dama, atraído por outro ímã. Nesse conflito a vitória foi dela, embora com o apoio do bom senso dele.
44 Cf. "Sobre Teorias Sexuais Infantis" (1908).

também os homens sejam capazes de ter filhos. Pelas regras técnicas da interpretação de sonhos, "sair do reto" pode ser representado pelo seu oposto, "penetrar no reto" (como no suplício dos ratos), e vice-versa.

Não é lícito esperar que ideias obsessivas tão graves sejam solucionadas de modo mais simples ou por outros meios. Com a solução que obtivemos acabou o delírio dos ratos.

II. CONSIDERAÇÕES TEÓRICAS

a) ALGUMAS CARACTERÍSTICAS GERAIS
DAS FORMAÇÕES OBSESSIVAS[45]

A definição que em 1896 ofereci das ideias obsessivas, que seriam "recriminações transformadas que retornam da repressão, sempre ligadas a uma ação de natureza sexual realizada com prazer na infância",[46] parece-me hoje discutível quanto à forma, apesar de composta de elementos precisos. Ela tendia demasiadamente à unificação e tomava por modelo o procedimento dos próprios doentes obsessivos, que, com seu característi-

---

45 Vários pontos tratados nesta e nas próximas seções já foram abordados na literatura sobre as neuroses obsessivas, como se pode ver pela obra fundamental sobre essa enfermidade, *Die psychischen Zwangserscheinungen* [As manifestações psíquicas obsessivas], o meticuloso estudo publicado por L. Löwenfeld em 1904.
46 "Novas observações sobre as neuropsicoses de defesa" [1896, seção II].

co pendor à incerteza, reúnem sob o nome de "ideias obsessivas" as formações psíquicas mais diversas.[47] Na realidade, é mais correto falar de "pensamento obsessivo", e enfatizar que as construções obsessivas podem equivaler aos mais diferentes atos psíquicos. Podem ser definidas como desejos, tentações, impulsos, reflexões, dúvidas, ordens e proibições. Em geral os doentes procuram atenuar essas distinções e apresentar como ideia obsessiva o conteúdo despojado de seu registro de afeto. Um exemplo desse modo de tratar um desejo, que seria rebaixado a mera "ligação de pensamentos", foi dado pelo paciente numa das primeiras sessões (p. 39).

É preciso também admitir que até agora nem sequer a fenomenologia do pensamento obsessivo foi devidamente apreciada. Na luta defensiva secundária que o enfermo desenvolve contra as "ideias obsessivas" que lhe penetram a consciência, produzem-se formações que são dignas de uma denominação especial. Tais, por exemplo, foram as séries de pensamentos que ocuparam o nosso paciente durante seu retorno das manobras. Não foram considerações puramente razoáveis que ele opôs aos pensamentos obsessivos, mas como que híbridos dos dois tipos de pensamento: aceitam determinadas premissas da

---

[47] Essa falha na definição é corrigida no artigo mesmo, onde se lê: "As lembranças reanimadas e as recriminações formadas a partir delas nunca entram inalteradas na consciência; o que se torna consciente como ideia obsessiva e afeto obsessivo, e substitui a vida consciente pela lembrança patogênica, são *formações de compromisso* entre as ideias reprimidas e as repressoras". Portanto, na definição deve-se dar ênfase especial à palavra "transformadas".

obsessão que combatem e situam-se (com os meios da razão) no terreno do pensar doentio. Acho que tais formações merecem o nome de "delírios". Um exemplo, que pode ser incluído no local apropriado da história clínica, tornará clara a diferença. Quando o paciente, no tempo em que se preparava para um exame, entregou-se à doida conduta acima descrita, de estudar até altas horas, depois abrir a porta para o espírito do pai e depois olhar os próprios genitais no espelho (p. 67), buscou voltar a si perguntando-se o que diria o pai sobre aquilo, caso ainda fosse vivo. Mas esse argumento não teve sucesso enquanto foi colocado dessa forma razoável. O espectro desapareceu apenas quando ele expressou a mesma ideia na forma de uma ameaça delirante: se repetisse aquele absurdo, o pai sofreria um infortúnio no Além.

A distinção entre luta defensiva primária e secundária certamente se justifica, mas seu valor é inesperadamente limitado pelo conhecimento de que *os doentes ignoram o teor de suas próprias ideias obsessivas*. Soa paradoxal, mas tem sentido. Pois no decorrer de uma psicanálise cresce não apenas a coragem do enfermo, mas também, digamos, a de sua enfermidade; ela ousa manifestar-se mais claramente. Abandonando essa imagem, é como se o doente, que até então evitou horrorizado a percepção de suas produções patológicas, começasse a lhes dar atenção e delas se inteirasse mais clara e detalhadamente.[48]

---

48 Vários pacientes retraem sua atenção de tal forma que são incapazes de fornecer o conteúdo de uma ideia obsessiva, de descrever um ato obsessivo que realizaram inúmeras vezes.

II. CONSIDERAÇÕES TEÓRICAS

Além disso, chega-se a um conhecimento mais apurado das formações obsessivas por dois caminhos especiais. Primeiro, nota-se que os sonhos podem oferecer o texto genuíno de um comando obsessivo etc., que na vigília tornou-se conhecido apenas de forma mutilada e deslocada, como num telegrama truncado. Esses textos surgem no sonho como falas, contrariando a regra de que as falas no sonho vêm de falas diurnas.[49] Segundo, no acompanhamento analítico de um caso clínico adquire-se a convicção de que frequentemente ideias obsessivas consecutivas são no fundo a mesma, embora o seu teor não seja idêntico. A ideia obsessiva foi rejeitada com sucesso na primeira vez, mas volta deformada, não é reconhecida e, talvez justamente por sua deformação, pode afirmar-se melhor na luta defensiva. Mas a forma original é a correta, que não raro deixa perceber abertamente o seu sentido. Tendo elucidado trabalhosamente uma ideia obsessiva ininteligível, às vezes escutamos do paciente que uma ideia súbita, um desejo ou uma tentação como a que construímos realmente surgiu antes da ideia obsessiva, mas não permaneceu. Exigiria muitos detalhes, infelizmente, dar exemplos disso na história do paciente.

Portanto, o que oficialmente chamamos "ideia obsessiva" carrega, em sua deformação relativamente ao teor original, os traços da luta defensiva primária. Sua deformação a torna viável, pois o pensamento consciente é obrigado a entendê-la mal como ao conteúdo

---

49 Cf. *Interpretação dos sonhos*, 8ª ed., p. 285 [cap. VI, seção F].

onírico, que é ele mesmo um produto de compromisso e deformação e é também mal-entendido pelo pensamento desperto.

A má compreensão por parte do pensamento consciente pode ser constatada não só no tocante às ideias obsessivas mesmas, mas também no que se refere aos produtos da luta defensiva secundária, como as fórmulas protetoras. Posso dar dois bons exemplos disso. O paciente utilizava, como fórmula defensiva, um *aber* ["mas", em alemão] falado rapidamente, acompanhado de um gesto de repulsa com a mão [p. 28]. Um dia ele contou que nos últimos tempos essa fórmula se modificara; ele não dizia mais *áber* [a pronúncia normal em alemão], mas *abér*. Perguntado pelo motivo dessa transformação, disse que o *e* mudo da segunda sílaba não lhe dava segurança em face da intromissão, que temia, de algo diferente e contrário, e por isso resolvera acentuar o *e*. Tal explicação, bem no estilo da neurose obsessiva, mostrou-se claramente inadequada; quando muito, podia reivindicar o valor de racionalização. Na realidade, o *abér* era uma aproximação de *Abwehr* [defesa], termo que ele conhecia das conversas teóricas sobre a psicanálise. Portanto, a terapia foi utilizada de modo abusivo e delirante para reforçar uma fórmula de defesa. Em outra ocasião ele falou de sua principal palavra mágica para todas as tentações, que formou com as iniciais das orações mais eficazes, dotando-as de um *Amen* no final. Não posso transcrever aqui a palavra, por motivos que já se evidenciam. Quando a ouvi, não pude deixar de perceber que se tratava de um anagrama da mulher que

II. CONSIDERAÇÕES TEÓRICAS

ele adorava; nesse nome havia um *s*, que ele colocara no fim, logo antes do *Amen* acrescentado. Ele havia, então — podemos dizer: juntado seu sêmen [*Samen*, em alemão] com a amada, isto é, se masturbado com ela na imaginação. Mas ele próprio não notara essa evidente relação; a defesa se deixara enganar pelo reprimido. Aliás, um bom exemplo da tese de que, com o tempo, aquilo de que a pessoa se defende penetra naquilo mediante o qual ela se defende.

Se afirmo que os pensamentos obsessivos experimentaram deformação semelhante à dos pensamentos oníricos antes de se tornarem conteúdo onírico, pode nos interessar a técnica dessa deformação, e nada nos impediria de apresentar seus diferentes meios, numa série de ideias obsessivas traduzidas e compreendidas. Mas também aqui as condições para a publicação deste caso me impedem de fornecer mais que algumas amostras. Nem todas as ideias obsessivas do paciente eram de textura tão complexa e deslindamento tão difícil como a dos ratos. Em algumas outras foi usada uma técnica bem simples, a da deformação por omissão — elipse —, que acha excelente aplicação nas piadas, mas que neste caso também agiu como meio de proteção contra o entendimento.

Por exemplo, uma de suas ideias obsessivas prediletas e mais antigas (equivalente a um aviso ou admoestação) dizia: "*Se eu me caso com essa mulher, acontece uma desgraça a meu pai* (no além)". Inserindo os elos intermediários omitidos, que conhecemos pela análise, o curso de pensamento é: "Se meu pai estivesse vivo, ficaria tão aborrecido com meu projeto de esposar essa mulher quanto ficou então naquele episódio de minha infância, de modo que eu teria novamente raiva dele e lhe desejaria tudo de mau, o que fatalmente sucederia a ele, em virtude da onipotência[50] de meus desejos".

Eis outro caso de solução por elipse, de igual modo uma advertência ou uma proibição ascética. Ele tinha uma encantadora sobrinha pequena, de quem muito gostava. Um dia veio-lhe o pensamento: *"Se você se permitir um coito, acontecerá a Ella uma desgraça* (a morte)". Incluindo o que foi deixado de fora: "Em todo coito, também com uma desconhecida, você não pode esquecer que a relação sexual no seu casamento jamais resultará num filho (a esterilidade de sua amada). Isso lhe fará tão mau que você terá inveja de sua irmã pela pequena Ella, e tais sentimentos de inveja ocasionarão a morte da garota".[51]

A técnica de deformação elíptica parece ser típica da neurose obsessiva; já a encontrei também nos pensa-

---

50 Sobre essa "onipotência", ver adiante.
51 Um exemplo que deve lembrar a utilização da técnica da omissão nas piadas se encontra num outro trabalho meu [*O chiste e sua relação com o inconsciente*, 1905, cap. II, seção 11]: "Em Viena há um escritor espirituoso e combativo, que, pela mordacidade de suas invectivas, mais de uma vez foi fisicamente agredido por parte dos que atacou. Quando, em certa ocasião, falou-se de um novo malfeito de um dos seus adversários habituais, alguém afirmou: '*Se Fulano souber disso, levará uma bofetada...*'. O contrassenso do comentário desaparece se incluímos estas palavras entre as duas orações: '*Escreverá um artigo tão veemente contra o responsável, que*', etc. — Essa piada elíptica também mostra semelhança de conteúdo com o primeiro exemplo acima.

II. CONSIDERAÇÕES TEÓRICAS

mentos obsessivos de outros pacientes. Particularmente claro, e interessante devido a alguma semelhança com a estrutura da ideia do suplício com ratos, foi o caso de dúvida numa senhora que sofria principalmente de atos obsessivos. Ela saiu para passear com o marido em Nuremberg e entraram numa loja, onde comprou vários objetos para a filha, entre eles um pente. O marido, para quem as compras demoravam muito, disse ter enxergado, na vitrine de um antiquário, umas moedas que desejava adquirir, e que a buscaria naquela loja em seguida. Mas ele se ausentou por tempo demais, segundo a estimativa dela. Ao voltar, respondeu, perguntado onde estivera: "No antiquário, ora"; ao que ela, no mesmo instante, foi tomada pela dúvida atroz de que há muito tempo já tivesse o pente que comprara para a filha. Naturalmente não soube descobrir a conexão simples envolvida. Não podemos senão explicar a dúvida como tendo sido deslocada, e construir o pensamento inconsciente incompleto da seguinte maneira: "Se é verdade que você estava no antiquário, se devo acreditar nisso, então posso também acreditar que há anos tenho esse pente que acabo de comprar". Ou seja, uma equiparação irônica e derrisória, similar ao pensamento de nosso paciente: "Sim, tão certo como os dois (seu pai e sua amada) terão filhos, restituirei o dinheiro a A.". No caso da senhora, a dúvida relacionava-se ao inconsciente ciúme que a fazia supor que o marido aproveitara o intervalo para uma visita galante.

Não procurarei, aqui, fazer uma apreciação psicológica do pensamento obsessivo. Ela traria resultados bastante valiosos e contribuiria mais para esclarecer nossas percepções sobre a natureza do consciente e do inconsciente que o estudo da histeria e dos fenômenos da hipnose. Seria desejável que os filósofos e psicólogos que produzem teorias engenhosas sobre o inconsciente, a partir do que ouvem dizer ou de suas próprias definições convencionais, adquirissem antes as impressões decisivas que podemos obter dos fenômenos do pensamento obsessivo; quase que exigiríamos tal coisa deles, se não fosse tão mais laboriosa do que os métodos de trabalho com que estão familiarizados. Aqui apenas direi que na neurose obsessiva, ocasionalmente, os processos psíquicos inconscientes irrompem na consciência da forma mais pura e menos desfigurada, que tal irrupção pode ocorrer desde qualquer estágio do processo inconsciente de pensamento, e que as ideias obsessivas, no instante da irrupção, geralmente podem ser reconhecidas como formações há muito existentes. Daí o notável fenômeno de que, quando se busca com o neurótico obsessivo a primeira aparição de uma ideia obsessiva, ele tem de recuá-la sempre mais no decorrer da análise, sempre achando novos "primeiros" ensejos para ela.

B) ALGUMAS PECULIARIDADES PSÍQUICAS
DOS NEURÓTICOS OBSESSIVOS — SUA RELAÇÃO
COM A REALIDADE, A SUPERSTIÇÃO E A MORTE

Tratarei aqui de algumas características psíquicas dos neuróticos obsessivos que não parecem importantes em si, mas acham-se no caminho para a compreensão do que é mais importante. Elas eram bem prenunciadas em

II. CONSIDERAÇÕES TEÓRICAS

meu paciente; mas sei que não devem ser atribuídas à sua individualidade, e sim ao seu distúrbio, e que são encontradas tipicamente em outros neuróticos obsessivos.

O paciente era supersticioso em alto grau, embora fosse um homem esclarecido, de elevada instrução e viva perspicácia, que de vez em quando me assegurava não crer naquelas bobagens. Portanto, ele era e ao mesmo tempo não era supersticioso, distinguindo-se claramente dos supersticiosos incultos, que se acham em harmonia com suas crenças. Ele parecia compreender que a supersticiosidade dependia de seu pensamento obsessivo, embora às vezes se entregasse inteiramente a ela. Uma conduta assim contraditória e oscilante pode ser entendida mais facilmente à luz de uma determinada hipótese explicativa. Não hesitei em supor que ante essas coisas ele possuía duas convicções diferentes e opostas, e não uma opinião ainda a ser formada. Entre as duas convicções ele oscilava, em óbvia dependência de sua atitude momentânea para com a neurose obsessiva. Tão logo superava uma obsessão, ria de sua credulidade com superior entendimento e nada acontecia que o pudesse abalar, e tão logo se encontrava novamente sob o domínio de uma obsessão não resolvida — ou, o que a isso equivale: de uma resistência —, sucediam-lhe os mais estranhos acasos, vindo em auxílio de sua crédula convicção.

Sua superstição era a de um homem culto, prescindia de vulgaridades como o temor da sexta-feira, do número 13 etc. Mas ele acreditava em premonições e sonhos proféticos, sempre topava com pessoas nas quais, inexplicavelmente, tinha pensado pouco antes; e recebia cartas de correspondentes que, após longos intervalos, subitamente lhe haviam retornado à lembrança. Ao mesmo tempo, era bastante probo, ou bastante fiel à sua convicção oficial, para não esquecer casos em que os mais fortes pressentimentos* haviam resultado em nada; por exemplo, certa vez em que, indo para uma estação de veraneio, teve o claro pressentimento de que não retornaria vivo a Viena. Também admitiu que a grande maioria dos presságios dizia respeito a coisas sem importância maior para ele, e que, ao deparar com alguém de que há muito não se lembrava até alguns momentos antes, nada mais ocorria entre ele e a pessoa que milagrosamente reaparecera. E naturalmente não podia questionar que tudo importante em sua vida ocorrera sem nenhum aviso — fora surpreendido totalmente pela morte do pai, por exemplo. Mas esses argumentos não afetavam a discrepância que havia em suas convicções, apenas atestavam o caráter obsessivo de sua supersticiosidade, que já podíamos inferir das oscilações desta, que acompanhavam a resistência.

Claro que eu não estava em condição de explicar racionalmente todas as histórias miraculosas de seu passado, mas pude lhe provar, quanto às coisas desse tipo que

---

* "Os mais fortes pressentimentos" — na *Standard* inglesa se lê: *the strangest forebodings* [os mais estranhos pressentimentos]; isso provavelmente foi um erro de impressão, a letra *o* do adjetivo *strongest* deve ter sido trocada por um *a* (citamos a edição de 1956), pois o original diz: *die intensivsten Ahnungen*.

II. CONSIDERAÇÕES TEÓRICAS

sucederam durante o tratamento, que ele mesmo participava da fabricação dos milagres e quais meios utilizava para isso. Recorria à visão e leitura indireta,* ao esquecimento e, sobretudo, a equívocos de memória. No final, ajudou-me a descobrir até os pequenos truques mediante os quais eram feitos aqueles prodígios. Uma interessante raiz infantil de sua crença na realização de presságios e profecias mostrou-se na lembrança de que frequentemente, quando se marcava um compromisso, sua mãe dizia: "Não posso nesse dia; terei que ficar de cama". E realmente ela ficava de cama naquele dia!

Sem dúvida, para ele era necessário encontrar nas vivências esses pontos de apoio para sua supersticiosidade, e por isso tanto observava os conhecidos e inexplicáveis acasos da vida cotidiana, ajudando-os com atividade inconsciente quando não bastavam. Deparei com tal necessidade em muitos outros neuróticos obsessivos, e suponho que se ache em muitos mais. Parece-me perfeitamente explicável a partir do caráter psicológico da neurose obsessiva. Como expus acima (p. 58), nesse distúrbio a repressão não se dá mediante a amnésia, mas pela ruptura dos nexos causais decorrente da subtração do afeto. Uma certa energia evocadora — que em outro lugar comparei a uma percepção endopsíquica[52] — parece subsistir nesses nexos reprimidos, de modo que são introduzidos no mundo externo pela via

---

* Segundo nota de Strachey, significa que ele usava as porções periféricas da retina, em vez da mácula.
52 *Psicopatologia da vida cotidiana*, 1901 [cap. XII, seção C(*b*)].

da projeção, lá dando testemunho do que foi omitido na psique.

Outra necessidade psíquica comum aos neuróticos obsessivos, que tem certo parentesco com a recém-mencionada e cuja investigação nos leva mais fundo na pesquisa dos instintos, é a necessidade de *incerteza* na vida, de *dúvida*. A produção da incerteza é um dos métodos que a neurose utiliza para afastar o doente da *realidade* e tirá-lo do mundo — o que, por certo, é tendência de qualquer distúrbio psiconeurótico. Mais uma vez é bastante claro quanto os doentes se esforçam para fugir a uma certeza e permanecer numa dúvida. Em alguns essa tendência chega a exprimir-se vivamente na aversão a... relógios, que dão certeza quanto à hora do dia, e nos artifícios inconscientes que empregam para tornar inofensivos os instrumentos que eliminam a dúvida. O paciente desenvolvera uma habilidade especial em evitar informações que lhe fossem úteis para tomar decisão em seu conflito. Assim, no tocante à sua amada ignorava coisas decisivas para o matrimônio: dizia não saber quem realizara a cirurgia, e se fora retirado um ou ambos os ovários. Foi levado a recordar o esquecido e verificar o negligenciado.

A predileção que têm os neuróticos obsessivos pela incerteza e a dúvida torna-se um motivo para que voltem seus pensamentos sobretudo para os temas em que a incerteza é humanamente universal, em que nosso saber ou nosso juízo está necessariamente exposto à dúvida. Esses temas são, antes de tudo: a paternidade, a duração da vida, a vida além-túmulo e a memória,

II. CONSIDERAÇÕES TEÓRICAS

na qual costumamos crer sem a menor garantia de que seja confiável.[53]

A neurose obsessiva utiliza-se prodigamente da incerteza da memória para a formação de sintomas; e logo veremos que papel têm a duração da vida e o além-túmulo no pensamento dos doentes. Mas antes me parece oportuno discutir um traço de supersticiosidade do paciente que já mencionei (p. 89) algumas páginas acima, que certamente terá surpreendido alguns leitores.

Refiro-me à *onipotência* que ele atribuiu a seus pensamentos e sentimentos, a seus bons e maus desejos. É tentador explicar essa ideia como um delírio que ultrapassa o âmbito da neurose obsessiva; mas encontrei a mesma convicção num outro obsessivo que há muito se acha recuperado e leva uma vida normal, e, de fato, todos os neuróticos obsessivos agem como se partilhassem tal convicção. É tarefa nossa esclarecer essa superesti-

---

53 Como diz Lichtenberg: "Um astrônomo sabe se a Lua é habitada ou não com a certeza com que sabe quem é seu pai, mas não com a certeza de quem é sua mãe". — Foi um grande progresso da civilização que os homens se decidissem a pôr a inferência ao lado do testemunho dos sentidos, passando do direito materno ao paterno. — Peças pré-históricas em que uma figura menor está sentada na cabeça de uma maior representam a descendência paterna. Palas Atena, que não teve mãe, saiu da cabeça de Zeus. Em nossa língua chama-se *Zeuge* ["testemunha"] a pessoa que atesta algo ante um tribunal, conforme a participação masculina no ato da procriação [o verbo *zeugen* significa tanto "testemunhar" como "procriar"], e já nos hieróglifos a testemunha era representada com a imagem dos órgãos genitais masculinos.

mação. De imediato supomos que nesta crença há uma sincera admissão da velha mania infantil de grandeza, e perguntamos ao paciente em que apoia ele sua convicção. Como resposta, ele traz duas vivências. Na segunda vez em que foi para o estabelecimento hidroterápico no qual tivera o primeiro e único alívio para seu mal, solicitou o mesmo quarto que, por sua localização, facilitara o relacionamento com uma das enfermeiras. Responderam-lhe que o quarto não estava disponível, um velho professor o havia tomado, e a essa notícia, que diminuía bastante suas perspectivas de cura, ele reagiu com palavras hostis: "Que ele tenha um ataque por isso!". Duas semanas depois, acordou com a perturbadora imagem de um cadáver, e de manhã soube que o professor realmente tivera um ataque e que fora levado para o quarto aproximadamente no instante em que ele próprio acordava. A outra vivência dizia respeito a uma moça mais velha, ainda solteira e bastante carente de amor, que se mostrava muito receptiva a ele e perguntou-lhe diretamente, certa vez, se não poderia amá-la. Ele deu uma resposta esquiva; alguns dias depois soube que ela havia se lançado de uma janela. Então se recriminou, dizendo que estivera em seu poder mantê-la viva, se lhe tivesse dado seu amor. Desse modo chegou a convencer-se da onipotência de seu amor e de seu ódio. Sem querer negar a onipotência do amor, sublinhemos que os dois casos tratam da morte e adotemos a explicação, para nós natural, de que o paciente, como outros neuróticos obsessivos, é obrigado a superestimar o efeito dos seus sentimentos hostis sobre o mundo exterior, pois esca-

II. CONSIDERAÇÕES TEÓRICAS

pa ao seu conhecimento consciente boa parte do efeito interior, psíquico, desses sentimentos. Seu amor — ou antes, seu ódio — é mesmo muito poderoso; cria justamente os pensamentos obsessivos cuja origem ele não entende, e contra os quais ele se defende em vão.[54]

O paciente nutria uma relação muito especial com o tema da morte. Demonstrava condolência em todos os casos de morte e participava piedosamente dos funerais, de forma que seus irmãos zombavam dele, chamando-o de "pássaro agourento". Também na imaginação ele matava pessoas continuamente, para exprimir seus pêsames aos sobreviventes. A morte de uma irmã mais velha, quando ele tinha três ou quatro anos, desempenhava grande papel em suas fantasias, e foi posta em íntima relação com seus maus procedimentos daquela época. Sabemos, além disso, como o pensamento da morte do pai ocupara bem cedo a sua mente, e podemos ver seu próprio adoecimento como reação a esse evento, desejado obsessivamente quinze anos antes. A singular extensão dos temores obsessivos ao "além" não é mais que uma compensação pelos desejos de morte em relação ao pai. Ela ocorreu quando o luto pelo falecido pai teve uma recrudescência, um ano e meio depois, e deveria — a contrapelo da realidade e em atenção a um

---

54 [Nota acrescentada em 1923:] A onipotência dos pensamentos ou, mais precisamente, dos desejos, foi desde então percebida como dado essencial da psique primitiva. (Ver *Totem e tabu* [1912-13]).

desejo que antes se insinuara em todo tipo de fantasias — anular a morte do pai.* Em vários lugares (pp. 85; 88) aprendemos a traduzir a expressão "no além" por "se o pai ainda vivesse".

Mas outros neuróticos obsessivos, aos quais o destino não apresentou o fenômeno da morte em idade tão tenra, não se conduzem de maneira muito diferente. Preocupam-se bastante com a duração da vida e a possibilidade da morte de outros; suas tendências supersticiosas não tinham inicialmente outro conteúdo, e talvez não tenham outra origem. Mas requerem a possibilidade da morte, sobretudo, para resolver os conflitos que deixaram sem solução. Sua característica essencial é serem incapazes de decisão, especialmente em questões de amor; procuram adiar toda decisão, e, na dúvida de por qual pessoa ou por qual medida contra uma pessoa devem decidir, têm seu modelo nos velhos tribunais alemães, cujos processos geralmente terminavam com a morte das partes em litígio, antes da sentença do juiz. Assim, em todo conflito de sua vida eles espreitam a morte de uma pessoa importante para eles, normalmente uma pessoa amada, seja um dos pais, seja um competidor ou um dos objetos de amor entre os quais hesita sua inclinação. Mas com esta apreciação do complexo de morte na neurose obsessiva já tocamos na vida

---

* Segundo lembra James Strachey, Freud discute os mecanismos defensivos de "anular" ou "desfazer" e "isolar", utilizados pelos neuróticos obsessivos, no capítulo VI de *Inibição, sintoma e angústia* (1926).

II. CONSIDERAÇÕES TEÓRICAS

instintual dos neuróticos obsessivos, para a qual nos voltaremos agora.

c) A VIDA INSTINTUAL E AS ORIGENS DA COMPULSÃO E DA DÚVIDA

Se quisermos conhecer as forças psíquicas cuja interação fabricou essa neurose, teremos de remontar ao que ouvimos do paciente sobre as causas imediatas de sua doença na idade adulta e na infância. Ele adoeceu aos vinte e poucos anos, quando se viu frente à tentação de casar com outra moça que não aquela que havia muito amava, e furtou-se à resolução desse conflito adiando todas as ações preliminares requeridas, algo para o qual a neurose lhe forneceu os meios. A oscilação entre a amada e a outra pode ser reduzida ao conflito entre a influência do pai e o amor àquela mulher, ou seja, a uma escolha conflituosa entre pai e objeto sexual, tal como já existia nos primeiros anos da infância, de acordo com as lembranças e ideias obsessivas. Além do mais, é claro que em toda a sua vida, tanto relativamente ao pai como à mulher que amava, existia nele um conflito entre amor e ódio. Fantasias de vingança e manifestações obsessivas como a obsessão de compreender ou a reposição da pedra no caminho mostram essa divisão dentro dele, algo compreensível até certo ponto, pois aquela mulher, com a recusa inicial e depois com a frieza, havia lhe dado motivo para sentimentos hostis. Mas a mesma desunião de sentimentos dominava sua relação com o pai, como vimos ao traduzir seus pensamentos obsessivos, e o pai também deve ter lhe dado motivo para hostilidade na infância, como pudemos verificar com certeza quase total. Sua atitude com a mulher que amava, composta de ternura e hostilidade, estava, em boa parte, dentro de sua percepção consciente. Ele se enganava, no máximo, quanto à medida e à expressão do sentimento negativo; já a hostilidade com o pai, que um dia fora vivamente consciente, há muito se retraíra, e apenas superando as mais fortes resistências pôde ser trazida de volta à consciência. Na repressão do ódio infantil ao pai enxergamos o evento que impeliu tudo o que sucedeu depois para o âmbito da neurose.

Os conflitos de sentimento que apresentamos separadamente não independem uns dos outros, são unidos em pares. O ódio tinha que ligar-se à afeição ao pai, e vice-versa. Mas as duas correntes de conflito que resultam dessa simplificação, a oposição entre o pai e a amada e a contradição de amor e ódio em cada relação, nada têm a ver entre si, seja no conteúdo ou na gênese. O primeiro dos dois conflitos corresponde à hesitação normal entre homem e mulher como objeto da escolha amorosa, que inicialmente é sugerida à criança com a famosa pergunta: "Você gosta mais de quem, do papai ou da mamãe?", e que vem a acompanhá-la por toda a vida, não obstante as diferenças na formação das intensidades afetivas e na fixação das metas sexuais definitivas. Mas normalmente essa oposição logo perde o caráter de contradição aguda, de um inexorável "ou isso ou aquilo": cria-se espaço para as reivindicações desiguais de ambas as partes, apesar de também no indivíduo normal a valorização de um sexo implicar sempre a desvalorização do outro.

II. CONSIDERAÇÕES TEÓRICAS

Mais estranho nos parece o outro conflito, aquele entre amor e ódio. Sabemos que a paixão incipiente é, não raro, percebida como ódio, e que o amor ao qual é negada satisfação torna-se facilmente ódio, em parte, e os poetas nos dizem que em estágios tempestuosos da paixão os dois sentimentos contrários podem existir lado a lado por algum tempo, como que competindo. Mas a coexistência crônica de amor e ódio à mesma pessoa, os dois sentimentos com a máxima intensidade, é algo que nos espanta. Esperaríamos que o grande amor tivesse há muito superado o ódio, ou sido por ele consumido. De fato, tal persistência dos contrários é possível apenas em condições psicológicas especiais e pela colaboração do estado inconsciente. O amor não pôde extinguir o ódio, apenas empurrá-lo para o inconsciente, e ali este pode conservar-se e até crescer, protegido da ação eliminadora da consciência. Em tais circunstâncias o amor consciente costuma atingir, de maneira reativa, um grau de intensidade bastante elevado, para poder realizar a constante tarefa que lhe cabe, a de manter reprimido o seu oponente. Uma separação desses opostos ocorrida bem cedo, nos anos pré-históricos da infância, com repressão de uma das partes, geralmente o ódio, parece ser a condição para esta surpreendente constelação da vida amorosa.[55]

---

55 Cf. a discussão sobre esse ponto, numa das primeiras sessões.
— [*Acrescentado em 1923:*] Para esta constelação afetiva foi depois criado, por Bleuler, o apropriado nome de "ambivalência". Cf. também o prosseguimento desta abordagem no ensaio "A predisposição à neurose obsessiva" [1913].

Se consideramos um bom número de análises de neuróticos obsessivos, não podemos nos furtar à impressão de que essa atitude de amor e ódio do paciente está entre as características mais frequentes, mais marcantes e, portanto, provavelmente mais significativas da neurose obsessiva. No entanto, embora seja tentador ligar o problema da "escolha da neurose" à vida instintual, há motivos suficientes para fugir a essa tentação, e é preciso dizer que em todas as neuroses descobrimos, na base dos sintomas, os mesmos instintos suprimidos. O ódio retido pelo amor com a supressão no inconsciente também tem um grande papel na patogênese da histeria e da paranoia. Conhecemos muito pouco a natureza do amor para poder chegar aqui a uma conclusão definida; sobretudo a relação de seu *fator negativo*[56] com o componente sádico da libido permanece obscura. Portanto, tem apenas o valor de uma explicação provisória se afirmamos que, nos casos discutidos de ódio inconsciente, o componente sádico do amor desenvolveu-se constitucionalmente de forma bastante acentuada, daí experimentando uma supressão prematura e demasiado radical, e os fenômenos neuróticos observados derivam, por um lado, da ternura consciente elevada ao máximo pela reação e, por outro lado, do sadismo que prossegue atuando como ódio no inconsciente.

---

56 "Sim, frequentemente desejo não mais vê-lo entre os vivos. Se isso ocorresse, porém, sei que seria ainda mais infeliz, tão indefeso me sinto diante dele", diz Alcibíades a respeito de Sócrates, no *Banquete* (tradução de R. Kassner) [traduziu-se aqui a versão alemã citada por Freud].

II. CONSIDERAÇÕES TEÓRICAS

Mas, como quer que se entenda essa notável relação de amor e ódio, a observação feita em nosso paciente não deixa dúvidas quanto à sua ocorrência, e é gratificante ver como os enigmáticos processos da neurose obsessiva tornam-se compreensíveis quando referidos a esse fator. Se a um amor intenso contrapõe-se indissoluvelmente um ódio quase tão forte, o resultado imediato é uma parcial paralisia da vontade, uma incapacidade de decisão em todos os atos nos quais o amor é o motivo impulsor. Mas a indecisão não fica limitada por muito tempo a um só grupo de ações. Pois, em primeiro lugar, que atos de uma pessoa que ama não estariam em relação com seu motivo principal? Em segundo lugar, a conduta no âmbito sexual tem a força de um modelo, agindo conformadoramente sobre as demais reações de uma pessoa; e, em terceiro, é característica psicológica da neurose obsessiva fazer amplo uso do mecanismo do *deslocamento*. Assim a paralisia da decisão se estende gradualmente por toda a atividade da pessoa.[57]

Com isso há o domínio da *obsessão* e da *dúvida*, tal como encontramos na vida psíquica dos neuróticos obsessivos. A dúvida corresponde à percepção interna da irresolução, que, devido à inibição do amor pelo ódio, assenhoreia-se do doente em cada ação pretendida. É, na realidade, uma dúvida quanto ao amor, que subjetivamente deveria ser a coisa mais certa, dúvida que se alastra por todo o resto e que se desloca preferentemen-

---

57 Cf. a "representação por algo mínimo" como técnica de piada. [*O chiste e sua relação com o inconsciente*, 1905, cap. II, seção II].

te para o que é menor e mais insignificante. Quem duvida de seu próprio amor não pode, não *deve* duvidar de tudo o mais, de tudo pequeno?[58]

A mesma dúvida que nas medidas protetoras leva à incerteza e à contínua repetição, para banir tal incerteza, acaba por fazer com que essas ações protetoras tornem-se inexequíveis como a inibida decisão original quanto ao amor. No início de minhas investigações tive de supor uma procedência mais geral para a incerteza dos neuróticos obsessivos, que parecia avizinhar-se mais da norma. Se fui distraído por perguntas de outra pessoa ao redigir uma carta, por exemplo, sinto depois uma justificada incerteza quanto ao que escrevi, e vejo-me obrigado a reler a carta depois de pronta, para certificar-me dela. Assim também pude achar que a incerteza dos neuróticos obsessivos nas suas orações, por exemplo, vem de que fantasias inconscientes não cessam de interferir e perturbar o ato da oração. Esta suposição era correta, mas não é difícil conciliá-la com nossa afirmação anterior. É certo que a insegurança quanto a haver tomado uma medida protetora vem do efeito perturbador das fantasias inconscientes, mas o teor dessas fan-

---

58 Lembremos estes versos de amor que Hamlet dirige a Ofélia:
> *Doubt thou the stars are fire;*
> *Doubt thou the sun doth move;*
> *Doubt truth to be a liar;*
> *But never doubt I love.*

[Duvide que as estrelas sejam fogos;/ Duvide que o sol se movimente;/ Duvide que a verdade não seja mentira;/ Mas nunca duvide do meu amor.] (*Hamlet*, II, 2)

II. CONSIDERAÇÕES TEÓRICAS

tasias é justamente o impulso contrário, que deveria ser afastado pela oração. Uma vez isso ficou bastante claro em nosso paciente, já que a perturbação não permaneceu inconsciente, mas fez-se ouvir em voz alta. Durante a reza, quando ele quis dizer *"Deus a proteja"*, interpôs-se bruscamente um "não" hostil, vindo do inconsciente, e ele se deu conta de que estava para pronunciar uma maldição (p. 55). Não aparecendo o "não", ele se via em estado de incerteza e prolongava a oração; falando-o, ele finalmente parava de rezar. Antes de fazer isso, experimentava, como outros neuróticos obsessivos, todo tipo de método para impedir a intromissão do contrário, como o abreviamento da oração ou a aceleração do ritmo em que a falava; outros se empenham em "isolar" das demais cada uma dessas ações protetoras. Mas a longo prazo nenhuma dessas técnicas dá frutos; se o impulso amoroso pode realizar algo em seu deslocamento para uma ação mínima, logo o impulso hostil o segue também ali, e novamente anula a sua obra.

Quando o neurótico obsessivo descobre o ponto fraco de nossa psique no tocante à certeza, isto é, a não confiabilidade da memória, pode então, com sua ajuda, estender a dúvida a todo o resto, também a ações já cumpridas e ainda sem laços com o complexo amor--ódio, e a todo o passado. Recordo o exemplo da mulher que tinha comprado um pente para sua filha numa loja e, desconfiando do marido, começou a imaginar se já não o possuía havia bastante tempo. Não está ela dizendo: "Se posso duvidar de seu amor (e isso é apenas uma projeção da dúvida de seu próprio amor a ele), posso duvidar também disso, posso duvidar de tudo", assim nos revelando o sentido encoberto da dúvida neurótica?

A *obsessão*, porém, é uma tentativa de compensar a dúvida e corrigir o intolerável estado de inibição de que a dúvida é testemunho. Se, com o auxílio do deslocamento, o doente consegue levar à resolução algum dos propósitos inibidos, este tem de ser realizado. Certamente não é mais o original, mas a energia ali represada já não renuncia à oportunidade de desafogo que é a ação substituta. Então ela se exprime em comandos e proibições, conforme o impulso afetuoso ou o impulso hostil se apodere desse caminho para a descarga. Se o comando obsessivo não é seguido, a tensão é insuportável, vindo a ser percebida como angústia extrema. Mas o próprio caminho que leva à ação substitutiva deslocada para algo ínfimo é tão fortemente questionado, que geralmente ela pode ser realizada apenas como medida protetora, em íntima ligação com um impulso a ser afastado.

Mediante uma espécie de *regressão*, além disso, atos preparatórios tomam o lugar da resolução final, o pensamento substitui o agir, e algum pensamento preliminar ao ato se impõe com obsessiva veemência, no lugar da ação substitutiva. Conforme essa regressão do agir ao pensar for mais ou menos pronunciada, o caso de neurose obsessiva toma características de pensamento obsessivo (ideias obsessivas) ou de ações obsessivas no sentido estrito. Tais ações obsessivas, contudo, são possibilitadas apenas porque nelas os dois impulsos antagonistas praticamente se conciliam em formações de compromisso. Pois elas aproximam-se cada vez mais — e, quanto

II. CONSIDERAÇÕES TEÓRICAS

mais dura a enfermidade, de modo mais nítido — dos atos sexuais infantis da espécie da masturbação. De forma que nesse tipo de neurose chegam a se realizar atos de amor, mas apenas com o recurso a uma nova regressão; não mais atos ligados a outra pessoa, objeto de amor e ódio, mas ações autoeróticas como as da infância.

A primeira regressão, do agir ao pensamento, é favorecida por um outro fator que participa da gênese da neurose. Nas histórias dos neuróticos obsessivos, um acontecimento quase regular é o precoce surgimento e prematura repressão do impulso sexual de olhar e saber,* que também em nosso paciente governava uma parte da atividade sexual infantil.[59]

Já vimos a significação dos componentes sádicos na origem da neurose obsessiva. Quando o impulso de saber predomina na constituição do neurótico obsessivo, o cismar torna-se o principal sintoma da neurose. O processo mesmo de pensar é sexualizado, na medida em que o prazer sexual, que normalmente se liga ao teor do pensamento, é voltado para o ato mesmo de pensar, e a satisfação ao atingir um resultado intelectual é sentida como satisfação sexual. Nas várias formas da neurose obsessiva em que o impulso de saber participa, sua relação com os processos intelectuais o faz particularmente adequado a atrair a energia que em vão se empenha

---

* "Do impulso sexual de olhar e saber": *des sexuellen Schau- und Wisstriebes* — nesse caso adotamos "impulso" para verter *Trieb*.
59 A isso também se relaciona, provavelmente, a grande capacidade intelectual que os neuróticos obsessivos têm em média.

para chegar à ação e levá-la ao âmbito do pensamento, onde se oferece a possibilidade de outra espécie de satisfação do prazer. Assim a ação substitutiva pode, com a ajuda do impulso de saber, ser também substituída por atos de pensamento preparatórios. Mas o adiamento da ação logo é substituído pelo demorar-se no pensamento, e todo o processo é enfim transposto para um novo âmbito, mantendo-se todas as suas peculiaridades, tal como os americanos conseguem *"to move"* [mover] uma casa de um local para outro.

Apoiado nas considerações acima, agora me aventuro a determinar a característica psicológica, há tanto tempo buscada, que dá aos produtos da neurose obsessiva sua qualidade de obsessão. Tornam-se obsessivos aqueles processos de pensamento que (devido à inibição resultante do conflito de opostos no extremo motor dos sistemas mentais) se realizam com um dispêndio de energia — tanto qualitativa como quantitativamente — que normalmente é destinado apenas às ações, ou seja, *àqueles pensamentos que têm de representar atos regressivamente*. Creio que não se poderá contestar a suposição de que em geral o pensar é efetuado, por razões econômicas, com deslocamentos de energia menores (provavelmente em nível mais elevado) do que o agir destinado a trazer descarga e a mudar o mundo exterior.

Aquilo que, como pensamento obsessivo, penetrou de maneira muito forte na consciência precisa então ser garantido contra os esforços do pensamento consciente para dissolvê-lo. Já sabemos que tal proteção é alcançada através da *deformação* que o pensamento obsessivo

II. CONSIDERAÇÕES TEÓRICAS

sofreu antes de tornar-se consciente. Mas este não é o único meio. Além disso, raramente se deixa de afastar a ideia obsessiva da situação em que ela se originou, na qual, apesar da deformação, seria facilmente compreensível. Com esse propósito, por um lado é *introduzido um intervalo* entre a situação patogênica e a ideia obsessiva dela decorrente, o qual confunde a investigação consciente das causas; por outro lado, o conteúdo da ideia obsessiva é separado de seus vínculos especiais mediante a *generalização*.

O paciente dá um exemplo disso na "obsessão de compreender" (p. 52); um exemplo melhor seria talvez o de outra enferma, que se proibiu de usar qualquer adorno, embora a causa imediata da proibição remontasse a um único adorno, que ela invejara da mãe e que esperava um dia herdar. Por fim, também serve para proteger a ideia obsessiva do trabalho de dissolução por parte da consciência o uso de palavras imprecisas ou ambíguas, se quisermos distinguir entre esse e a deformação inteira.*

---

* Eis essa frase no original: *Endlich dient noch zum Schutze der Zwangsidee gegen die bewußte Lösungsarbeit der unbestimmt oder zweideutig gewählte Wortlaut, wenn man diesen von der einheitlichen Entstellung absondern will*. E na versão inglesa: *Finally, if we care to distinguish verbal distortion from distortion of content, there is yet another means by which the obsession is protected against conscious attempts at solution. And that is the choice of an indefinite or ambiguous wording.* Nela há uma paráfrase, em que o "uso de palavras [ou "expressões"; o termo inglês *wording* é mais próximo do alemão *Wortlaut*] imprecisas ou ambíguas" é identificado com "deformação verbal" e o que traduzimos por "deformação inteira [*einheitlich*; literalmente "unitária, homogênea"] é vertido por "deformação de conteúdo".

Essas palavras mal-entendidas podem então introduzir-se nos delírios e os desenvolvimentos ou sucedâneos da obsessão se ligam ao mal-entendido, não ao texto correto. Mas a observação mostra que esses delírios se empenham em obter sempre novos vínculos com o texto e teor da obsessão não acolhido no pensamento consciente.

Quero retornar ainda uma vez à vida instintual da neurose obsessiva, para fazer uma única observação. O paciente revelou-se também um "cheirador", alguém que na infância, segundo ele próprio, reconhecia cada pessoa pelo cheiro, como um cão, e a quem ainda hoje as percepções olfativas dizem mais do que a outras pessoas.[60] Encontrei algo semelhante em outros neuróticos, obsessivos e histéricos, e aprendi a levar em conta o papel que tem, na gênese da neurose, o prazer em cheirar desaparecido desde a infância. De maneira bem ampla, gostaria de lançar a questão de que a inevitável atrofia do olfato que veio com a adoção da postura ereta pelo ser humano, e consequente repressão orgânica do prazer em cheirar, poderiam contribuir bastante para a sua capacidade de adoecimento neurótico. Isso explicaria por que, no avanço da civilização, justamente a vida sexual seja vítima da repressão. Pois há muito sabemos do íntimo nexo estabelecido, na organização animal, entre a função do olfato e o instinto sexual.

---

60 Acrescento que fortes tendências coprofílicas vigoraram durante a sua infância. Ver, a respeito disso, o já mencionado erotismo anal (p. 75).

II. CONSIDERAÇÕES TEÓRICAS

Finalizando, quero expressar a esperança de que esta minha comunicação, incompleta em todo sentido, possa ao menos estimular outros a trazerem mais coisas à luz, aprofundando o estudo da neurose obsessiva. A meu ver, o que caracteriza essa neurose, o que a diferencia da histeria, deve ser buscado na situação psicológica, não na vida instintual. Não posso deixar este meu paciente sem registrar a impressão de que se achava como que dissociado em três personalidades; eu diria que em uma inconsciente e duas pré-conscientes, entre as quais sua consciência podia oscilar. Seu inconsciente abrangia os impulsos suprimidos bastante cedo, que podemos designar como apaixonados e maus; em seu estado normal ele era bom, alegre, superior, prudente e esclarecido, mas numa terceira organização psíquica rendia tributo à superstição e à ascese, de modo que podia ter duas convicções e sustentar duas diferentes concepções do mundo. Esta pessoa pré-consciente encerrava sobretudo as formações reativas a seus desejos reprimidos, e não era difícil prever que teria consumido a pessoa normal, caso a doença perdurasse. No momento tenho a oportunidade de estudar uma mulher que sofre severamente de atos obsessivos e que, de modo semelhante, dividiu-se em uma personalidade tolerante, jovial, e em outra bastante sombria e ascética; ela destaca a primeira como seu Eu oficial, enquanto é dominada pela segunda. As duas organizações psíquicas têm acesso à sua consciência, e por trás da pessoa ascética há que se buscar o inconsciente do seu ser, totalmente desconhecido para ela e consistindo em desejos antiquíssimos, há muito reprimidos.[61]

---

61 [Nota acrescentada em 1923:] O paciente, que teve a saúde mental restituída pela análise que aqui comunicamos, perdeu a vida na [Primeira] Grande Guerra, como tantos outros jovens dotados de valor e de esperança. [Informações sobre esse paciente, agora identificado como Ernst Lanzer (1878-1914), e observações críticas sobre o seu caso clínico se acham em *Les patients de Freud*, de M. Borch-Jacobsen (2011), *Le dossier Freud*, de M. Borch-Jacobsen e S. Shamdasani (2006), e *Freud and the Rat Man*, de Patrick Mahony (1986).]

UMA RECORDAÇÃO DE INFÂNCIA DE LEONARDO DA VINCI (1910)

TÍTULO ORIGINAL: *EINE KINDHEITSERINNERUNG DES LEONARDO DA VINCI*. PUBLICADO PRIMEIRAMENTE EM VOLUME AUTÔNOMO: LEIPZIG E VIENA: DEUTICKE, 1910, 71 PP. TRADUZIDO DE *GESAMMELTE WERKE* VIII, PP. 128-211, E DE *STUDIENAUSGABE* X, PP. 87-159.

I

Quando a investigação psicológica, que em geral se contenta com material humano frágil, aborda um dos grandes da espécie humana, não o faz pelos motivos que os leigos frequentemente lhe atribuem. Não pretende "macular o radiante e arrastar na lama o sublime";* não vê satisfação em reduzir a distância entre tal perfeição e a deficiência de seus habituais objetos de estudo. Mas tem de considerar digno de compreensão tudo o que podemos discernir em tais modelos, e acha que ninguém é tão grande que possa envergonhar-se de estar sujeito às leis que governam com o mesmo rigor a atividade normal e a patológica.

Leonardo da Vinci (1452-1519) já era admirado por seus contemporâneos como um dos maiores nomes do Renascimento, mas também já lhes parecia ser um enigma, tal como ainda hoje nos parece. Um gênio universal, "cujos contornos podem ser apenas imaginados, jamais estabelecidos",[1] foi como pintor que exerceu a mais forte influência em sua época; ficou reservado para nós reconhecer a grandeza do cientista natural (e do engenheiro) que nele se combinava

---

* No original: "[...] *das Strahlende zu schwärzen/ Und das Erhabene in den Staub zu ziehen*"; do poema "Das Mädchen von Orleans" [A donzela de Orleans, 1801], de Friedrich Schiller.

1 Nas palavras de Jacob Burckhardt, citadas por Alexandra Konstantinowa, *Die Entwicklung des Madonnentypus bei Leonardo da Vinci* [A evolução do tipo da Madona em Leonardo da Vinci], Estrasburgo: 1907 (Zur Kunstgeschichte des Auslandes, n. 54).

com o artista. Embora tenha deixado obras-primas da pintura, enquanto suas descobertas científicas permaneceram inéditas e não aproveitadas, em seu desenvolvimento o pesquisador nunca deixou inteiramente livre o artista, muitas vezes o prejudicou seriamente e talvez o tenha suprimido no fim. Vasari afirma que ele se recriminou, em sua última hora de vida, por haver ofendido Deus e os homens ao não cumprir a obrigação em sua arte.[2] E, ainda que essa história de Vasari não tenha muita verossimilhança exterior ou interior, fazendo parte da lenda que já se formava em torno do misterioso mestre enquanto ele vivia, ela possui valor indiscutível como testemunha do julgamento daqueles homens e daqueles tempos.

O que dificultava a compreensão da personalidade de Leonardo por seus contemporâneos? Certamente não era a variedade de seus talentos e conhecimentos, que lhe permitiu apresentar-se na corte de Ludovico Sforza, duque de Milão, cognominado *Il Moro* [o Mouro], tocando uma espécie de alaúde de sua própria invenção, ou escrever ao mesmo nobre a surpreendente carta em que se gabava de suas realizações como ar-

---

2 "*Egli per reverenza, rizzatosi a sedere sul letto, contando il male suo e gli accidenti di quello, mostrava tuttavia, quanto avevva offeso Dio e gli uomini del mondo, non avendo operato nell'arte come si convenia*. [(O rei ia muitas vezes amavelmente visitá-lo;) e ele por reverência sentava-se no leito, contando o seu mal e as circunstâncias dele, mostrava, todavia, como tinha ofendido Deus e os homens do mundo, não tendo trabalhado na arte como se devia]", Vasari, *Vite*, LXXXIII, 1550-84.

quiteto e engenheiro militar. Afinal, a época da Renascença devia estar acostumada a essa combinação de múltiplas habilidades numa só pessoa; embora o próprio Leonardo fosse um dos mais brilhantes exemplos disso. Tampouco era ele um desses homens geniais que, exteriormente pouco favorecidos pela natureza, não atribuem nenhum valor às formas exteriores da vida e, com doloroso ensombrecimento de ânimo, fogem do trato social. Ele era alto e bem proporcionado, de consumada beleza de rosto e incomum força física, dotado de maneiras encantadoras e de mestria com as palavras, alegre e amável para com todos; amava a beleza também nas coisas que o rodeavam, vestia roupas magníficas e apreciava cada refinamento do viver. Numa passagem do *Tratado sobre a pintura* que é bem reveladora de sua viva capacidade de fruição, ele compara a pintura com as artes afins e aponta as agruras do trabalho do escultor:

"[...] com o rosto lambuzado e pleno de pó de mármore, de modo que parece um padeiro, e coberto de pequeninas lascas, como se houvesse nevado sobre ele; e tendo a habitação enxovalhada e cheia de lascas e pó de pedra. O contrário sucede ao pintor [...] pois o pintor fica sentado confortavelmente diante de sua obra, bem-vestido, e movimenta o levíssimo pincel com graciosas cores, e acha-se ornado de roupas que lhe agradam, e sua habitação é plena de graciosas pinturas e bastante limpa, e muitas vezes ele tem a companhia de músicos ou leitores de obras variadas e belas, as quais são ouvidas com grande prazer, sem o barulho do martelo ou algum outro ruído".[3]

É bem possível que a ideia de um Leonardo radiante e amigo do prazer seja válida apenas para o primeiro período de sua vida, que foi também o mais longo. Depois, quando o fim do governo de Ludovico Mouro o obrigou a deixar Milão, seu círculo de influência e sua posição segura, e levar uma vida incerta e não muito rica em eventos, até o derradeiro asilo na França, o brilho de seu ânimo deve ter empalidecido e alguns traços estranhos de sua natureza devem ter sobressaído. Também a mudança de seus interesses, da arte para a ciência, cada vez maior com o passar dos anos, certamente contribuiu para ampliar o abismo entre ele e seus contemporâneos. Todos os experimentos com que ele — na opinião destes — desperdiçava seu tempo, em vez de pintar quadros por encomenda e enriquecer, como seu ex-condiscípulo Perugino, por exemplo, eram vistos como extravagantes passatempos e até mesmo o tornavam suspeito de cultivar a "arte negra". Nisso nós o compreendemos melhor, pois sabemos, por suas anotações, que artes ele praticava. Num tempo em que se começava a substituir a autoridade da Igreja pela da Antiguidade e ainda não se conhecia a investigação isenta

---

[3] *Traktat von der Malerei* [Freud cita a tradução alemã de H. Ludwig, 1909; o trecho foi aqui traduzido do original italiano, citado em duas versões italianas do presente texto: *Un ricordo d'infanzia di Leonardo da Vinci*, em *Opere 1909-1912*. Turim: Boringhieri, 1974, e, com o mesmo título, no volume *Psicoanalisi della cultura*. Milão: Oscar Mondadori, 1989].

de pressupostos, ele, precursor e digno rival de Bacon e Copérnico, achava-se inevitavelmente isolado. Quando dissecava cadáveres de cavalos e de pessoas, construía aparelhos voadores, estudava a alimentação das plantas e sua reação a venenos, ele certamente se afastava dos comentadores de Aristóteles e se punha na vizinhança dos menosprezados alquimistas, em cujos laboratórios a pesquisa experimental encontrava ao menos um refúgio naqueles tempos adversos.

Para sua pintura, a consequência disso foi que ele relutava em tomar do pincel, pintava cada vez menos, com frequência deixava inacabado o que iniciara e pouco se preocupava com o destino de suas obras. Isso era também o que lhe reprovavam seus contemporâneos, para os quais sua relação com a arte permanecia um enigma.

Vários dos admiradores posteriores de Leonardo buscaram absolvê-lo da pecha de instabilidade de caráter. Alegaram que o que nele se criticava é uma característica dos grandes artistas em geral; que também o vigoroso Michelangelo, sempre tão absorvido no trabalho, deixou incompletas muitas de suas obras, e nisso não teve mais culpa do que Leonardo na mesma situação. Além disso, houve quadros que não ficaram tão incompletos como ele declarou. O que para o leigo já é uma obra-prima, para o criador da obra seria ainda uma corporificação insatisfatória de suas intenções; ele teria em mente uma perfeição que jamais consegue reproduzir. E, sobretudo, não seria justo responsabilizar o artista pelo destino final de suas obras.

Ainda que várias dessas desculpas possam ser pertinentes, elas não cobrem todas as circunstâncias que deparamos em Leonardo. A penosa luta com a obra, o fato de finalmente fugir dela e a indiferença para com seu destino subsequente podem reaparecer em muitos outros artistas; mas certamente Leonardo tinha essa conduta em grau extremo. Edmondo Solmi cita a afirmação de um aluno:[4] "*Pareva che ad ogni ora tremasse, quando si poneva a dipingere, e però non diede mai fine ad alcuna cosa cominciata, considerando la grandezza dell' arte, tal che egli scorgeva errori in quelle cose, che ad altri parevano miracoli*" [Parecia tremer a todo instante quando se punha a pintar, e contudo jamais terminou alguma coisa começada, tendo em tão alta conta a grandeza da arte, que enxergava erros naquelas coisas que pareciam milagres para outros]. Seus últimos quadros, *Leda*, a *Madona de santo Onofre*, o *Baco* e o *São João Batista jovem*, permaneceram inacabados, *comme quasi intervenne di tutte le cose sue*[...]" [como sucedeu com quase todas as suas coisas]. Lomazzo, que realizou uma cópia da *Última ceia*, referiu-se num soneto à notória incapacidade de Leonardo para concluir uma pintura:

Protogen che il penel di sue pitture
Non levava, agguagliò il Vinci Divo,
Di cui opra non è finita pure.

---

4 Solmi, "La resurrezione dell' opera di Leonardo", no volume coletivo *Leonardo da Vinci, Conferenze fiorentine*, Milão, 1910, p. 12.

[Protógenes, que não tirava o pincel/ de suas pinturas, igualou-se ao Divino Vinci,/ de cuja obra nada foi concluído].⁵

Era proverbial a lentidão com que Leonardo trabalhava. Durante três anos pintou a *Última ceia* do convento de Santa Maria delle Grazie, em Milão, após minuciosos estudos preliminares. Um contemporâneo, o autor de novelas Matteo Bandelli, que então era um noviço do convento, relata que frequentemente Leonardo subia no andaime já de manhã cedo e não largava o pincel até a hora do crepúsculo, sem pensar em comer e beber. Depois passavam-se dias sem que ele tocasse na obra, sendo que às vezes permanecia horas diante dela, contentando-se em examiná-la em seu espírito. Em outras ocasiões, ia do pátio do castelo de Milão, onde estava trabalhando no modelo da estátua equestre de Francesco Sforza, diretamente para o convento, a fim de dar algumas pinceladas numa figura, e depois partia imediatamente.⁶ De acordo com Vasari, durante quatro anos ele pintou o retrato de Monna Lisa, esposa do florentino Francesco del Giocondo, sem chegar a completá-lo realmente; o que condiz com o fato de que a pintura não foi entregue a quem a solicitara, mas permaneceu com Leonardo, que a levou consigo para a França.⁷ Adquirida pelo rei Francisco I, hoje constitui um dos maiores tesouros do Louvre.

5 Citado por Scognamiglio, *Ricerca e documenti sulla giovinezza di Leonardo da Vinci*, Nápoles, 1900.
6 W. V. Seidlitz, *Leonardo da Vinci, der Wendepunkt der Renaissance*, 1909, v. 1, p. 203.
7 Seidlitz, op. cit., v. 2, p. 48.

Se justapomos esses relatos sobre a forma de trabalho de Leonardo à evidência dos numerosíssimos esboços e anotações que dele foram conservados, em que cada tema de seus quadros aparece em infinitas variações, temos de afastar inteiramente a concepção de que traços de ligeireza e volubilidade teriam influído em sua relação com a arte. Observamos, isto sim, um aprofundamento extraordinário, uma abundância de possibilidades entre as quais a escolha é feita apenas com hesitação, exigências que dificilmente podem ser satisfeitas, e uma inibição na realização que nem mesmo a inevitável incapacidade de atingir seu ideal poderia explicar. A morosidade que sempre caracterizou os trabalhos de Leonardo se revela como um sintoma dessa inibição, como um prenúncio do abandono da pintura que depois ocorreria.[8] Isso determinou também o destino da *Última ceia*, pelo qual Leonardo não deixou de ser responsável. Ele não conseguiu adaptar-se à pintura *al fresco* [mural], que exige trabalho rápido, enquanto a superfície ainda está úmida; por isso escolheu tintas a óleo, cujo tempo de secamento lhe permitiu protelar a conclusão do quadro, conforme o ânimo e o ensejo. Mas essas tintas se destacaram da superfície a que foram aplicadas, que as isolava da parede; as falhas dessa parede e as posteriores vicissitudes do edifício também foram decisivas para a degradação — inelutável, ao que parece — da pintura.[9]

8 W. Pater, *Die Renaissance*, tradução do inglês, 2ª ed., 1906: "Mas é certo que em determinado período de sua vida ele quase deixou de ser artista".
9 Cf. em Seidlitz, op cit., v. 1, a história das tentativas de restauração e conservação.

O fracasso de uma experiência técnica semelhante parece ter ocasionado a destruição da *Batalha de Anghiari*, o quadro que, em competição com Michelangelo,* algum tempo depois, ele começou a pintar numa parede da Sala del Consiglio, em Florença, e também deixou em estado incompleto. É como se outro interesse, o do experimentador, inicialmente reforçasse aí o interesse artístico, mas depois prejudicasse a obra de arte.

O caráter do homem Leonardo exibia alguns outros traços inusitados e contradições aparentes. Uma certa apatia e indiferença pareciam evidentes nele. Num tempo em que cada indivíduo buscava o mais amplo espaço para sua própria atividade, o que não sucede sem o emprego de energia e agressividade contra outros indivíduos, ele chamava a atenção pela natureza pacífica, pela disposição em evitar brigas e rivalidades. Ele era bom e gentil com todos; diz-se que evitava comer carne, por não achar justo roubar a vida aos animais, e tinha prazer especial em adquirir pássaros no mercado e pô-los em liberdade.[10] Condenava a guerra e o derramamento de sangue e não considerava o ser humano o rei dos animais, e sim a pior das feras selvagens.[11] Mas essa

---

* Michelangelo pintava, ao mesmo tempo, a *Batalha de Cascina*, numa parede da Sala del Maggior Consiglio.
10 E. Müntz, *Léonard de Vinci*, Paris, 1899, p. 18. (Uma carta de um contemporâneo, escrita da Índia para um membro da família Médici, faz referência a essa peculiaridade de Leonardo; cf. Richter, *The literary works of Leonardo da Vinci*.)
11 F. Botrazzi, *Leonardo biologo e anatomico*, em *Conferenze fiorentine*, p. 186.

feminina delicadeza de sentimentos não o impedia de acompanhar criminosos condenados à morte em seu caminho para a execução, a fim de estudar suas expressões deformadas pelo medo e desenhá-las num pequeno bloco de anotações, nem de projetar as mais cruéis armas ofensivas e trabalhar para César Bórgia como seu principal engenheiro militar. Muitas vezes ele parecia indiferente ao bem e ao mal, ou exigia que o medissem com um metro especial. Participou, numa posição decisiva, da expedição militar que levou à conquista de Emilia Romagna por Bórgia, o mais implacável e desleal dos tiranos. Nos cadernos de anotações de Leonardo não há uma linha que denote crítica ou preocupação com os eventos daqueles dias. Não é despropositada, aqui, a comparação com Goethe na campanha da França.*

Se um estudo biográfico pretende mesmo chegar à compreensão da vida psíquica de seu herói, não pode silenciar — como acontece, por discrição ou falso pudor, na maioria das biografias — acerca da atividade sexual, das características sexuais do indivíduo estudado. O que sabemos sobre Leonardo nesse âmbito é pouco, mas esse pouco é significativo. Num tempo em que havia um combate entre a sensualidade sem freios e o triste ascetismo, Leonardo era um exemplo de fria rejeição da sexualidade, algo que não se esperaria num artista que

---

* Em setembro e outubro de 1792, Goethe acompanhou seu patrão, o duque de Weimar, na caótica e sangrenta campanha para restaurar a monarquia na França, liderada pelos austríacos e prussianos, e depois manifestou-se criticamente acerca de tudo.

retratava a beleza feminina. Solmi cita esta frase dele, que exprime sua frigidez:[12] "O ato do coito e os membros nele empregados são tão feios que, se não fossem a beleza dos semblantes, os ornamentos dos envolvidos e a desenfreada disposição, a natureza perderia a espécie humana". Seus escritos póstumos, que não apenas tratam dos maiores problemas científicos, mas contêm trivialidades que não parecem dignas de um tão grande espírito (uma história natural em forma de alegoria, fábulas de animais, gracejos, profecias),[13] são castos — quase diríamos: abstinentes — de um modo tal que causaria surpresa numa obra literária também nos dias de hoje. Evitam decididamente tudo de natureza sexual, como se apenas Eros, aquele que preserva tudo o que vive, não fosse material digno para a ânsia de saber do pesquisador.[14] Sabe-

---

12 E. Solmi, *Leonardo da Vinci*, tradução alemã de Emmi Hirschberg, Berlim, 1908. [A citação é aqui traduzida do original italiano, que diverge do texto alemão utilizado por Freud em dois aspectos: na maior crueza de expressão — em alemão se acha "O ato da procriação e tudo a ele relacionado" — e na troca de "os ornamentos dos envolvidos" (*li ornamenti delli adopranti*) por "um costume muito antigo" (*eine althergebrachte Sitte*), que também foi deslocado para antes de "a beleza dos semblantes".

13 Marie Herzfeld, *Leonardo da Vinci. Der Denker, Forscher und Poet* [O pensador, pesquisador e poeta], 2ª ed., Jena, 1906.

14 Talvez os gracejos — as *belle facezie* [ou seja, ditos licenciosos] — por ele reunidos, que não foram traduzidos, constituam uma exceção nesse ponto; não muito significativa, porém. Cf. Herzfeld, op. cit., p. CLI. [Strachey observa que a referência a Eros antecipa a utilização do nome que Freud faria dez anos depois nas especulações de *Além do princípio do prazer* (1920), para designar os instintos sexuais que se opõem aos instintos de morte e destruição].

-se que frequentemente os grandes artistas se deleitam em dar vazão a sua fantasia em imagens eróticas e até mesmo obscenas; mas de Leonardo possuímos apenas alguns desenhos anatômicos dos genitais internos da mulher, da posição do embrião no útero etc.[15]

É duvidoso que Leonardo tenha alguma vez enlaçado amorosamente uma mulher; tampouco se tem notícia de alguma íntima relação espiritual com uma amiga, como a de Michelangelo e Vittoria Colonna. Quando ainda era aprendiz, vivendo na casa de seu mestre Verrocchio, foi alvo de uma acusação de prática homossexual ilícita juntamente com outros jovens, denúncia que terminou com sua absolvição. Parece que atraiu essa suspeita por haver empregado um garoto

---

15 [Nota acrescentada em 1919:] Um desenho de Leonardo representando o ato sexual em corte anatômico sagital, que certamente não pode ser qualificado de obsceno, permite reconhecer alguns erros notáveis, que o dr. R. Reitler descobriu e examinou (cf. *Internationale Zeitschrift für Psychoanalyse*, IV, 1916-17), levando em conta as características de Leonardo que aqui apontei. Eis o que ele diz:
"E foi justamente na representação do ato sexual que esse grande instinto de investigação falhou por completo — claro que apenas devido à sua repressão sexual, que ainda era maior. O corpo do homem se acha desenhado por inteiro, o da mulher, apenas em parte. Se mostrarmos o desenho aqui reproduzido a um observador desprevenido, deixando à mostra apenas a cabeça, isto é, escondendo-lhe todas as partes abaixo do pescoço, seguramente ele a tomará por uma cabeça de mulher. Tanto os cachos de cabelo da frente como os que caem pelo dorso até a quarta ou quinta vértebra caracterizam a cabeça antes como feminina do que masculina.

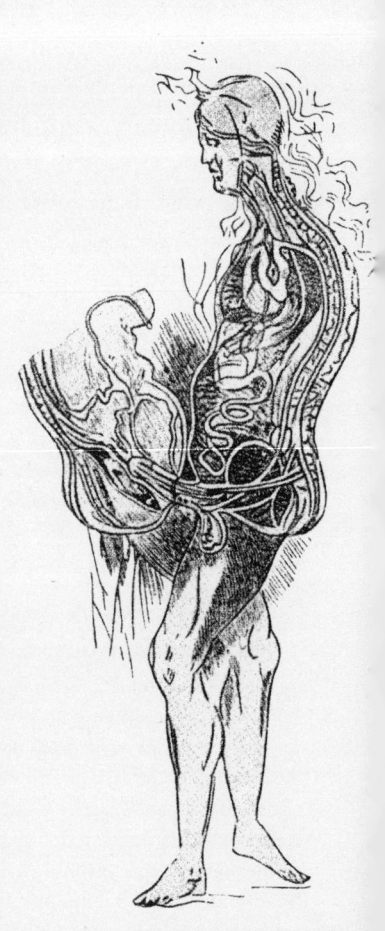

"O busto feminino mostra dois defeitos, um artístico, pois seu contorno indica um seio frouxo e caído, e o outro anatômico, pois o pesquisador Leonardo via-se impedido, evidentemente por rejeitar a sexualidade, de olhar atentamente o mamilo de uma mulher lactante. Tivesse feito isso, teria notado que o leite sai de vários condutos separados. Mas Leonardo desenhou um só canal, que desce bastante no interior do ventre e provavelmente, na concepção dele, extrai o leite da *cisterna chyli* [cisterna do quilo] e talvez se ache em alguma ligação com os órgãos sexuais. Contudo, devemos levar em consideração que o estudo dos órgãos internos do corpo humano era bastante difícil naquele tempo, pois a dissecação de defuntos era vista como profanação de cadáveres e punida com rigor. Por isso é questionável que, dispondo de tão pouco material para dissecação, Leonardo tenha sabido da existência de um reservatório de linfa no abdome, embora seu desenho inclua uma cavidade que sem dúvida pode ser interpretada como tal. Mas o fato de ele haver desenhado o canal de leite indo mais fundo, até os órgãos sexuais internos, leva a imaginar que ele buscou representar a coincidência temporal do início da lactação com o fim da gravidez mediante visíveis nexos anatômicos também. Embora possamos escusar o deficiente conhecimento anatômico do artista lembrando as condições de seu tempo, chama a atenção que ele tenha lidado de forma tão negligente com os genitais femininos. Pode-se reconhecer a vagina e o que seria a *portio uteri* [o colo do útero], mas o útero mesmo se acha desenhado com linhas incertas.

"Já o órgão genital masculino foi representado bem mais corretamente por Leonardo. Assim, ele não se contentou em traçar o testículo, mas incluiu muito corretamente o epidídimo no desenho.

"Algo extremamente singular é a posição em que Leonardo representa o coito. Existem quadros e desenhos de artistas eminentes que mostram o coito *a tergo*, *a latere* [de quatro, de lado] etc., mas desenhar um ato sexual em pé nos leva a supor uma repressão sexual particularmente forte como causa dessa representação única, quase grotesca. Quando uma pessoa quer fruir o prazer, costuma buscar a posição mais confortável possível. Isso vale, naturalmente, para os dois instintos primordiais, a fome e o amor. A maioria dos povos da Antiguidade tomava a refeição numa posição deitada, e hoje em dia ficamos normalmente deitados durante o coito, de modo tão confortável como nossos antepassados. Ficar deitado exprime, de certa forma, a vontade de permanecer por algum tempo na situação agradável.

"Também os traços do rosto de homem feminino exibem uma rejeição francamente irritada. As sobrancelhas estão franzidas, o olhar se volta para o lado com uma expressão de repugnância, os lábios estão contraídos, tendo as comissuras para baixo. Esse rosto não reflete nem o prazer de amar nem a felicidade de consentir; exprime apenas aversão e desagrado.

"A falha mais grosseira, porém, foi cometida nas duas extremidades inferiores do desenho. O pé do homem deveria ser o direito; pois, como Leonardo representou o ato de procriar em corte anatômico sagital, o pé esquerdo do homem teria de ser imaginado acima do plano da figura, e, inversamente e pela mesma razão, o pé da mulher deveria ser o do lado esquerdo. Na realidade, Leonardo trocou o masculino e o feminino. A figura do homem tem um pé es-

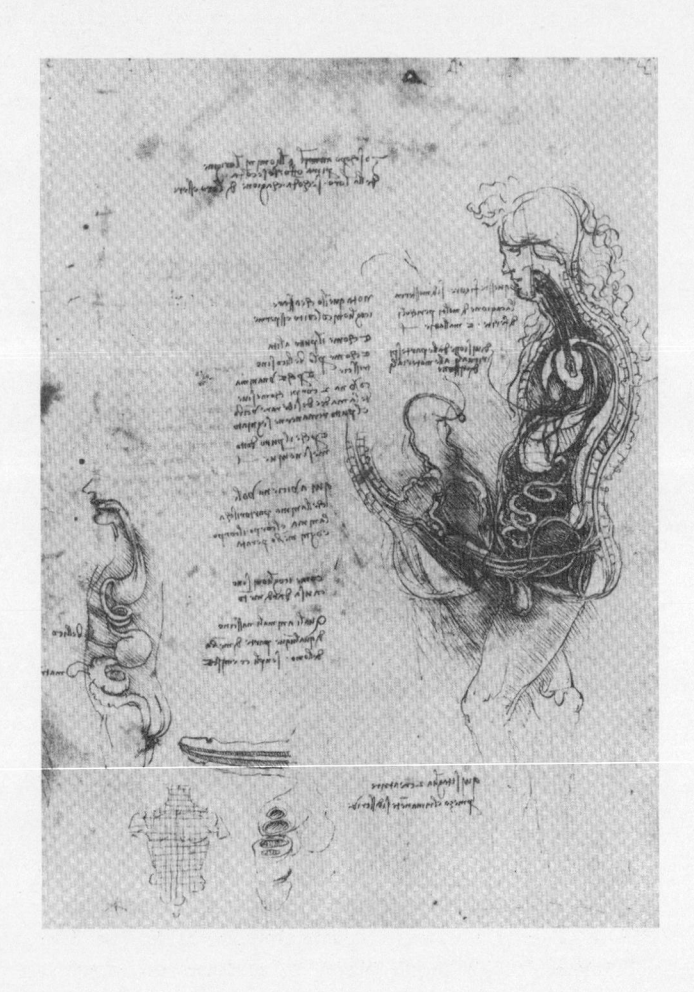

Página dos manuscritos de Leonardo da Vinci
com o original do desenho interpretado por
R. Reitler (*Quaderni di anatomia*, III folio, 3v.,
Biblioteca Real do Castelo de Windsor, Inglaterra).
Cf. notas do autor e do tradutor, pp. 124-9.

de má reputação como modelo.¹⁶ Tornando-se mestre, rodeou-se de belos garotos e adolescentes, que tomou como discípulos. O último desses, Francesco Melzi, acompanhou-o à França, permaneceu com ele até sua morte e foi nomeado seu herdeiro. Sem partilhar a certeza de seus biógrafos modernos, que rejeitam a possibilidade de um comércio sexual entre ele e os discípulos como sendo uma infundada calúnia lançada ao grande homem, podemos considerar muito mais provável que

---

querdo e a da mulher, um pé direito. Essa troca é fácil de constatar se temos presente que o dedo grande se acha no lado interno do pé.

"Bastaria esse desenho anatômico para inferirmos a repressão libidinal que praticamente perturbou o grande artista e pesquisador."

[Frase acrescentada em 1923:] Essa exposição de Reitler recebeu a crítica de que não é aceitável tirar conclusões tão sérias de um desenho provisório e de que nem mesmo é seguro que as diferentes partes sejam do mesmo desenho. [Em algumas das versões estrangeiras consultadas e na edição alemã da *Studienausgabe*, uma nota chama a atenção para o fato de que o desenho em que Reitler baseou sua interpretação de Leonardo é reprodução de uma litografia de 1830, que, por sua vez, é cópia de uma gravura em cobre feita em 1812. O desenho original difere dessa cópia em pontos essenciais como os pés, que não foram traçados por Leonardo, e o rosto, que tem expressão bem mais tranquila. A folha dos manuscritos de Leonardo onde se encontra o original é reproduzida no presente volume].

16 Segundo Scognamiglio (op. cit., p. 49), é a esse episódio que se refere uma passagem obscura, e até mesmo lida de formas diversas, do *Códice Atlântico*: "*Quando io feci Domeneddio putto voi mi metteste in prigione, ora s'io lo fo grande, voi mi farete peggio.* [Quando eu fiz o senhor Deus pequeno, vocês me meteram na prisão; se agora o faço grande, vocês me farão coisa pior]". [*Códice Atlântico* é o nome dado à mais volumosa compilação de manuscritos de Leonardo, que contém anotações e desenhos de natureza científica, artística, literária, pessoal etc.]

as afetuosas relações entre Leonardo e aqueles jovens que participavam de sua vida, como era costume dos discípulos naquele tempo, não resultavam em atos sexuais. Além disso, não podemos lhe atribuir um grau intenso de atividade sexual.

A singularidade dessa vida sentimental e sexual pode ser compreendida, em relação com a dupla natureza de artista e cientista de Leonardo, apenas de uma maneira. Dos biógrafos, que frequentemente são alheios à abordagem psicológica, sei de apenas um, Edmondo Solmi, que se avizinhou da solução do problema; mas um escritor que usou Leonardo como herói num grande romance histórico, Dmitri Sergueievitch Merejkóvski, baseou seu retrato numa similar compreensão desse homem excepcional e exprimiu claramente sua concepção, não em linguagem direta, é verdade, mas da maneira vívida como fazem os poetas.[17] Solmi afirma sobre Leonardo: "Mas a inextinguível ânsia de conhecer o mundo circunstante e encontrar, mediante o frio exame, o segredo da perfeição, havia condenado a obra de Leonardo a permanecer imperfeita".[18] Num ensaio das *Con-*

---

17 Merejkóvski, *Leonardo da Vinci. Um romance biográfico*, trad. alemã de C. v. Gülschow, Leipzig, 1903. Trata-se do volume central de uma grande trilogia intitulada *Cristo e Anti-Cristo*. Os dois outros volumes são *Juliano, o Apóstata* e *Pedro, o Grande*. [Os volumes *Leonardo* e *Juliano* foram publicados no Brasil pela editora Globo, de Porto Alegre, na década de 1940.]
18 Solmi, op. cit., p. 46 [essa e outras citações da obra de Solmi foram aqui traduzidas do original italiano, citado nas duas versões italianas consultadas, já referidas em outra nota do tradutor].

ferenze fiorentine é citada uma frase de Leonardo que fornece a sua profissão de fé e a chave para sua natureza:
"*Nessuna cosa si può amare nè odiare, se prima non si ha cognition di quella*".[19]
Ou seja: não se tem o direito de amar ou odiar algo se não adquirimos antes um conhecimento aprofundado de sua natureza. E o mesmo repete Leonardo numa passagem do *Tratado da pintura* em que parece defender-se da objeção de irreligiosidade:
"Mas calem-se tais repreendedores, pois esse é o modo de conhecer o operador de tantas coisas admiráveis e esse é o modo de amar tamanho inventor, porque o grande amor nasce do grande conhecimento da coisa que se ama, e se tu não a conheceres, não poderás amá-la, ou apenas muito pouco".[20]
O valor dessas afirmações de Leonardo não consiste em que nos informam sobre um importante fato psicológico, pois o que dizem é evidentemente errado, e ele devia sabê-lo tão bem quanto nós. Não é verdadeiro que as pessoas adiem seu amor ou seu ódio até haverem estudado o objeto desses afetos e distinguido sua natureza; elas amam impulsivamente, segundo motivos sentimentais que não têm relação com o conhecimento e cujo efeito é, no máximo, atenuado pela ponderação e reflexão. Portanto, Leonardo provavelmente quis dizer que o amor praticado pelos seres humanos não é o amor

---

19 Filippo Botazzi, *Leonardo biologo e anatomico*, p. 193.
20 *Traktat von der Malerei*, Jena, 1909 [as citações do *Trattato della pittura* são também traduzidas do original italiano].

certo, isento de objeções; que *deveríamos* amar de modo a reter o afeto, submetê-lo ao labor do pensamento e deixá-lo tomar seu curso apenas depois de ser aprovado no exame do pensar. E nisso compreendemos que ele pretende nos dizer que com ele é assim; que seria desejável que todos os demais tivessem, para com o ódio e o amor, a mesma atitude que ele.

E com ele parece que realmente foi assim. Seus afetos eram domados, sujeitados ao instinto pesquisador. Ele não amava nem odiava; perguntava-se, isto sim, acerca da origem e significado daquilo que devia amar ou odiar, e por isso era inevitável que inicialmente parecesse indiferente ante o bem e o mal, o belo e o feio. Nesse trabalho de pesquisador, amor e ódio deixavam de ser algo positivo ou negativo e se transformavam em interesse intelectual. Na realidade, Leonardo não era isento de paixão, não lhe faltava a centelha divina que, direta ou indiretamente, é a força motriz — *il primo motore* — de toda atividade humana. Ele simplesmente converteu a paixão em ímpeto de saber; dedicou-se então à pesquisa, com a tenacidade, constância e profundidade que vêm da paixão, e no apogeu do trabalho intelectual, tendo adquirido o conhecimento, deixou o afeto longamente contido irromper, fluir livremente, como faz, depois de impulsionar o moinho, o braço d'água que foi desviado do rio. No auge de uma descoberta, quando pôde avistar grande parte do conjunto, foi dominado pelo *pathos* e louvou em termos exaltados a grandiosidade daquela porção da Criação que estudara, ou — em roupagem religiosa — a grandeza de seu Criador. Solmi viu corretamente esse processo de transformação em Leonardo. Após citar uma passagem dessas, em que Leonardo celebra a sublime coação que há na natureza (*"O mirabile necessità..."* [Ó admirável necessidade...]), afirma ele: *"Tale trasfigurazione della scienza della natura in emozione, quase direi, religiosa, è uno dei tratti caratteristici de' manuscrittti vinciani, e si trova cento volte espressa..."* [Tal transfiguração da ciência da natureza em emoção, eu quase diria, religiosa, é um dos traços característicos dos manuscritos de Leonardo, e se acha expressa uma centena de vezes...].[21]

Devido a seu insaciável e incansável ímpeto de pesquisa, Leonardo foi chamado de Fausto italiano. Mas, sem considerar as dúvidas quanto à possível reconversão do instinto de pesquisa em prazer de viver, que temos de ver como o pressuposto da tragédia de Fausto, pode-se arriscar a observação de que o desenvolvimento de Leonardo se aproxima do modo de pensar spinoziano.

As conversões da força instintual psíquica em diferentes formas de atividade talvez sejam tão impossíveis de se realizarem sem perda quanto as das forças físicas. O exemplo de Leonardo ensina que muitas outras coisas devem ser observadas em tais processos. Postergar o amor até que se adquira o conhecimento resulta na substituição daquele por este. Tendo chegado a conhecer, o indivíduo já não ama ou odeia de fato; encontra-se além do amor e do ódio. Talvez por isso a vida de Leonardo tenha sido mais pobre de amor do que a de outros

---

21 Solmi, *La ressurrezione...*, p. 11.

grandes homens e artistas. As tempestuosas paixões que exaltam e consomem, a que outros deveram o melhor de sua vida, parecem não tê-lo atingido. E há outras consequências. O indivíduo pesquisou, em vez de agir e criar. Quem começa a ter ideia da grandeza e complexidade do mundo facilmente perde de vista seu pequenino Eu. Imerso em admiração, tomado de humildade, facilmente esquece que é ele mesmo um fragmento das forças atuantes e que pode tentar, na medida de sua força pessoal, modificar uma mínima porção do inevitável curso do mundo, desse mundo em que, afinal, o pequenino não é menos maravilhoso e significativo do que o grande.

Talvez as pesquisas de Leonardo tenham começado a serviço de sua arte, como acha Solmi;[22] ele se ocupou das leis e características da luz, das cores, sombras e perspectiva, a fim de assegurar a mestria na imitação da natureza e apontar para outros esse caminho. Já então, provavelmente, ele superestimava a importância desses conhecimentos para o artista. Depois foi impelido, sempre acompanhando as necessidades da pintura, a investigar os objetos dessa arte, os animais e plantas, as proporções do corpo humano, e do exterior desses objetos passou para o conhecimento da construção interna e das funções vitais, que também

---

22 *La ressurrezione*, p. 8: "*Leonardo aveva posto, como regola al pittore, lo studio della natura* [...], *poi la passione dello studio era divenuta dominante, egli aveva voluto acquistare non più la scienza per l'arte, ma la scienza per la scienza.*" [Leonardo havia estabelecido, como regra para o pintor, o estudo da natureza [...], depois a paixão pelo estudo se tornou dominante, ele já não queria adquirir a ciência para a arte, mas a ciência pela ciência].

se exprimem na sua aparência e que pedem representação na arte. Enfim foi levado pelo instinto [de pesquisa], que se tornara poderoso, até romper-se o vínculo com as exigências de sua arte, de modo que descobriu as leis gerais da mecânica, imaginou a história das estratificações e fossilizações no vale do Arno, e pôde anotar em seu livro, com letras maiúsculas: *Il sole non si move* [O Sol não se move]. Suas pesquisas se estenderam a praticamente todos os ramos das ciências naturais, em cada um deles Leonardo foi um descobridor ou, pelo menos, arauto e pioneiro.[23] Mas seu ímpeto de saber permaneceu voltado para o mundo externo, algo o manteve afastado da pesquisa da vida psíquica humana; na "Academia Vinciana", para a qual desenhou intrincados emblemas artísticos, havia pouco lugar para a psicologia.

Então, quando buscou retornar da pesquisa científica para o exercício da arte, do qual partira, experimentou em si o incômodo gerado pelo novo foco de seus interesses e a modificada natureza de seu trabalho psíquico. O que lhe interessava num quadro era, sobretudo, um problema, e por trás deste via inúmeros outros problemas surgirem, tal como se habituara a ver na interminável e inesgotável pesquisa da natureza. Ele não mais conseguia limitar suas exigências, isolar a obra de arte, arrancá-la do enorme contexto ao qual sabia que ela pertencia. Após os mais cansativos esforços de nela

---

[23] Ver a listagem de suas realizações científicas na bela introdução biográfica de Marie Herzfeld (Jena, 1906 [op. cit.]), nos vários ensaios das *Conferenze fiorentine* e em outros lugares.

expressar tudo o que a ela se ligava em seus pensamentos, tinha de abandoná-la ou declará-la incompleta.

O artista havia tomado a seu serviço o pesquisador, como ajudante; mas o servidor se tornou então mais forte e suprimiu seu senhor.

Quando vemos um único instinto excessivamente desenvolvido no caráter de uma pessoa, como a ânsia de saber no caso de Leonardo, buscamos explicar isso por uma disposição especial, de provável condicionamento orgânico, acerca do qual pouco ainda se sabe. Mas os estudos psicanalíticos de neuróticos nos levam a manter duas outras expectativas, que bem gostaríamos de ver comprovadas em cada caso individual. Achamos provável que esse instinto excessivamente forte já atuava na mais remota infância do indivíduo e que sua hegemonia foi firmada por impressões da vida da criança; e supomos também que ele adquiriu o reforço de energias instintuais originalmente sexuais, de modo a mais tarde poder representar uma parte da vida sexual. Uma pessoa assim se dedicaria à pesquisa, por exemplo, com a mesma devoção apaixonada que outra dispensa ao amor, e poderia pesquisar em vez de amar. Não apenas no caso do instinto de pesquisa, mas na maioria daqueles em que um instinto tem especial intensidade, arriscaríamos a conclusão de que houve o reforço sexual dele.

A observação da vida cotidiana das pessoas nos mostra que a maioria delas tem êxito em dirigir consideráveis porções de suas forças instintuais sexuais para sua atividade profissional. O instinto sexual se presta muito bem para fazer tais contribuições, por ser dotado da capacidade de sublimação, ou seja, pode trocar seu objetivo imediato por outros, possivelmente mais valorizados e não sexuais. Consideramos isso provado quando a história da infância — isto é, do desenvolvimento psíquico — de uma pessoa revela que o instinto muito poderoso se achava a serviço de interesses sexuais quando ela era criança. Vemos outra confirmação disso quando há um notável definhamento da vida sexual nos anos da maturidade, como se uma porção da atividade sexual fosse substituída pela atividade do instinto muito poderoso.

Parece haver dificuldades especiais em aplicar essas expectativas ao caso do instinto de pesquisa muito poderoso, pois justamente às crianças hesitamos em atribuir tanto esse instinto sério como interesses sexuais dignos de nota. Mas essas dificuldades podem ser facilmente superadas. A ânsia de saber das crianças pequenas é atestada por seu incansável gosto em perguntar, que para um adulto é algo incompreensível enquanto não percebe que todas as perguntas são apenas rodeios, que não podem ter fim porque substituem uma só pergunta que a criança *não* faz. Quando a criança fica maior e mais judiciosa, é frequente a cessação repentina dessa manifestação da ânsia de saber. Uma explicação plena é fornecida pela investigação psicanalítica, que nos ensina que muitas, talvez a maioria das crianças — as mais dotadas, em todo caso —, atravessam, a partir dos dois anos de idade, um período que podemos designar como o da *pesquisa sexual infantil*. A ânsia de saber das crianças dessa idade não surge espontaneamente, pelo que sabemos; é despertada pela impressão de uma vivência importante, pelo nascimento — real ou apenas receado, com base em evidências externas — de um irmãozinho que a criança vê como uma ameaça a seus interesses egoístas. A pesquisa se concentra na questão de onde vêm os bebês, como se a criança buscasse meios e formas de impedir um acontecimento tão indesejado. Assim, ficamos surpresos ao saber que a criança se recusa a dar crédito às informações que lhe são dadas — por exemplo, rejeitando energicamente a fábula da cegonha, tão rica de sentido mitológico —, que vê nesse ato de descrença o começo de sua autonomia intelectual, muitas vezes se opõe seriamente aos adultos e nunca mais lhes perdoa, na verdade, que a tenham enganado nesse ponto. Ela pesquisa por seus próprios meios, imagina que o bebê permaneceu no ventre da mãe e, guiada pelos impulsos de sua própria sexualidade, forma opiniões sobre a origem do bebê a partir da comida, sobre seu nascimento pelo intestino, sobre o obscuro papel que teria o pai, e já então imagina a existência do ato sexual, que lhe parece algo hostil e violento. Mas, como sua própria constituição sexual ainda não está capacitada para a procriação, sua pesquisa sobre a origem das crianças fica sem resultados e é abandonada. A impressão deixada por esse malogro no primeiro teste de independência intelectual parece ser duradoura e bastante deprimente.[24]

---

24 Para fundamentação dessas afirmativas aparentemente inverossímeis, veja-se a *Análise da fobia de um garoto de cinco anos*, de 1909, e observações similares. Num ensaio sobre as "Teorias sexuais infantis" (1908), eu escrevi: "Essas dúvidas e ruminações se tornarão o modelo para todo futuro labor intelectual voltado para [a solução de] problemas, e o primeiro fracasso tem um efeito paralisante que prosseguirá por todo o tempo".

Quando o período da investigação sexual infantil é encerrado por uma onda de enérgica repressão sexual, há três diferentes possibilidades para o destino subsequente do instinto de pesquisa, que derivam de sua primeva ligação com interesses sexuais. Na primeira delas, a pesquisa tem o mesmo destino da sexualidade, a ânsia de saber permanece inibida e a livre atividade da inteligência talvez fique limitada por toda a vida, especialmente quando, pouco depois, a poderosa inibição intelectual da religião é trazida pela educação. Esse é o tipo caracterizado pela inibição neurótica. Compreendemos muito bem que a debilidade intelectual assim adquirida promove eficazmente a irrupção de uma doença neurótica. No segundo tipo, o desenvolvimento intelectual é forte o bastante para resistir à repressão sexual que o abala. Algum tempo após o fim da pesquisa sexual infantil, a inteligência, fortalecida, oferece sua ajuda para contornar a repressão sexual, recordando-se da velha associação, e a pesquisa sexual suprimida retorna do inconsciente como ruminação compulsiva, certamente em forma distorcida e constrita, mas forte o suficiente para sexualizar o pensamento mesmo e tingir as operações intelectuais com o prazer e a angústia dos processos sexuais propriamente ditos. A pesquisa torna-se a atividade sexual, frequentemente a única, a sensação de solucionar em pensamentos, de clarificar, toma o lugar da satisfação sexual; mas o caráter interminável da pesquisa infantil se repete igualmente no fato de que esse ruminar não tem fim, de que a desejada sensação intelectual de encontrar uma solução sempre recua no horizonte.

O terceiro tipo, o mais raro e mais perfeito, escapa, graças a uma disposição especial, tanto à inibição do pensamento como à compulsão neurótica ao pensamento. É certo que a repressão sexual também surge aí, mas não consegue relegar ao inconsciente um instinto parcial do prazer sexual; em vez disso, a libido se furta ao destino da repressão, ao sublimar-se em ânsia de saber desde o início e juntar-se ao vigoroso instinto de pesquisa, reforçando-o. Também aí a pesquisa se torna, em certa medida, compulsão e sucedâneo da atividade sexual, mas, devido à completa diferença entre os processos psíquicos subjacentes (sublimação em vez de irrupção desde o inconsciente), o caráter de neurose está ausente, não há mais vínculo com os originais complexos da pesquisa sexual infantil e o instinto pode operar livremente a serviço do interesse intelectual. Ao evitar ocupar-se de temas sexuais, ele ainda leva em conta a repressão sexual, que tanto o fortaleceu mediante o acréscimo de libido sublimada.

Se considerarmos a coexistência, em Leonardo, de um poderoso instinto de pesquisa e uma atrofia da vida sexual, que se restringe à assim chamada homossexualidade ideal, estaremos inclinados a requerê-lo como exemplo de nosso terceiro tipo. O fato de ele ter conseguido sublimar em impulso à pesquisa a maior parte de sua libido, após a ânsia de saber ter atuado a serviço dos interesses sexuais na infância, seria o âmago e o segredo do seu ser. Mas, naturalmente, não é fácil aduzir a prova para essa concepção. Necessitaríamos conhecer o desenvolvimento psíquico dos primeiros anos de sua infância, e parece tolo esperar por esse material, quando os dados de sua vida são tão poucos e incertos e, além disso, tratando-se de informações sobre coisas que se furtam à atenção do observador até mesmo em pessoas de nossa própria geração.

Sabemos muito pouco sobre a infância e juventude de Leonardo. Ele nasceu em 1452, na pequena cidade de Vinci, entre Florença e Empoli. Era um filho ilegítimo, o que naquele tempo não era uma grande mácula social. Seu pai era *ser* Piero da Vinci, um notário, descendente de uma família de notários e agricultores que adotou o nome da localidade de Vinci. Sua mãe chamava-se Caterina; era provavelmente uma jovem camponesa, que depois se casou com outro habitante de Vinci. Essa mãe não aparece mais na vida de Leonardo, apenas o romancista Merejkóvski acredita ter achado traços dela.* O único dado seguro sobre a infância de Leonardo está num documento oficial de 1457, um cadastro fiscal florentino, em que Leonardo é mencionado entre os componentes da família Vinci, como o filho ilegítimo, de cinco anos de idade, de *ser* Piero.[25] No matrimônio com uma certa

---

* Naquela que é possivelmente a mais bem documentada biografia do pintor da *Mona Lisa*, o professor italiano Carlo Vecce considera mais provável que a mãe de Leonardo não fosse uma camponesa de Vinci, pois, segundo um cronista do século XVI, ele "era pela mãe nascido de bom sangue". Esse biógrafo também acredita que ela voltou a viver com o filho na velhice, tendo-se encontrado uma lista com as despesas de seu enterro entre os papéis de Leonardo; cf. C. Vecce, *Leonardo da Vinci*. Lisboa: Verbo, 2005, trad. Conceição Maia e José Maia; a edição italiana é de 1998.

25 Scognamiglio, op. cit., p. 15.

donna Albiera, *ser* Piero não teve filhos; por isso o pequeno Leonardo foi criado na casa do pai. Ele a abandonou apenas quando ingressou na oficina de Andrea del Verrocchio como aprendiz, não se sabe com que idade. Em 1472, o nome de Leonardo já se encontra no catálogo dos membros da *Compagnia dei Pittori*. Isso é tudo.

II

Até onde sei, apenas uma vez Leonardo menciona algo de sua infância em seus apontamentos científicos. Numa passagem que trata do voo dos abutres, ele se interrompe subitamente e traz uma lembrança que lhe ocorre dos seus primeiros anos de vida:

"Parece que estava em meu destino me ocupar assim do abutre, pois me vem uma recordação muito antiga, de quando eu ainda estava no berço, em que um abutre desceu até mim, abriu-me a boca com sua cauda e bateu muitas vezes a cauda contra meus lábios".[26]

---

26 "*Questo scriver si distintamente del nibbio par che sia mio destino, perché nella prima ricordazione della mia infanzia e' mi parea che, essendo io in culla, che um nibbio venissi a me e mi aprissi la bocca colla sua coda, e molte volte mi percotessi con tal coda dentro alle labbra.* [A citação que Freud faz em alemão tem duas discrepâncias em relação ao original reproduzido nesta nota, que foram mantidas na tradução do texto: a omissão da palavra "dentro", ao mencionar as batidas da cauda na boca, e — principalmente — a versão equivocada da palavra *nibbio*, que corresponde em português a "milhafre", uma ave de rapina semelhante ao falcão, muito diferente de "abutre" (*Geier*), como se acha no texto em alemão. James Stra-

Uma recordação de infância, pois, e muito peculiar, certamente. Peculiar por seu conteúdo e pela idade em que é situada. Talvez não seja impossível que um indivíduo conserve uma lembrança de quando era um lactente, mas de maneira nenhuma é algo seguro. No entanto, o que essa recordação diz, que um abutre abriu a boca do menino com a cauda, parece tão improvável, tão fabuloso que julgamos preferível outra concepção, que resolve de uma vez as duas dificuldades. A cena com o abutre não seria uma recordação de Leonardo, mas uma fantasia que ele formou posteriormente e transpôs para a infância.[27] Frequentemente as recordações de infância

---

chey assinalou esse equívoco em seu prefácio ao texto, na edição *Standard* inglesa, mas considerou que não afetava o argumento de Freud. Outros estudiosos foram menos benevolentes com esse e alguns outros erros e lacunas. A mais incisiva dessas críticas é a de David E. Stannard, "The lessons of Leonardo", em *Shrinking history: On Freud and the failure of psychohistory*, Oxford University Press, 1980, pp. 3-30; as objeções de Stannard se acham resumidas num capítulo de *Decadência e queda do império freudiano*, de Hans Eysenck (Rio de Janeiro: Civilização Brasileira, 1993; título original: *Decline and fall of the Freudian empire*, 1985).]

27 [Nota acrescentada em 1919:] Numa simpática resenha do presente texto, publicada no *Journal of Mental Science* em 1910, Havelock Ellis objetou a essa concepção que a lembrança de Leonardo poderia muito bem ter fundamento real, pois com frequência as recordações infantis retrocedem bastante além do que geralmente acreditamos. Isto eu concedo de bom grado, e, para atenuar essa dificuldade, ofereço a suposição de que a mãe notou a presença do pássaro junto ao filho — que ela facilmente pôde tomar como um significativo presságio — e depois relatou-a várias vezes ao menino, de modo que ele pôde conservar a lembrança desse relato e depois, como frequentemente ocorre, confundi-la com a lembrança de uma

não têm outra origem; elas não são fixadas no instante da vivência e depois repetidas, como as lembranças conscientes da época adulta, mas sim evocadas numa época posterior, quando a infância já ficou para trás, e nisso são modificadas, falseadas, postas a serviço de tendências posteriores, de modo que não se distinguem rigorosamente das fantasias em geral. Talvez compreendamos da melhor maneira a sua natureza se pensarmos em como se originou a historiografia entre os povos antigos. Enquanto o povo era pequeno e fraco, não pensava em escrever sua história; cultivava o solo de sua terra, lutava contra os vizinhos por sua existência, buscava tomar-lhes terras e alcançar riqueza. Era um tempo heroico e a-histórico. Depois veio uma nova era, em que esse povo adquiriu consciência de si, sentiu-se poderoso e rico, e surgiu a necessidade de saber de onde procedia e como se desenvolvera. A historiografia, que havia principiado como um registro contínuo das vivências do presente, lançou o olhar também para o passado, reuniu tradições e lendas, interpretou os resíduos dos velhos tempos em usos e costumes, criando assim uma história do período primordial. Era inevitável que essa pré-história fosse antes uma expressão dos desejos e opiniões

---

vivência própria. Contudo, essa alteração em nada prejudica a validade de minha caracterização. As fantasias que as pessoas criam posteriormente sobre sua infância costumam apoiar-se em pequenas realidades desse período primordial, de resto esquecido. Era necessário um motivo secreto, portanto, para dar destaque a um evento real insignificante e desenvolvê-lo da forma como Leonardo faz com o pássaro que denomina abutre e sua notável conduta.

do presente que um reflexo do passado, pois muitas coisas haviam desaparecido da memória do povo, outras haviam sido deformadas, e alguns traços do passado eram erroneamente interpretados no sentido do presente. Além disso, não se escrevia a história pelos motivos de uma objetiva ânsia de saber, mas para influir sobre os contemporâneos, para incitá-los, exaltá-los ou lhes oferecer exemplos. A memória consciente que uma pessoa tem de suas vivências adultas é comparável àquela primeira historiografia [o registro do presente], e as lembranças que tem da infância correspondem, pela origem e confiabilidade, à história dos primeiros tempos de um povo, compilada tardiamente e de forma tendenciosa.

Se a história do abutre que visitou Leonardo no berço for apenas uma fantasia nascida posteriormente, deveremos julgar que talvez não valha a pena nos determos nela por mais tempo. Para explicá-la, poderíamos nos satisfazer com a inclinação, por ele mesmo declarada, de atribuir a seu interesse pelo problema do voo dos pássaros o caráter de uma predestinação. Mas com tal menosprezo cometeríamos uma injustiça que equivaleria àquela de levianamente rejeitar o material das lendas, tradições e interpretações da pré-história de um povo. Apesar das deformações e incompreensões, a realidade do passado se acha nelas representada, elas são aquilo que o povo formulou a partir das vivências de seu tempo primevo, sob o império de motivos outrora poderosos e ainda hoje atuantes, e se pudéssemos, pelo conhecimento de todas as forças operantes, fazer essas deformações retrocederem, seríamos capazes de desvelar a verdade histórica por trás desse material fabuloso. O mesmo vale para as recordações de infância ou as fantasias do indivíduo. Não é insignificante aquilo que uma pessoa acredita se lembrar da infância; em geral, por trás dos resíduos de lembranças que ela mesma não entende se escondem valiosos testemunhos dos traços mais importantes de seu desenvolvimento psíquico.[28]

28 [Nota acrescentada em 1919, ligeiramente alterada em 1923:] Desde então, procurei fazer uso semelhante de uma recordação de infância também não compreendida de outro grande homem. Nas primeiras páginas da autobiografia de Goethe (*Dichtung und Wahrheit* [Poesia e verdade]), escrita por volta dos sessenta anos, somos informados de que, por instigação dos vizinhos, ele arremessou pela janela peças de louça de barro, pequenas e grandes, que se espatifaram na rua, e essa é a única cena que ele relata da infância. A ausência de ligação com outra coisa, o fato de coincidir com as lembranças infantis de outras pessoas que não se tornaram especialmente grandes, e também a circunstância de que nessa passagem Goethe não se refere ao irmãozinho que nasceu quando ele tinha três anos e nove meses e depois morreu quando ele tinha quase dez, fizeram-me empreender uma análise dessa recordação da infância. (É verdade que ele menciona esse irmão depois, quando se detém nas muitas doenças da época da infância.) Eu esperava poder substituir essa lembrança por algo que melhor se ajustasse ao contexto do relato de Goethe e cujo teor o fizesse digno de conservação e do lugar que lhe foi atribuído na história de sua vida. Essa pequena análise ["Uma recordação de infância em *Poesia e verdade*", 1917] permitiu ver o ato de jogar a louça pela janela como uma ação mágica dirigida contra um intruso que perturbava, e, no trecho em que o incidente é narrado, ele significaria o triunfo de que um segundo filho não pôde, afinal, perturbar a íntima relação entre Goethe e sua mãe. O que haveria de surpreendente no fato de a mais antiga recordação de infância conservada em disfarces assim, tanto no caso de Goethe como no de Leonardo, referir-se à mãe?

Dado que agora possuímos, com as técnicas psicanalíticas, excelentes meios de trazer à luz esse material escondido, poderemos tentar preencher a lacuna na história da vida de Leonardo através da análise de sua fantasia infantil. Se nisso não alcançarmos um grau satisfatório de certeza, teremos de nos consolar com o fato de que muitas outras investigações sobre esse grande e enigmático homem não tiveram melhor sorte.

Se examinamos a fantasia do abutre com o olhar do psicanalista, ela não nos parecerá estranha por muito tempo; lembramo-nos de frequentemente — nos sonhos, por exemplo — haver encontrado algo semelhante, de modo que podemos nos arriscar a traduzir essa fantasia, de sua linguagem peculiar para um idioma compreensível por todos. A tradução aponta para o plano erótico. Cauda, *"coda"*, é um dos mais notórios símbolos e denominações substitutivas do membro masculino, tanto em italiano como em outras línguas. A situação da fantasia, em que um abutre abre a boca do menino e lá dentro movimenta sua cauda, corresponde à ideia de uma felação, de um ato sexual em que o membro é introduzido na boca da pessoa em questão. É singular que essa fantasia tenha um caráter tão claramente passivo; ela se assemelha a determinados sonhos e fantasias de mulheres ou homossexuais passivos (que na relação sexual têm o papel feminino).

Oxalá o leitor agora se contenha e não se recuse — pleno de indignação — a acompanhar a psicanálise porque ela conduz, tão logo é empregada, a uma imperdoável difamação da memória de um homem grande e puro. É óbvio que essa indignação jamais nos poderá dizer o significado da fantasia infantil de Leonardo; por outro lado, ele revelou essa fantasia do modo mais inequívoco, e não podemos abandonar a expectativa — ou o "pré-conceito", se quiserem — de que tal fantasia, assim como toda criação psíquica, como um sonho, uma visão, um delírio, tem de possuir algum significado. Portanto, continuemos dando ao trabalho analítico, que ainda não falou sua última palavra, a atenção a que ele tem direito.

A inclinação a tomar na boca o membro do homem e chupá-lo, que na sociedade respeitável* é incluída entre as perversões sexuais abomináveis, ocorre frequentemente nas mulheres de hoje — e, como demonstram antigas obras de arte, também de épocas passadas — e parece perder inteiramente o caráter repugnante para a pessoa apaixonada. O médico encontra fantasias baseadas nessa inclinação também em mulheres que não tomaram conhecimento dessa possibilidade de satisfação sexual mediante a leitura da *Psychopathia sexualis*, de Krafft-Ebing, ou por alguma outra fonte. Ao que parece, as mulheres não têm dificuldade em criar espon-

---

* "Respeitável": no original, *bürgerlich*, termo que admite significados diversos, segundo o contexto. Nas versões estrangeiras deste ensaio que foram consultadas — duas em espanhol (as de López-Ballesteros e Etcheverry), duas em italiano (já mencionadas), uma francesa (de Marie Bonaparte) e três em inglês (de A. A. Brill, J. Strachey e D. McLintock) — encontram-se: *burguesa*, *civilizada*, *borghese*, idem, *bourgeoise*, *commonly considered*, *respectable*, *middle-class*.

taneamente essas fantasias que envolvem um desejo.²⁹ A investigação posterior também nos ensina que essa situação, tão malvista pela moral, possui uma origem bastante inocente. Ela é apenas a reelaboração de outra situação em que todos nós, outrora, nos sentíamos muito bem: quando, sendo bebês (*"essendo io in culla"* [estando eu no berço]), tomávamos na boca o mamilo da mãe ou da ama de leite e o chupávamos. A impressão orgânica dessa primeira experiência de prazer em nossa vida provavelmente permaneceu em nós, indestrutível; quando, mais tarde, a criança vem a conhecer a teta da vaca, que em sua função equivale a um mamilo e, em sua forma e localização no baixo ventre, corresponde a um pênis, chega ao estágio preliminar para a formação posterior daquela fantasia sexual repugnante.

Agora compreendemos por que Leonardo situa em sua época de lactente a recordação da suposta experiência com o abutre. Por trás dessa fantasia não há outra coisa senão a reminiscência do ato de mamar* — ou ser amamentado — no seio materno, uma cena de humana beleza que ele, como muitos outros artistas, representou ao pintar a mãe de Deus com o filho. Mas vamos também ter presente algo que ainda não compreendemos, o fato de essa reminiscência, significativa para os dois sexos igualmente, haver sido

---

29 Cf., a propósito, o *Fragmento da análise de um caso de histeria* ["Caso Dora", 1905].

* É interessante registrar que o verbo alemão *"saugen"* significa tanto "chupar" como "mamar".

reelaborada,* pelo homem Leonardo, em fantasia homossexual passiva. Por enquanto deixaremos de lado a questão do nexo que haveria entre a homossexualidade e o ato de mamar no seio materno, e apenas lembraremos que a tradição efetivamente designa Leonardo como um homem de sentimentos homossexuais. Para nós é irrelevante se aquela acusação contra o jovem Leonardo era justificada ou não; não é a atividade real, mas a atitude emocional que determina se devemos conferir a alguém o atributo da inversão.

Há outra característica não compreendida, na fantasia de infância de Leonardo, que solicita primeiramente nossa atenção. Interpretamos a fantasia por referência ao ato de ser amamentado pela mãe e vemos a mãe substituída por um — abutre. De onde vem esse abutre e como entra nesse ponto?

Uma ideia se oferece, vinda de tão longe que poderíamos hesitar em recorrer a ela. Nos hieróglifos dos antigos egípcios, a mãe é representada com a imagem

---

* "Reelaborada": *umgearbeitet* — no infinitivo, *umarbeiten*, composto de *arbeiten*, "trabalhar, laborar", e do prefixo *um*, que indica movimento ou mudança (o substantivo *Umarbeitung* foi utilizado no parágrafo anterior). As versões consultadas empregam: *transformada*, *refundida*, *rielaborata*, idem, *s'est muée*, *elaborated*, *transformed*, idem. Esse verbo reaparece poucas páginas adiante, e três dessas outras versões empregam um termo diferente do de agora: a francesa, *transposé*; a *Standard* inglesa, *recast*; e a nova inglesa (da Penguin), *adapted*. Isso não deve causar espécie, já que, diferentemente de *Durcharbeiten*, não se pretende que seja um termo técnico (cf. nota à tradução do artigo "Recordar, repetir e elaborar", de 1914, no v. 10 destas *Obras completas*, p. 208).

de um abutre.[30] Os egípcios adoravam uma divindade materna que era mostrada com cabeça de abutre ou com várias cabeças, das quais pelo menos uma era de abutre.[31] O nome dessa deusa era pronunciado *mut*; seria apenas casual a semelhança fonética com a nossa palavra *Mutter* [mãe]? Assim, o abutre se relaciona de fato com mãe; mas em que isso pode nos ajudar? É lícito esperarmos de Leonardo esse conhecimento, quando a decifração dos hieróglifos foi conseguida somente por François Champollion (1790-1832)?[32]

Valeria a pena saber como os antigos egípcios chegaram a escolher o abutre como símbolo da maternidade. Ora, a religião e a civilização dos egípcios já eram objeto da curiosidade científica dos gregos e romanos, e, muito antes que nós fôssemos capazes de ler os monumentos do Egito, dispúnhamos de informações sobre eles em obras da Antiguidade clássica que foram conservadas, textos de autores conhecidos, como Estrabão, Plutarco, Amiano Marcelino, e também de autoria ignorada, e de procedência e período incertos, como os *Hieroglyphica* de Horapollo Nilus e o livro de sabedoria sacerdotal do Oriente que nos chegou com o nome do

---

30 Horapollo, *Hieroglyphica* I, 11: Μητέρα δὲ γράφοντες [...] γῦπα ζωγραφῦσιν [Para representar uma mãe [...] desenhavam um abutre].
31 Roscher, *Ausführliches Lexikon der griechischen und römischen Mythologie*, verbete "*Mut*", v. II, 1894-97; Lanzone, *Dizionario di mitologia egizia*, Turim, 1882.
32 H. Harzleben, *Champollion. Sein Leben und sein Werk* [Champollion. Sua vida e sua obra], 1906.

deus Hermes Trismegisto. Essas fontes nos dizem que o abutre era símbolo da maternidade porque se acreditava que havia apenas abutres fêmeas, que inexistiam machos nessa espécie de ave.[33] Na história natural dos antigos se achava uma contrapartida dessa limitação: entre os escaravelhos, os besouros que os egípcios adoravam como deuses, pensava-se que havia apenas machos.[34]

Como deveria então ocorrer a fecundação dos abutres, se todos eles eram fêmeas? Uma passagem de Horapollo nos informa acerca disso.[35] Em determinada

---

33 «γῦπα δὲ ἄρρενα οὔ φασι γινέσθαι ποτε, ἀλλὰ θηλείας ἁπάσας» [Diz-se que jamais existiu abutre macho, que todos são fêmeas], Eliano, *De natura animalium*, II, 46, apud Von Römer, "Über die androgynische Idee des Lebens" [Sobre a ideia andrógina da vida], *Jahrbuch für sexuelle Zwischenstufen* [Anuário de estágios sexuais intermediários], v, 1903, p. 732.

34 Plutarco, *Veluti scarabaeos mares tantum esse putarunt Aegyptii sic inter vultures mares non inveniri statuerunt* [Assim como acreditavam que apenas escaravelhos machos existiam, os egípcios concluíram que entre os abutres não se encontravam machos]. [Segundo vários tradutores, Freud atribui erroneamente a Plutarco uma frase que é de C. Leemans, de um comentário deste em sua edição da obra de Horapollo; ver a nota seguinte].

35 *Horapollonis Niloi Hieroglyphica*, edidit Conradus Leemans, Amsterdam, 1835. As palavras referentes ao sexo dos abutres são (p. 14): μητέρα μέν ἐπειδὴ ἄρρεν ἐν τούτῳ τῷ γένει τῶν ζῴων οὐπάρχει. [(Usam a imagem de um abutre) para indicar "a mãe, porque nesse gênero de animais não há macho". — A frase não corresponde à referência do texto; foi descuido do autor ou erro de edição. A frase correta de Horapollo seria outra, que é apresentada na nota da edição italiana da Boringhieri: "[...] quando o abutre deseja conceber, abre sua vagina ao vento boreal e é por esse penetrado durante cinco dias, em que não toma alimento nem bebida [...]".]

época, esses pássaros se detêm no voo, abrem a vagina e são impregnados pelo vento.

De forma inesperada, agora chegamos a ver como provável algo que há pouco rejeitávamos como absurdo. É bem possível que Leonardo conhecesse a fábula científica em virtude da qual os egípcios designavam o conceito de mãe com a imagem do abutre. Ele era um grande leitor, interessado em todos os âmbitos da literatura e do saber. No *Códice Atlântico* temos uma lista de todos os livros que ele possuía em determinado momento,[36] e também muitas anotações sobre livros que ele tomara emprestado de amigos, e, pelos excertos que Fr. Richter reuniu dessas anotações, dificilmente se pode exagerar a extensão de suas leituras. Entre esses livros não faltam obras de ciências naturais, antigas e também contemporâneas. Todos eles se achavam impressos naquele tempo, e Milão era justamente a cidade italiana onde mais se desenvolvia a jovem arte da impressão.

Ao prosseguir, deparamos com uma notícia que pode transmutar em certeza a probabilidade de que Leonardo conhecia a fábula do abutre. O erudito editor e comentador de Horapollo observa, sobre a passagem mencionada: "*Caeterum hanc fabulam de vulturibus cupide amplexi sunt Patres Eclesiastici, ut ita argumento ex rerum natura petito refutarent eos, qui Virginis partum negabant; itaque apud omnes fere hujus rei mentio occurrit*" [Mas sua fábu-

---

36 E. Müntz, *Léonard de Vinci*, Paris, 1899, p. 282 [Essa lista se acha também na biografia de Carlo Vecce, op. cit., pp. 161-2; outra lista, posterior e mais extensa, encontra-se nas pp. 238-42].

la sobre o abutre foi avidamente abraçada pelos Pais da Igreja, para refutar, com esse argumento extraído das coisas da natureza, aqueles que negavam o parto da Virgem; por isso quase todos eles o mencionam].

Portanto, a fábula da unissexualidade e da forma de concepção dos abutres não permaneceu uma anedota inofensiva como aquela dos escaravelhos. Os Pais da Igreja dela se apoderaram, a fim de ter um argumento da natureza contra os que duvidavam da história sagrada. Se, de acordo com as melhores narrativas da Antiguidade, os abutres se deixavam fecundar pelo vento, por que não teria acontecido o mesmo com uma fêmea humana? Devido a essa possibilidade de utilização, "quase todos" os Pais da Igreja contavam a fábula do abutre, e praticamente não podemos duvidar que, com tão forte patrocínio, ela não fosse conhecida também de Leonardo.

Pode-se conceber a gênese da fantasia com o abutre da seguinte maneira. Ao ler, num Pai da Igreja ou numa obra científica, que os abutres eram todos fêmeas e podiam se reproduzir sem a ajuda de um macho, veio-lhe uma recordação que se transformou naquela fantasia, mas que significava que também ele havia sido como um filho de abutre, que tivera uma mãe, mas não um pai, e a isso se juntou, da única maneira que impressões tão antigas podem se manifestar, um eco do prazer que havia experimentado no seio materno. A alusão daqueles autores à representação da santa Virgem com o Menino, sempre cara aos artistas, certamente contribuiu para que essa fantasia lhe parecesse valiosa e significativa. Afinal, assim ele se identificava com o Menino Jesus, o salvador e consolador não apenas de uma mulher.

Ao decompor uma fantasia infantil, procuramos separar seu real teor de memória dos motivos posteriores que o modificam e deformam. No caso de Leonardo, acreditamos agora conhecer o real teor da fantasia; a substituição da mãe pelo abutre indica que o menino dá pela falta do pai e se acha sozinho com a mãe. O nascimento ilegítimo de Leonardo combina com a fantasia do abutre; apenas em virtude daquilo ele pôde se comparar a um filhote de abutre. Mas o outro fato seguro de sua infância de que temos conhecimento é que aos cinco anos de idade ele vivia na casa do pai. A partir de quando isso ocorreu, se teria sido alguns meses após o nascimento ou algumas semanas antes daquele cadastro [cf. final do cap. 1], é algo que ignoramos completamente. Surge aqui a interpretação da fantasia com o abutre, e ela nos diz que Leonardo não passou os decisivos anos iniciais de sua vida com seu pai e sua madrasta, mas com a pobre e abandonada mãe verdadeira, de modo a ter tempo de sentir a ausência do pai. Isso parece uma conclusão muito magra, ainda que ousada, de nosso empenho psicanalítico, mas ela ganhará importância à medida que for aprofundada. Sua certeza é aumentada pela consideração das circunstâncias efetivas da infância de Leonardo. Segundo os relatos, seu pai, *ser* Piero da Vinci, casou-se com *donna* Albiera, uma moça nobre, no mesmo ano em que ele nasceu. Foi pelo fato de esse casamento não ter gerado filhos que o garoto vivia na casa paterna (ou melhor, do avô) quando tinha cinco anos de idade, como atesta o documento. Ora, não é costumeiro entregar um rebento ilegítimo a uma jovem esposa que ainda espera ter filhos. Devem ter se passado anos de desapontamento até que se decidisse tomar, como compensação pelos filhos legítimos desejados em vão, o menino bastardo que provavelmente crescia de modo encantador. Condiz perfeitamente com a interpretação da fantasia do abutre que tivessem decorrido ao menos três, talvez cinco anos da vida de Leonardo, até que ele trocasse o lar de sua solitária mãe pelo do casal. Mas então já era tarde. Nos primeiros três ou quatro anos são fixadas impressões e estabelecidas formas de reação ao mundo externo cuja importância não poderá mais ser diminuída por nenhuma vivência posterior.

Se for correto que as lembranças infantis incompreensíveis e as fantasias que sobre elas se constroem sempre ressaltam o que é mais importante na vida psíquica da pessoa, então o fato — corroborado pela fantasia do abutre — de que Leonardo passou os primeiros anos sozinho com a mãe deve ter tido influência decisiva na configuração de sua vida interior. Um efeito certamente inevitável dessa constelação [afetiva] foi que o menino, que em sua tenra idade se defrontou com um problema a mais que as outras crianças, começou a ruminar sobre esse enigma com paixão especial, tornando-se bem cedo um pesquisador atormentado pelas grandes questões: de onde vêm as crianças e o que tem a ver o pai com sua origem. A intuição desse nexo entre sua pesquisa e a história de sua infância o levou a exclamar, quando adulto, que era seu destino dedicar-se ao problema do voo dos pássaros, pois já no berço fora visitado por um abutre. Não será tarefa difícil mostrar, mais adiante, que a ânsia de saber que se voltava para o voo dos pássaros derivava da pesquisa sexual infantil.

III

Na fantasia infantil de Leonardo, o elemento abutre representou para nós o teor verdadeiro da recordação; e o contexto em que o próprio Leonardo situou sua fantasia lançou uma clara luz sobre a importância desse conteúdo para sua vida posterior. Ao avançar no trabalho de interpretação, deparamos com o desconcertante problema de por que esse teor da recordação foi reelaborado em situação homossexual. A mãe que amamenta o bebê — ou melhor, da qual o bebê mama — transformou-se num abutre que enfia sua cauda na boca da criança. Afirmamos que a *"coda"* do abutre não pode significar outra coisa senão um genital masculino, um pênis, conforme a habitual substituição que faz a linguagem. Mas não compreendemos como a atividade da fantasia pode haver dotado do emblema da virilidade justamente esse pássaro-mãe, e em vista desse absurdo começamos a duvidar da possibilidade de extrair dessa construção fantasiosa um sentido racional.

Mas não devemos desanimar. Quantos sonhos aparentemente absurdos já não nos revelaram seu significado! Por que haveria mais dificuldade com uma fantasia infantil do que com um sonho?

Lembrando não ser bom que uma peculiaridade permaneça isolada, vamos acrescentar-lhe outra, que é ainda mais surpreendente.

A deusa egípcia Mut, representada com cabeça de abutre, era de caráter totalmente impessoal, segundo afirma Drexler no *Lexikon* de Roscher. Era frequentemente fundida com outras divindades maternas de individualidade mais viva, como Ísis e Hathor, mas também mantinha existência própria e culto específico. Uma singularidade do panteão egípcio era que os deuses individualizados não desapareciam com o sincretismo. Além da divindade composta, a figura simples de um deus continuava a existir de forma independente. Na maioria das representações, essa deusa materna com cabeça de abutre era mostrada com um falo.[37] Seu corpo, que os seios caracterizavam como feminino, também possuía um membro masculino em estado de ereção.

Achamos em Mut, portanto, a mesma união de características maternas e masculinas que na fantasia do abutre de Leonardo! Deveríamos explicar essa coincidência pela suposição de que também através dos livros ele soube da natureza andrógina do abutre-mãe? Tal possibilidade é mais que discutível; parece que as fontes de que ele dispunha nada continham sobre essa peculiar conformação. Seria mais plausível fazer essa concordância remontar a um motivo comum, atuante nos dois casos e ainda não conhecido.

A mitologia nos informa que a constituição andrógina, a união de caracteres sexuais masculinos e femi-

---

37 Cf. as ilustrações em Lanzone, op. cit., lâminas CXXXVI-VIII.

ninos, não era própria apenas de Mut, mas também de divindades como Ísis e Hathor; dessas, contudo, talvez apenas na medida em que também possuíam natureza materna e se fundiam com Mut.[38] Ela nos ensina, ademais, que outras divindades egípcias, como Neith, de Sais, de que mais tarde se originou a grega Atena, foram concebidas originalmente como andróginas, ou seja, hermafroditas, e que o mesmo ocorreu com muitos deuses gregos, em especial aqueles em torno de Dionísio, mas também com Afrodite, depois reduzida a deusa feminina do amor. E a mitologia pode igualmente oferecer a explicação de que o falo acrescentado ao corpo feminino denotaria a primordial força criadora da natureza, e que todas essas divindades hermafroditas exprimem a ideia de que apenas a união do masculino com o feminino pode fornecer uma digna representação da perfeição divina. Mas nenhuma dessas observações nos esclarece o enigma psicológico que constitui o fato de a imaginação humana não se ofender em dotar do signo da potência viril — o oposto de tudo que é materno — uma figura que deve encarnar a essência da maternidade.

O esclarecimento nos vem das teorias sexuais infantis. Houve um tempo [na vida da pessoa] em que o genital masculino foi tido como compatível com a representação da mãe. Quando a ânsia de saber do menino se volta para o enigma da vida sexual, ele é tomado de interesse por seu próprio genital. Considera essa par-

---

38 Römer, op. cit.

te de seu corpo tão valiosa e importante que não pode acreditar que ela falte em outras pessoas com as quais sente muita afinidade. Como não é capaz de imaginar que há outro tipo de genital igualmente valioso, tem de recorrer à suposição de que todas as pessoas, inclusive as mulheres, possuem um membro tal como o dele. Esse "pré-conceito" se arraiga tão firmemente no jovem pesquisador que não é destruído sequer pelas primeiras observações dos genitais de garotas pequenas. A percepção lhe diz que ali há algo diferente, mas ele não consegue admitir para si mesmo que o teor dessa percepção é que não pode encontrar o membro na menina. Imaginar que o membro possa faltar é algo inquietante, insuportável, por isso ele ensaia uma decisão intermediária: o membro se acha presente também na menina, mas é ainda muito pequeno; crescerá depois.[39] Se essa expectativa parece não se confirmar em observações posteriores, outra saída se oferece. Também havia o membro na garotinha, mas ele foi cortado e em seu lugar ficou uma ferida. Esse avanço na teoria já utiliza experiências próprias de caráter penoso; nesse meio-tempo, o menino escutou a ameaça de que lhe seria tirado o precioso órgão, se demonstrasse interesse excessivo por ele. Sob a influência dessa ameaça de castração, ele modifica sua concepção do genital feminino;

---

39 Cf. as observações no *Jahrbuch für psychoanalytische und psychopathologische Forschungen* [ou seja, o caso do "pequeno Hans", ali publicado em 1909 — segue um acréscimo na nota, feito em 1919:] na *Internationale Zeitschrift für ärztliche Psychoanalyse* e na *Imago*.

passa a temer por sua virilidade, e também a desprezar as infelizes criaturas que, segundo lhe parece, já sofreram a terrível punição.[40]

Antes que o menino caia sob o domínio do complexo da castração, num tempo em que a mulher ainda conserva pleno valor a seus olhos, começa a nele se manifestar, como atividade instintual erótica, um intenso prazer em olhar. Ele quer ver os genitais de outras pessoas, originalmente, é provável, a fim de compará-los com o seu. A atração erótica que parte da pessoa da mãe culmina logo num anseio pelo genital dela, tido como um pênis. Com a posterior descoberta de que a mãe não possui um pênis, tal anseio frequentemente se converte no oposto, dá lugar a uma repulsa que nos anos da puberdade pode se tornar causa de impotência psíquica, misoginia e permanente homossexualidade. Mas a fixação no objeto que foi ansiosamente desejado, o pênis da mulher, deixa traços indeléveis na vida psíquica do garoto, que passou por esse trecho da pesquisa sexual infantil com particular intensidade. A adoração fetichista do pé e do sapato da mulher parece tomar o pé como símbolo substitutivo do membro feminino que foi adorado e cuja falta é sentida desde então; os

---

40 [Nota acrescentada em 1919:] Acho inevitável supor que aí também se encontra uma das raízes do ódio aos judeus, que aparece de forma tão elementar e atua tão irracionalmente em povos do Ocidente. A circuncisão é inconscientemente equiparada à castração. Se ousamos transpor nossas conjecturas para a pré-história da espécie humana, podemos suspeitar que originalmente a circuncisão devia ser um sucedâneo atenuado, um resgate da castração.

"cortadores de tranças"* desempenham, sem o saber, o papel de indivíduos que realizam o ato da castração no genital feminino.

Não se chegará a uma concepção correta das manifestações da sexualidade infantil, e provavelmente se recorrerá ao expediente de declarar indignas de crédito estas comunicações, enquanto não se abandonar inteiramente o menosprezo de nossa cultura pelos genitais e as funções sexuais. A compreensão da psique infantil requer analogias pré-históricas. Para nós, desde muitas gerações os órgãos genitais são os *pudenda*, objetos de vergonha e, na repressão sexual adiantada, até mesmo de nojo. Lançando um olhar abrangente sobre a vida sexual de nossa época, especialmente a das camadas sociais portadoras da civilização humana, somos tentados a dizer que** a maioria dos que hoje vivem submete-se ao mandamento da procriação apenas a contragosto, sentindo sua dignidade humana ofendida e degradada. O que entre nós se acha de outra visão da vida sexual confinou-se aos estratos baixos da população, que permaneceram rudes, e é ocultado entre aqueles superiores e refinados como sendo culturalmente inferior, ousando manifes-

---

* Reproduzimos a nota que A. A. Brill, um dos primeiros discípulos americanos de Freud, acrescentou nesse ponto à tradução que fez do presente texto, publicada em 1916: "Essa perversão sádica, que era frequente antes que a maioria de nossas mulheres se desfizesse de seus cabelos longos, é encontrada raramente hoje em dia".
** O trecho da frase até esse ponto foi um acréscimo feito em 1919.

tar-se apenas sob as amargas admoestações de uma má consciência. Era diferente nos tempos pré-históricos da espécie humana. O material laboriosamente recolhido pelos pesquisadores leva à convicção de que originalmente os genitais eram o orgulho e a esperança dos vivos, gozavam de adoração religiosa e transmitiam o caráter divino de suas funções a todas as novas atividades que os homens aprendiam. Numerosas figuras de deuses se originaram, por sublimação, de sua natureza, e num tempo em que o nexo entre as religiões oficiais e a atividade sexual já se escondia à consciência geral, cultos secretos se empenhavam em mantê-lo vivo para certo número de iniciados. Por fim ocorreu, ao longo da evolução cultural, que tal montante do divino e sagrado foi extraído da sexualidade, que o exaurido restante se tornou alvo do desprezo. Porém, considerando o que há de indelével em todos os traços psíquicos, não devemos nos admirar de que até as mais primitivas formas de adoração dos genitais tenham sido encontradas em tempos recentes, e de que a linguagem corrente, os costumes e as superstições da humanidade de hoje contenham vestígios de todas as fases desse curso evolutivo.[41]

Analogias biológicas de peso nos fazem crer que a evolução psíquica do indivíduo repete de forma abreviada o curso de evolução da humanidade, e por isso não achamos inverossímil o que a investigação psicanalítica

---

41 Cf. Richard Payne Knight, *Le Culte du Priape*. Traduzido do inglês. Bruxelas, 1883.

da alma infantil nos traz acerca do valor que a criança atribui aos genitais. A hipótese infantil de que a mãe tem um pênis é a fonte comum de que procedem a configuração andrógina de divindades maternas como a Mut egípcia e a *"coda"* do abutre da fantasia de Leonardo quando criança. É erroneamente que chamamos essas representações de deuses de hermafroditas no sentido médico da palavra. Nenhuma delas reúne de fato os genitais de ambos os sexos, tal como se acham combinados em algumas anomalias que assombram quem as vê. Elas apenas juntam o membro masculino aos seios que indicam a maternidade, como se acha na primeira representação que a criança faz do corpo da mãe. A mitologia preservou para os crentes essa venerável forma do corpo materno criada em tempos primevos. Agora podemos traduzir da seguinte maneira a ênfase na cauda do abutre que há na fantasia de Leonardo: "Naquele tempo em que minha tenra curiosidade se voltava para minha mãe e eu ainda lhe atribuía um genital como o meu". Outra evidência das primeiras pesquisas sexuais de Leonardo, que, a nosso ver, tornaram-se decisivas para toda a sua vida.

Uma breve reflexão nos lembra, neste ponto, que ainda não podemos nos satisfazer com essa explicação para a cauda do abutre na fantasia de Leonardo. Ela parece conter algo mais que ainda não compreendemos. Seu traço mais saliente, afinal, é que transforma o ato de mamar no seio da mãe em ser amamentado, ou seja, em algo passivo, numa situação de caráter indubitavelmente homossexual, portanto. Tendo em conta a probabilidade histórica de que Leonardo agia como um homem de sentimentos homossexuais, perguntamo-nos se essa fantasia não apontaria para uma conexão causal entre a relação do menino Leonardo com sua mãe e sua posterior homossexualidade manifesta, ainda que apenas ideal. Não ousaríamos inferir esse nexo da reminiscência deformada de Leonardo se não soubéssemos, pelas investigações da psicanálise, que ele existe e que é íntimo e necessário.

Os homens homossexuais, que em nossos dias atuam energicamente contra as restrições legais à sua atividade sexual, gostam de se colocar, através de seus porta-vozes intelectuais, como uma variedade sexual distinta desde o início, como um estágio intermediário, um "terceiro sexo". Seriam homens obrigados, por condições orgânicas inatas, a ter com um homem o prazer que não podem sentir com uma mulher. Assim como, por razões de humanidade, de bom grado subscrevemos suas reivindicações, também somos reticentes para com suas teorias, que foram postuladas sem consideração da gênese psíquica da homossexualidade. A psicanálise oferece os meios de preencher essa lacuna e de pôr à prova as afirmações dos homossexuais. Ela pôde realizar essa tarefa apenas em poucos indivíduos, mas todas as investigações até agora empreendidas tiveram o mesmo resultado surpreendente.[42] Todos os nossos homens

---

42 São principalmente as investigações de I. Sadger, que minha própria experiência confirma no essencial. Sei, além disso, que às mesmas conclusões chegaram W. Stekel, de Viena, e S. Ferenczi, de Budapeste.

homossexuais tiveram, nos primeiros anos da infância (depois esquecidos), uma intensa ligação erótica numa pessoa do sexo feminino, geralmente a mãe, ligação essa provocada ou favorecida pela ternura excessiva da própria mãe e, além disso, sustentada pelo distanciamento do pai na vida da criança. Sadger enfatiza que as mães de seus pacientes homossexuais eram, com frequência, mulheres masculinas, de traços enérgicos, que podiam retirar o pai da posição que lhe cabia. Ocasionalmente observei isso também, mas recebi impressão mais forte nos casos em que o pai estava ausente desde o início ou logo desapareceu, de modo que o menino ficou entregue à influência feminina. É como se a presença de um pai forte garantisse no filho a decisão certa na eleição do objeto, a escolha pelo sexo oposto.[43]

---

43 [Nota acrescentada em 1919:] A pesquisa psicanalítica trouxe para a compreensão da homossexualidade dois fatos indiscutíveis, sem acreditar, com isso, ter exaurido as causas desse desvio sexual. O primeiro é a mencionada fixação das necessidades amorosas na mãe; o outro está na afirmação de que toda pessoa, inclusive a mais normal, é capaz da escolha de objeto homossexual, realizou-a alguma vez na vida e, em seu inconsciente, ainda a mantém ou contra ela se garante por meio de enérgicas atitudes contrárias. Essas duas constatações põem fim tanto à pretensão dos homossexuais de serem reconhecidos como um "terceiro sexo" como à diferenciação, considerada importante, entre homossexualidade congênita e adquirida. A presença de características somáticas do outro sexo (o montante de hermafroditismo físico) é bastante propícia à exteriorização da escolha de objeto homossexual, mas não é decisiva. Infelizmente, é preciso dizer que os representantes dos homossexuais no campo da ciência não souberam extrair nenhum ensinamento das seguras averiguações da psicanálise.

Após esse estágio preliminar ocorre uma transformação cujo mecanismo conhecemos, mas cujas forças impulsoras ainda ignoramos. O amor à mãe não pode prosseguir acompanhando o desenvolvimento consciente, sucumbe à repressão. O garoto reprime o amor à mãe pondo a si mesmo no lugar desta, identificando-se com ela e tomando sua própria pessoa como modelo, à semelhança do qual escolhe seus novos objetos amorosos. Assim torna-se homossexual; mais precisamente, retorna ao autoerotismo, pois os garotos que o adolescente agora ama são apenas sucedâneos e reiterações de sua própria pessoa infantil, que ele ama tal como sua mãe o amou quando criança. Dizemos que ele encontra seu objeto amoroso pela via do *narcisismo*, pois o mito grego chama de *Narciso* um jovem que amava acima de tudo sua própria imagem refletida, e que foi transformado na bela flor que tem esse nome.

Considerações psicológicas mais aprofundadas justificam a afirmação de que o indivíduo que assim se tornou homossexual permanece fixado inconscientemente na imagem-lembrança da mãe. Pela repressão do amor à mãe, ele a conserva em seu inconsciente e lhe permanece fiel. Quando parece correr atrás de garotos, na qualidade de amante, na realidade corre das outras mulheres, que poderiam torná-lo infiel. A observação direta de casos individuais nos permitiu demonstrar que o homem aparentemente receptivo apenas ao encanto masculino sente a atração que emana das mulheres como um homem normal, na verdade; mas ele se apressa em transpor para um objeto masculino a excitação que lhe vem da mulher e, dessa maneira, sempre repete o mecanismo pelo qual adquiriu sua homossexualidade.

Está longe de nós pretender exagerar a importância desses esclarecimentos sobre a gênese psíquica da homossexualidade. É obvio que contrariam fortemente as teorias oficiais dos porta-vozes dos homossexuais, mas estamos cientes de que não são abrangentes o bastante para possibilitar uma explicação definitiva do problema. O que por motivos práticos é denominado "homossexualidade" pode se originar de uma variedade de processos psicossexuais de inibição, e aquele que distinguimos talvez seja apenas um entre muitos, dizendo respeito a um só tipo de homossexualidade. Temos de admitir igualmente que em nosso tipo homossexual o número de casos em que se podem evidenciar as condições que requeremos ultrapassa em muito o daqueles em que realmente aparece o efeito deduzido, de modo que também nós não podemos descartar o envolvimento de fatores constitucionais desconhecidos, aos quais habitualmente se atribui toda a homossexualidade. Não teríamos nenhum motivo para abordar a gênese psíquica da forma de homossexualidade por nós estudada se não houvesse a forte conjectura de que Leonardo, cuja fantasia com o abutre foi nosso ponto de partida, pertence a esse tipo de homossexual.

Embora pouco se saiba sobre a conduta sexual desse grande artista e pesquisador, podemos confiar em que os dizeres dos seus contemporâneos provavelmente não se equivocavam muito. Conforme essa tradição, ele parece ter sido um homem cujas necessidades e atividades sexuais eram extraordinariamente reduzidas, como se uma alta aspiração o tivesse erguido acima das comuns exigências animais do ser humano. Deve permanecer aberta a questão de se ele teria buscado satisfação sexual direta e de que modo o teria feito, ou se poderia tê-la dispensado completamente. Mas também no caso dele temos o direito de buscar aquelas correntes afetivas que impelem os outros ao ato sexual, pois não podemos imaginar uma vida psíquica humana em cuja constituição não participe o desejo sexual no sentido mais amplo, a libido, ainda que se tenha distanciado bastante da meta original ou se furtado à realização.

Em Leonardo só poderemos achar traços de inclinação sexual não transformada. Mas esses apontam numa só direção e permitem situá-lo entre os homossexuais. Sempre se comentou que ele tomava apenas meninos e adolescentes de notável beleza como discípulos. Era bondoso e indulgente para com eles, dava-lhes assistência e cuidava pessoalmente deles quando ficavam doentes, como uma mãe cuida dos filhos e como sua própria mãe deve ter olhado por ele. Tendo-os escolhido por serem belos, não pelo talento, nenhum deles — Cesare da Sesto, G. Boltraffio, Andrea Salaino, Francesco Melzi e outros — veio a se tornar um pintor de renome. Em sua maioria, não conseguiram alcançar independência em relação ao mestre; desapareceram, após a morte deste, sem deixar uma marca definida na história da arte. Alguns outros, cuja obra os autorizava a se denominarem seus discípulos, como Luini e Bazzi (chamado de Sodoma), ele provavelmente não conheceu em pessoa.

Sabemos que nos será feita a objeção de que o comportamento de Leonardo diante dos discípulos não tem relação com motivos sexuais e não permite conclusões sobre sua particularidade sexual. Em resposta a isso alegaremos, com toda a cautela, que nossa abordagem explica alguns traços peculiares na conduta do mestre, que de outro modo permaneceriam um mistério. Leonardo mantinha um diário; em sua escrita pequena, que ia da direita para a esquerda,* ele fazia anotações destinadas apenas a si mesmo. Nesse diário, curiosamente, ele se dirige a si mesmo na segunda pessoa: "Aprende com mestre Luca a multiplicação de raízes". "Faz com que mestre d'Abacco te mostre como quadrar um círculo".[44] — Ou, por ocasião de uma viagem: "Ir à Prefeitura por causa de meu jardim [...] Manda fazer duas sacolas. Vê o torno de Boltraffio e faz polir nele uma pedra. — Deixa o livro para o mestre Andrea Il Todesco".[45] Ou, num propósito de outra importância: "Hás de concluir, em teu tratado, que a Terra é uma estrela quase similar à Lua, e assim provarás a nobreza de nosso mundo".[46]

---

* Ou seja, ao inverso, como num espelho.

44 E. Solmi, op. cit., p. 152.

45 Solmi, op. cit., p. 203 [citações traduzidas do original italiano]. Leonardo faz como alguém que estava habituado a confessar-se diariamente a outra pessoa e que agora substitui essa pessoa pelo diário. Para uma suposição de quem pode ter sido ela, ver Merejkóvski, op. cit., p. 367.

46 M. Herzfeld, *Leonardo da Vinci*, 1906, p. CXLI.

Nesse diário, que — como aqueles de outros mortais — muitas vezes toca nos mais importantes eventos do dia com umas poucas palavras ou silencia totalmente acerca deles, acham-se alguns trechos que, devido à singularidade, são citados por todos os biógrafos de Leonardo. Trata-se de anotações sobre pequenas despesas do mestre, feitas com meticulosa exatidão, como se procedessem de um pai de família rigoroso e avaro, enquanto não há registro de gastos elevados e nada demonstra que o artista fosse versado em economia. Uma dessas anotações diz respeito a um novo casaco que ele comprou para o discípulo Andrea Salaino:[47]

	L [liras] s [*Soldi* = Vinténs]	
4 braças de pano de prata	L 15	S 4
Veludo verde para guarnição	L 9	S —
Fitas	L —	S 9
Botões	L —	S 12

---

47 Apud Merejkkóvski, op. cit., p. 282.

Outra anotação, bastante minuciosa, traz todas as despesas que outro discípulo[48] lhe ocasionou, por seus defeitos e sua tendência ao roubo: "No dia 23 de abril de 1490 comecei este livro e recomecei o cavalo.[49] Jacomo veio para ficar comigo no dia da Madalena [22 de julho] de 1490, com dez anos de idade. (Observação na margem: "ladrão, mentiroso, teimoso, comilão"). No segundo dia mandei que lhe fizessem duas camisas, um par de calças e um gibão, e, quando pus de lado o dinheiro para pagar essas coisas, ele me roubou da algibeira o dito dinheiro, e não foi possível fazê-lo confessar, embora eu tivesse certeza disso. (Observação na margem: 4 liras)". E o relato dos malfeitos do pequeno continua, terminando com uma lista das despesas: "No primeiro ano, um casaco: 2 liras; 6 camisas: 4 liras; 3 gibões: 6 liras; 4 pares de meias: 7 liras" etc.[50]

Os biógrafos de Leonardo, que estão muito longe de procurar resolver os enigmas da vida psíquica de

---

48 Ou modelo. [Na realidade, é o mesmo discípulo ou modelo da anotação anterior, que Leonardo apelidou de Salaí ("pequeno diabo") e cujo nome verdadeiro era Giangiacomo Caprotti. Ele permaneceu com o mestre até o final da vida deste, quase trinta anos depois. Há indícios de que a relação entre os dois não era tão idealizada como imagina Freud (cf. Vecce, op. cit., pp. 292, 296-7). O rosto de Salaí aparece em algumas obras de Leonardo, entre elas um desenho preliminar para o anjo da *Anunciação* (sorridente, com longos cabelos encaracolados e o pênis ereto numa área escurecida da imagem) e o quadro de S. João Batista que está no Louvre.]
49 Da estátua equestre de Francesco Sforza.
50 O texto completo está em M. Herzfeld, op. cit., p. XLV.

seu herói a partir de suas pequenas fraquezas e singularidades, costumam ressaltar, a propósito dessas contas peculiares, a bondade e indulgência do mestre para com seus alunos. Esquecem-se de que o que nisso pede explicação não é a conduta de Leonardo, mas o fato de ele nos haver deixado esses testemunhos dela. Como não podemos lhe atribuir a intenção de fazer com que provas de sua benevolência nos chegassem às mãos, devemos conjecturar que outro motivo, de natureza afetiva, levou-o a deixar esses registros. Não é fácil imaginar qual seria, e não saberíamos indicar nenhum, se outra conta achada entre os papéis de Leonardo não lançasse uma viva luz sobre essas anotações curiosamente minuciosas relativas a roupas dos discípulos etc.:

"Despesas para o enterro de Caterina:

3 libras de cera	s	27
Para o caixão	s	8
Pálio sobre o caixão	s	12
Transporte e colocação da cruz	s	4
Para o transporte do corpo	s	8
Para 4 padres e 4 clérigos	s	20
Sino, livros, toalha	s	2
Para os coveiros	s	16
Para o ancião	s	8
Para a licença e os funcionários	s	1
SOMA		106

Para o médico	s	4
Para açúcar e luzes	s	12
SOMA TOTAL		120"⁵¹

O romancista Merejkóvski é o único que sabe nos dizer quem era essa Caterina. Com base em duas breves anotações, ele conclui que a mãe de Leonardo, a pobre camponesa de Vinci, foi a Milão em 1493 para visitar o filho, que tinha então 41 anos de idade, que ela adoeceu lá, foi levada ao hospital por Leonardo e, quando morreu, foi por ele sepultada com dispendiosas honras.⁵²

---

51 Merejkóvski, op. cit., p. 372 [Essa lista é aqui citada conforme as duas traduções italianas do presente ensaio e a biografia de Carlo Vecce. Excetuando a troca de florins por *"soldi"*, as diferenças não são consideráveis, como afirma Freud na nota que se segue; o total da versão com florins é 124]. Como triste atestado da incerteza das notícias, de resto escassas, acerca da vida íntima de Leonardo, devo mencionar que a mesma conta é reproduzida por Solmi (trad. alemã, p. 104) com diferenças consideráveis. A mais séria é que os florins são substituídos por *soldi*. É lícito supor que nessa conta os florins não representam os velhos "florins de ouro", mas a unidade que depois seria comum, equivalente a 1 ²/₃ lira ou 33 ¹/₃ *soldi*. — Solmi faz de Caterina uma servente que cuidou da casa de Leonardo durante certo período. Não tive acesso à fonte para as duas diferentes versões dessa conta.
52 "Caterina veio no dia 16 de julho de 1493." — "Giovannina, rosto fantástico, pergunta por Caterina no hospital." [A segunda frase teria sido mal traduzida por Merejkóvski, a fonte de Freud

Essa interpretação do romancista versado em psicologia não pode ser provada, mas possui tal verossimilhança interior e combina de tal maneira com tudo o que sabemos da atividade sentimental de Leonardo, que não posso deixar de admiti-la como correta. Leonardo tinha êxito em sujeitar os sentimentos ao jugo da pesquisa, inibindo a sua livre expressão; mas também para ele houve ocasiões em que o que fora suprimido conseguiu se exteriorizar, e a morte da mãe outrora tão amada foi uma delas. Nesse cálculo dos custos do sepultamento encontramos a exteriorização, deformada a ponto de ficar irreconhecível, do luto pelo passamento da mãe. Perguntamo-nos de que modo essa deformação pôde se realizar, e não podemos compreendê-la do ponto de vista dos processos psíquicos normais. Mas algo semelhante nos é familiar nas condições anormais da neurose, sobretudo da que é chamada *neurose obsessiva*. Nela vemos que a exteriorização de sentimentos fortes, mas tornados inconscientes mediante a repressão, é deslocada para ações triviais e até mesmo tolas. As forças que a eles se opõem conseguem reduzir de tal forma a expressão desses sentimentos reprimidos que inevitavelmente consideramos ínfima a sua intensidade; mas na imperiosa compulsão* com que é levado a efeito esse ato insignificante se mostra a força real,

---

para ela; significaria, na verdade, "Giovannina, rosto fantástico, acha-se no hospital de Santa Caterina".]

* "Compulsão": *Zwang*, que também pode ser traduzido por "coação" ou "obsessão"; assim, *Zwangsneurose* é tradicionalmente vertida como "neurose obsessiva".

enraizada no inconsciente, dos impulsos que a consciência gostaria de negar. Apenas tal ressonância do que sucede na neurose obsessiva pode explicar a conta dos funerais da mãe redigida por Leonardo. No inconsciente, ele ainda estava ligado a ela, como na infância, por uma inclinação de matiz erótico; a oposição a esse amor infantil, por parte da repressão depois sobrevinda, não permitiu que lhe fosse feito um memento mais digno no diário, mas o compromisso resultante desse conflito neurótico tinha de ser explicitado, e assim a conta foi registrada e chegou ao conhecimento da posteridade como algo ininteligível.

Não nos parece ousadia demais transferir a percepção obtida na conta dos funerais para as contas das despesas dos alunos. Assim, também estas seriam um exemplo em que os escassos resíduos de impulsos libidinais de Leonardo produziram obsessivamente uma expressão deformada. A mãe e os discípulos, imagens fiéis de sua própria beleza quando menino, teriam sido seus objetos sexuais — na medida em que a repressão sexual nele dominante admite essa designação — e a obsessão em anotar meticulosamente o que havia gasto com eles seria a surpreendente revelação desses conflitos rudimentares. Teríamos, portanto, que a vida amorosa de Leonardo realmente se inclui no tipo de homossexualidade cujo desenvolvimento psíquico pudemos mostrar, e o aparecimento da situação homossexual na fantasia com o abutre se tornaria compreensível para nós, pois não significaria outra coisa senão o que já afirmamos sobre aquele tipo. Esta seria sua tradução: "Foi através dessa relação erótica com minha mãe que me tornei um homossexual".[53]

IV

A fantasia de Leonardo com o abutre ainda requer nossa atenção. Em palavras que semelham claramente a descrição de um ato sexual ("e bateu muitas vezes a cauda contra meus lábios"), ele enfatiza a intensidade dos laços eróticos entre mãe e filho. Não será difícil, a partir dessa ligação entre a atividade da mãe (do abutre) e o realce dado à zona da boca, imaginar que a fantasia envolve uma segunda recordação. Podemos traduzi-la da seguinte forma: "Minha mãe me deu muitos beijos apaixonados na boca". A fantasia é composta da lembrança de ser amamentado e de ser beijado pela mãe.

Bondosamente, a natureza deu ao artista a habilidade de exprimir seus impulsos anímicos mais secretos, dele mesmo ocultos, em criações que afetam poderosamente outros indivíduos que não o conhecem, sem que eles próprios saibam dizer de onde vem tal emoção. Não haveria, no conjunto da obra de Leonardo, nada que desse testemunho daquilo que sua memória conservou como a mais forte impressão da infância? Seria de esperar que sim.

---

53 As formas de expressão em que a libido reprimida de Leonardo pôde se manifestar — minuciosidade e preocupação com dinheiro — acham-se entre os traços de caráter que vêm do erotismo anal. Cf. "Caráter e erotismo anal" (1908).

Ao considerar, no entanto, as profundas transformações que uma impressão da vida do artista tem de sofrer antes de poder contribuir para a obra de arte, teremos de reduzir a um nível bastante modesto a pretensão de certeza na demonstração, especialmente no caso de Leonardo.

Ao pensar nas pinturas de Leonardo, todos nos lembramos do sorriso inusitado, fascinante e misterioso que ele põe nos lábios de suas figuras femininas. Trata-se de um sorriso fixo, em lábios alongados e arqueados, que se tornou característico dele e é muitas vezes chamado "leonardesco".[54] Foi no rosto estranhamente belo da florentina Monna Lisa del Giocondo que ele comoveu mais fortemente e desconcertou os espectadores. Esse sorriso pedia para ser interpretado e encontrou as mais variadas interpretações, nenhuma delas satisfatória. *"Voilà quatre siècles bientôt que Monna Lisa fait perdre la tête à tous ceux qui parlent d'elle, après l'avoir longtemps regardée"* [Eis que em breve serão quatro séculos que a Monna Lisa faz perder a cabeça a todos os que dela falam, após tê-la observado por longo tempo].[55]

---

54 [Nota acrescentada em 1919:] O conhecedor de arte pensará, aqui, no peculiar sorriso imóvel que exibem as esculturas gregas arcaicas (as de Egina, por exemplo), talvez também descubra algo semelhante nas figuras do mestre de Leonardo, Verrocchio, e por isso tenderá a ler com alguma reserva as considerações que se seguem.

55 Gruyer, apud Seidlitz, op. cit., v. II, p. 280. [A rigor, "Monna" deveria ser escrito com minúscula e em itálico, pois é uma abreviatura de *Madonna* que se usava antes do prenome da mulher de certa condição social, mais ou menos como hoje se usa *dona* em português. Mas a tradição a conservou em maiúscula, como se fosse parte do nome da personagem, e muitas vezes a encontramos

Muther:[56]

"O que cativa especialmente o observador é o demoníaco encanto deste sorriso. Centenas de escritores e poetas escreveram sobre essa mulher, que ora parece nos sorrir sedutoramente, ora parece olhar no vazio de maneira fria e sem alma, e ninguém decifrou seu sorriso, ninguém leu seus pensamentos. Tudo, até mesmo a paisagem, é misteriosamente onírico, como que vibrante de uma sensualidade cerrada".

Vários críticos suspeitaram que dois elementos diversos se juntam no sorriso da Monna Lisa. Por isso enxergaram na expressão da bela florentina a consumada representação dos opostos que governam a vida amorosa das mulheres, a reserva e a sedução, a devotada ternura e a sensualidade implacavelmente exigente, que devora o homem como algo estranho. Eis o que diz Müntz:

"*On sait quelle énigme indéchiffrable et passionannte Monna Lisa Gioconda ne cesse, depuis bientôt quatre siècles, de proposer aux admirateurs pressés devant elle. Jamais artiste (j'emprunte la plume du délicat écrivain qui se cache sous le pseudonyme de Pierre de Corlay) a-t-il traduit ainsi l'essence même de la féminité: tendresse et coquetterie, pudeur et sourde volupté, tout le mystère d'um cœur qui se reserve, d'un cerveau qui réfléchit, d'une personnalité qui se garde et ne livre d'elle-même que son rayonnement [...]*"

---

com um "n" só. Seu correspondente masculino era *ser*, que vemos empregado quando se fala do pai de Leonardo, *ser* Piero da Vinci.]
56 *Geschichte der Malerei* [História da pintura], v. I, p. 314.

[Sabe-se que enigma indecifrável e apaixonante a Monna Lisa Gioconda não para de oferecer, há quase quatro séculos, aos admiradores que se comprimem diante dela. Jamais um artista (tomo as palavras do delicado escritor que se oculta sob o pseudônimo de Pierre de Corlay) traduziu de tal maneira a própria essência da feminilidade: ternura e coqueteria, pudor e secreta volúpia, todo o mistério de um coração que se reserva, de um cérebro que reflete, de uma personalidade que se guarda e apenas concede, de si própria, sua radiância.]
O italiano Angelo Conti[57] vê o quadro do Louvre animado por um raio de sol:

"La donna sorrideva in una calma regale: i suoi istinti di conquista, di ferocia, tutta l'eredità della specie, la volontà della seduzione e dell'agguato, la grazia dell'inganno, la bontà che cela um proposito crudele, tutto ciò appariva alternativamente e scompariva dietro il velo ridente e si fondeva nel poema del suo sorriso. [...] Buona e malvaggia, crudele e compassionevole, graziosa e felina, ella rideva [...]".

[A mulher sorria com uma tranquilidade régia: seus instintos de conquista, de ferocidade, toda a herança da espécie, a vontade de sedução e ardil, a graça do engano, a bondade que esconde um propósito cruel, tudo isso aparecia alternadamente, desaparecia atrás do véu ridente e afundava no poema do seu sorriso [...] Boa e má, cruel e compassiva, graciosa e felina, ela ria [...].]

---

57 A. Conti, *Leonardo pittore*, em *Conferenze fiorentine*, op. cit., p. 93.

Leonardo trabalhou quatro anos nessa pintura, talvez entre 1503 e 1507, durante sua segunda temporada em Florença, quando passava dos cinquenta anos de idade. Segundo Vasari, empregou refinados artifícios para distrair a dama durante as sessões e manter aquele sorriso em seu rosto. No estado atual, a pintura conserva poucas das muitas sutilezas que o pincel de Leonardo reproduziu na tela; foi considerada, quando estava sendo feita, a coisa mais sublime que a arte era capaz de produzir. Mas é certo que não satisfez o próprio autor, que ele não a deu por concluída e não entregou ao cliente que a solicitara, levando-a depois consigo para a França, onde seu protetor, o rei Francisco I, adquiriu-a para o Louvre.

Deixemos sem solução o enigma fisionômico da Monna Lisa, apenas registrando o fato inegável de que seu sorriso não exerceu fascínio menor sobre seu pintor do que sobre os incontáveis espectadores dos últimos quatrocentos anos. Desde então, esse cativante sorriso tornou a aparecer em todos os seus quadros e naqueles de seus alunos. Como a Monna Lisa é um retrato, não podemos supor que Leonardo tenha dado àquele rosto, por conta própria, um traço tão expressivo, que ele não possuía. Ao que parece, não temos escolha senão acreditar que ele encontrou o sorriso em seu modelo e de tal forma sucumbiu ao seu encanto que passou a adotá-lo nas criações de sua fantasia. Essa concepção plausível acha expressão em A. Konstantinowa, por exemplo:

"Durante o longo período em que o mestre se ocupou do retrato da Monna Lisa del Giocondo, ele penetrou nas sutilezas daquele semblante feminino com tal empatia de sentimentos que transferiu esses traços — especialmente o misterioso sorriso e o singular olhar — para todos os rostos que veio a pintar ou desenhar; a peculiaridade mímica da Gioconda pode ser notada inclusive no quadro de São João Batista que está no Louvre; mas são claramente reconhecíveis, sobretudo, na expressão de Maria em *Sant'Ana com a Virgem e o Menino*".

Mas isso pode ter se dado de outra forma. Vários dos biógrafos de Leonardo sentiram a necessidade de buscar razões mais profundas para a atração que o sorriso da Gioconda exerceu sobre o artista, a ponto de não mais abandoná-lo. Walter Pater, que vê no quadro da Monna Lisa a "personificação de toda a experiência da humanidade civilizada"* e fala pertinentemente do "insondável sorriso, que em Leonardo sempre parece ligado a um quê de sinistro", leva-nos a uma outra pista quando afirma:[58]

"Além disso, a pintura é um retrato. Podemos ver como essa imagem se mistura na trama dos seus sonhos desde a infância; e, não fosse pelo testemunho

---

* No original: "*Verkörperung aller Liebeserfahrung der Kulturmenschheit*". Freud cita a tradução alemã do livro de Pater sobre o Renascimento; o original inglês, citado na *Standard edition*, é um tanto diferente: "*a presence [...] expressive of what in the ways of a thousand years men had come to desire* [uma presença [...] reveladora do que ao longo de mil anos os homens vieram a desejar]. Nas duas outras citações desse autor, as diferenças não são significativas.

58 W. Pater, *Die Renaissance*, 2ª ed., 1906, p. 157 (edição alemã).

histórico, poderíamos crer que ela era a sua dama ideal, enfim personificada e contemplada [...]".

Algo semelhante deve ter em mente Marie Herzfeld, quando escreve que na Monna Lisa Leonardo deparou consigo mesmo, e por isso lhe foi possível colocar tanto do próprio ser naquele quadro, "cujos traços sempre estiveram, em misteriosa afinidade, na alma de Leonardo".[59]

Vamos procurar desenvolver essas indicações, dando-lhes maior clareza. Pode haver sucedido, então, que Leonardo fosse cativado pelo sorriso da Monna Lisa porque este despertou nele algo que havia muito tempo dormia em sua alma, provavelmente uma antiga lembrança. Tal lembrança era significativa o bastante para não mais deixá-lo, após ter sido acordada; ele sempre tinha de lhe dar uma nova expressão. A afirmação de Pater, segundo a qual podemos ver que um rosto como o da Monna Lisa se mistura na trama dos sonhos de Leonardo desde a infância, parece verossímil e deve ser compreendida literalmente.

Vasari menciona *"teste di femmine che ridono"* [cabeças de mulheres que riem] como os primeiros ensaios artísticos de Leonardo. A passagem, completamente insuspeita, pois nada pretende provar, diz o seguinte na tradução alemã: "fazendo com terra, na sua infância, cabeças de mulheres que riem, que eram reproduzidas em gesso, e cabeças de crianças que pareciam formadas por mãos de mestre".[60]

---

59 M. Herzfeld, op. cit., p. LXXXVIII.
60 Apud Scognamiglio, op. cit., p. 32.

Tomamos conhecimento, portanto, de que sua prática artística teve início com a representação de dois diferentes objetos que nos lembram os dois objetos sexuais que inferimos da análise de sua fantasia com o abutre. Se as belas cabeças de crianças eram reproduções de sua própria pequena pessoa, então as mulheres que riem são repetições de Caterina, sua mãe, e começamos a imaginar a possibilidade de que ela tivesse o misterioso sorriso que ele havia perdido, e que tanto o cativou quando o reencontrou na dama florentina.[61]

A pintura de Leonardo cronologicamente mais próxima da *Monna Lisa* é *Sant'Ana com a Virgem e o Menino*. Nela o sorriso leonardesco aparece nas duas mulheres, do modo mais belo e marcante. Não se sabe quanto tempo antes ou depois da *Monna Lisa* ele começou a pintar esse quadro. Como os dois trabalhos se estenderam por anos, é lícito supor que o tenham ocupado simultaneamente.* Seria mais condizente com a nossa expectativa que o seu envolvimento nos traços da Monna Lisa o tivesse incitado a criar a composição de Sant'Ana. Pois, se o sorriso da Gioconda evocou em Leonardo a recordação da mãe, é natural entender que o impeliu primeiramente a fazer uma exaltação da mater-

---

61 O mesmo supõe Merejkóvski, que, no entanto, conjectura para Leonardo uma infância que diverge em pontos essenciais de nossas conclusões, extraídas da fantasia do abutre. Se o próprio Leonardo possuísse aquele sorriso [como crê Merejkóvski], dificilmente a tradição teria deixado de nos informar sobre tal coincidência.

* O quadro de Sant'Ana foi iniciado antes e provavelmente concluído depois do da Monna Lisa, segundo Vecce.

nidade e restituir à mãe o sorriso que havia encontrado na senhora nobre. Podemos, então, deixar que o nosso interesse passe da *Monna Lisa* para esse outro quadro, não menos belo e que também se acha no Louvre.

Sant'Ana com a filha e o neto foi um tema raramente tratado na pintura italiana; de todo modo, a representação de Leonardo diverge bastante das demais que conhecemos. Eis o que diz Muther:[62]

"Alguns mestres, como Hans Fries, Holbein, o Velho, e Girolamo dai Libri, tinham Ana sentada ao lado de Maria e o menino entre as duas. Outros, como Jakob Cornelisz em seu quadro de Berlim, mostravam literalmente 'sant'Ana e outros dois', ou seja, representavam-na tendo no braço a pequena figura de Maria, que segurava aquela ainda menor do menino Jesus".

Na obra de Leonardo, Maria está sentada no colo de sua mãe e se inclina, estendendo os braços para o garoto que brinca com um cordeirinho, talvez de modo um pouco rude. A avó apoia no quadril o braço que se acha visível e olha para os dois com um sorriso venturoso. Sem dúvida, o posicionamento é um tanto forçado. Mas o sorriso que paira nos lábios das duas mulheres, embora seja inequivocamente o mesmo do quadro da Monna Lisa, perdeu seu caráter inquietante e enigmático; exprime ternura e tranquila ventura.[63]

---

62 Op. cit., p. 309.
63 A. Konstantinowa, op. cit.: "Maria olha, plena de ternura, para seu filho querido, com um sorriso que lembra a enigmática expressão da Gioconda"; e, em outra passagem, a respeito de Maria: "Em seus traços há o sorriso da Gioconda".

Depois de aprofundar-se por algum tempo nesse quadro, vem uma súbita compreensão ao espectador: somente Leonardo poderia pintá-lo, assim como apenas ele poderia ter a fantasia com o abutre. Esse quadro sintetiza a história da infância do autor; suas particularidades se explicam por referência às mais pessoais impressões da vida de Leonardo. Em casa de seu pai ele encontrou não só a boa madrasta, *donna* Albiera, mas também a avó paterna, Monna Lucia, que, podemos imaginar, não lhe foi menos afeiçoada do que costumam ser as avós. Tal circunstância pode lhe haver inspirado a representação de uma infância protegida por mãe e avó. Outra característica notável da pintura adquire significação ainda maior. Sant'Ana, a mãe de Maria e avó do menino, que deveria ser uma matrona, é ali mostrada como um tanto mais madura e mais séria do que a Virgem Maria, mas ainda como uma mulher jovem, de beleza ainda não fenecida. Na realidade, Leonardo deu duas mães ao menino, uma que dirige os braços para ele e outra bem atrás, ambas com o venturoso sorriso da felicidade maternal. Tal singularidade não deixou de provocar assombro nos comentadores. Muther, por exemplo, acha que Leonardo não pôde se decidir a pintar a idade, as pregas e rugas, e por isso fez também de Ana uma mulher de resplandecente beleza. Será que podemos nos satisfazer com essa explicação? Outros recorreram ao expediente de questionar a "equivalência de idades entre mãe e filha".[64] Mas a tentativa de explicação de Muther já bastaria para evidenciar que a impressão de

---

64 Cf. Von Seidlitz, op cit., v. II, p. 274, notas.

rejuvenescimento de Sant'Ana deriva do quadro mesmo, não é produto de uma ilusão tendenciosa.

A infância de Leonardo foi singular tal como esse quadro. Ele teve duas mães, a primeira delas, sua mãe de fato, Caterina, da qual foi separado entre os três e os cinco anos de idade, e uma jovem e afetuosa madrasta, a esposa de seu pai, *donna* Albiera. Juntando esse dado de sua infância e a mencionada presença de mãe e avó, e condensando-as numa unidade mista, ele viu tomar forma a composição do trio de Sant'Ana. A figura materna mais distante do menino, a avó, corresponde, pela aparência e afastamento físico em relação a ele, à primeira e genuína mãe, Caterina. Com o bem-aventurado sorriso de Sant'Ana, o artista parece ter negado e escondido a inveja que sentiu a infeliz, quando teve de ceder à rival mais nobre o filho, como antes cedera o marido.[65]

---

[65] [Acrescentado em 1919:] Se tentamos delimitar nesse quadro as figuras de Ana e de Maria, percebemos que isso não é fácil. Diríamos que as duas se acham tão ligadas quanto figuras oníricas mal condensadas, de forma que em vários pontos é difícil dizer onde termina Ana e onde começa Maria. O que aos olhos dos críticos aparece como falha, como defeito na composição, justifica-se, para o analista, por referência ao significado secreto desta. As duas mães da infância do artista puderam convergir numa só figura.

[Acrescentado em 1923:] É particularmente interessante comparar ao trio de Sant'Ana do Louvre o famoso cartão de Londres, que apresenta outra composição do mesmo tema. Nele as duas figuras maternas estão ainda mais intimamente reunidas, seus limites são ainda mais incertos, de modo que houve observadores, alheios a qualquer empenho de interpretação, que afirmaram ser "como se duas cabeças saíssem de um só corpo".

A maioria dos autores concorda em que esse cartão de Londres é o trabalho mais antigo, situando sua origem no primeiro período milanês de Leonardo (antes de 1500). Adolf Rosenberg (*Leonardo da Vinci*, 1898), porém, vê na composição do cartão um tratamento posterior — e mais feliz — do mesmo tema e, acompanhando Anton Springer, acredita que ele surgiu até mesmo depois da *Monna Lisa*. Combina muito bem com nossa argumentação se o desenho for uma obra bastante anterior. Também não é difícil imaginar como o quadro do Louvre teria se originado do cartão, enquanto o oposto não faria sentido. Se partimos da composição do cartão, parece que Leonardo sentiu a necessidade de cancelar a onírica fusão das duas mulheres, que correspondia à sua recordação de infância, e afastar fisicamente as duas cabeças. Isso ele fez separando a cabeça e o tronco de Maria da figura de sua mãe e inclinando-os para a frente. Para motivar esse deslocamento, teve de passar o menino Jesus para o chão, não havendo mais lugar para João Batista menino, substituído então pelo cordeiro.

[Acrescentado em 1919:] Oskar Pfister fez uma notável descoberta no quadro do Louvre, à qual não se pode absolutamente negar o interesse, ainda quando não se esteja inclinado a aceitá-la sem reservas. Na vestimenta de Maria, de arranjo peculiar e um tanto confuso, ele enxerga os contornos de um abutre, e interpreta-os como uma *imagem críptica inconsciente*:

"No quadro, que representa a mãe do artista, acha-se nitidamente *o abutre, o símbolo da maternidade*.

"No tecido azul, que se torna visível na altura do quadril da primeira mulher e se estende na direção do colo e do joelho direito, veem-se a cabeça tão característica do abutre, o pescoço, o arco superior do tronco. Das pessoas a quem mostrei meu pequeno achado, quase nenhuma pôde se furtar à evidência dessa imagem críptica". ("Kryptolalie, Kryptographie und unbewußtes Vexierbild bei Normalen", *Jahrbuch für psychoanalytische und psychopathische Forschungen*, v, 1913).

Desse modo, partindo de outra obra de Leonardo chegaríamos à confirmação da suspeita de que o sorriso da Monna Lisa del Giocondo teria despertado no homem adulto a recordação da mãe de sua primeira infância. Desde então, madonas e senhoras nobres retratadas por pintores italianos passaram a mostrar a humilde inclinação do rosto e o peculiar sorriso bem-aventurado da pobre camponesa Caterina, que trouxe ao mundo o filho magnífico destinado a pintar, pesquisar e sofrer.

Se Leonardo teve êxito em reproduzir no rosto da Monna Lisa o duplo significado que tinha esse sorriso, tanto a promessa de ilimitada ternura como a ameaça sinistra (nas palavras de Pater), também nisso, então, ele permaneceu fiel ao conteúdo de sua mais distante memória. Pois a ternura da mãe tornou-se para ele uma fatalidade, configurou seu destino e as privações que o aguardavam.

Neste ponto o leitor não deixará de observar a ilustração anexa, a fim de nela buscar o desenho de abutre que Pfister enxergou. O tecido azul, cujas bordas formam o contorno da imagem, é aqui destacado em listras escuras.

Pfister prossegue (op. cit., p. 147): "A questão importante agora é: Até onde vai a imagem críptica? Acompanhando o tecido, que tão claramente se destaca no conjunto, a partir do meio da asa, notamos que ele cai até o pé da mulher, por um lado, e sobe até seu ombro e o menino, por outro lado. A primeira dessas partes seria aproximadamente a asa e a cauda natural do abutre, e essa última, um ventre angulado e, sobretudo se atentamos para as linhas em forma de raios, similares a contornos de penas, uma cauda desdobrada de abutre, cuja ponta direita, *exatamente como no fatídico sonho de infância de Leonardo* conduz à boca do menino, ou seja, Leonardo".

Em seguida, o autor desenvolve a interpretação em detalhes e aborda as dificuldades que daí resultam.

Era apenas natural a veemência das carícias que a fantasia do abutre deixava transparecer; a pobre mãe abandonada teve de verter no amor materno suas recordações das carícias experimentadas e também o anseio por novas; era impelida a compensar não apenas a si mesma por não ter um marido, mas também ao filho por não ter um pai que o acarinhasse. Assim, como toda mãe insatisfeita, pôs o filho no lugar do marido e, pelo precoce amadurecimento de seu erotismo, roubou-lhe parte de sua masculinidade. O amor da mãe ao bebê de que cuida e amamenta é algo bem mais profundo que sua posterior afeição pela criança que cresce. É da natureza de uma relação amorosa plenamente satisfatória, que realiza não apenas todos os desejos psíquicos, mas também todas as exigências físicas, e, se representa uma das formas da felicidade alcançável pelo ser humano, isto se deve, em não pequena medida, à possibilidade de satisfazer sem recriminações desejos há muito reprimidos e que devem ser denominados perversos.[66] Ainda nos mais felizes matrimônios jovens o pai sente que o bebê, sobretudo o filho homem, tornou-se seu rival, e esse é o ponto de partida de um antagonismo profundamente enraizado no inconsciente.

No apogeu de sua vida, ao reencontrar o sorriso de ventura e enlevo que outrora se achava na boca de sua mãe quando o acariciava, havia muito Leonardo era dominado por uma inibição que o impedia de ansiar por tais carinhos dos lábios de uma mulher. Mas ele havia se tornado pintor,

---

66 Cf. *Três ensaios sobre a teoria da sexualidade*, 5ª ed., 1922 [1905; terceiro ensaio, seção 5].

então se empenhou em recriar aquele sorriso com o pincel; estampou-o em todos os seus quadros, seja os que ele próprio pintou, seja os que os discípulos executaram sob sua direção, em *Leda*, em *João Batista*, em *Baco*. Os dois últimos são variações do mesmo tipo. Diz Muther: "Do comedor de gafanhotos da Bíblia Leonardo fez um Baco, um jovem Apolo que, com um misterioso sorriso nos lábios e as lisas pernas cruzadas, fita-nos com olhar sedutor". Esses quadros exalam uma mística em cujo segredo não ousamos penetrar; quando muito, podemos tentar estabelecer sua ligação com as obras anteriores de Leonardo. As figuras são novamente andróginas, não mais no sentido da fantasia com o abutre, porém. São belos jovens de feminina delicadeza e formas efeminadas; eles não abaixam o olhar, e sim olham de um modo misteriosamente triunfante, como se soubessem de uma grande felicidade que não pode ser revelada; o familiar sorriso encantador faz supor que se trata de um segredo de amor. É possível que nessas figuras Leonardo tenha negado e superado artisticamente a infelicidade de sua vida amorosa, representando nessa venturosa união de natureza masculina e feminina a realização dos desejos do menino fascinado pela mãe.

V

Entre os registros feitos por Leonardo em seu diário, há um que atrai a atenção do leitor por seu importante conteúdo e por um pequenino erro formal. Em julho de 1504 ele escreveu:

"*Adì 9 di luglio 1504, in mercoledì a ore 7 morì ser Piero da Vinci, notaio al palagio del podestà, a ore 7, mio padre; era d'età d'anni 80; lasciò 10 figlioli maschi e 2 femmine*" [No dia 9 de julho de 1504, às 7 horas, morreu *ser* Piero da Vinci, notário no palácio da prefeitura, às 7 horas, meu pai; tinha oitenta anos de idade; deixou dez filhos homens e duas filhas].[67]

A anotação diz respeito, portanto, à morte do pai de Leonardo. O pequeno erro consiste na repetição da hora, como se ele tivesse esquecido, chegando ao final da frase, o que já havia escrito no começo. É uma coisa de nada, que apenas um psicanalista levaria em conta. Outra pessoa talvez não a notasse, e, se lhe chamassem a atenção para ela, diria: "Isso pode acontecer a qualquer um num momento de distração ou de emoção, e não tem maior importância".

O psicanalista pensa de modo diferente; nada é pequeno demais para ele, sendo manifestação de processos psíquicos ocultos. Há muito ele aprendeu que tais esquecimentos ou repetições têm significado, e que graças à "distração" podem se revelar impulsos que de outro modo permanecem ocultos.

Diríamos que também esse registro é — como a lista dos gastos funerários de Caterina e a das despesas com os discípulos — um caso em que Leonardo falhou em suprimir seus afetos e algo havia muito escondido

---

67 Apud E. Müntz, op. cit., nota [citado aqui conforme as duas edições italianas, em que há ligeiras diferenças em relação ao texto dos *Gesammelte Werke*, a principal sendo que a hora aparece antes de "meu pai" na segunda vez].

alcançou uma expressão distorcida. Também a forma é semelhante, a mesma minúcia pedante, a mesma prevalência de números.[68]

Costumamos chamar de "perseveração" uma repetição desse tipo. É um excelente meio de indicar a ênfase afetiva. Consideremos, por exemplo, a invectiva de são Pedro contra seu indigno representante na Terra, no *Paradiso*, de Dante:

> *Quelli ch'usurpa in terra il luogo mio,*
> *Il luogo mio, il luogo mio, che vaca*
> *Nella presenza del Figliuol di Dio,*
>
> *Fatto ha del cimiterio mio cloaca.*[69]

Não fosse a inibição afetiva de Leonardo, a entrada no diário poderia ser algo assim: "Hoje, às 7 horas, morreu meu pai, *ser* Piero da Vinci, meu pobre pai!". Mas o deslocamento da perseveração para um dado insignificante da notícia da morte, a hora, retira todo o *pathos* da anotação, e nos leva a perceber que aí houve algo a esconder e suprimir.

Ser Piero da Vinci, notário e descendente de notários, foi um homem de grande energia, que alcançou

---

68 Deixo de lado um erro maior que Leonardo comete nessa anotação, quando atribui ao pai a idade de 80 anos ao morrer, em vez de 77 [na realidade, 78].

69 Canto XXVII, v. 22-5 [Aquele que na terra usurpa meu lugar/ Meu lugar, meu lugar, que está vago/ Na presença do Filho de Deus,/ Fez de meu cemitério uma cloaca.]

prestígio e prosperidade. Casou-se quatro vezes, sendo que as duas primeiras mulheres morreram sem lhe deixar filhos; apenas com a terceira logrou ter o primeiro filho legítimo, quando Leonardo já estava com 24 anos de idade e havia muito deixara a casa paterna, mudando-se para o ateliê do mestre Verrocchio. A quarta e última mulher, que ele esposou já com cinquenta anos, deu-lhe ainda nove filhos e duas filhas.[70]

Sem dúvida, também esse pai foi importante no desenvolvimento psicossexual de Leonardo, não só negativamente, por sua ausência dos primeiros anos de vida do garoto, mas também de forma direta, por sua presença na fase posterior de sua infância. Quem, quando criança, deseja sua mãe, não pode deixar de querer se pôr no lugar do pai, de identificar-se com ele na imaginação e depois fazer da superação dele a tarefa de sua vida. Quando Leonardo, ainda por fazer cinco anos, foi acolhido na casa do avô, certamente a jovem madrasta Albiera tomou o lugar da mãe em seus sentimentos, e ele entrou no que podemos chamar de relação normal de rivalidade com o pai. A decisão pela homossexualidade, como sabemos, ocorre apenas na

---

70 Parece que nesse ponto do diário Leonardo se enganou quanto ao número de seus irmãos, o que se acha em notável contraste com a aparente exatidão da passagem. [Reproduzimos o comentário a esta nota que se acha na edição italiana da Boringhieri: "Na verdade, é Freud que aqui se confunde ao atribuir doze irmãos e irmãs a Leonardo, quando foram onze, de modo que o pai deixou doze filhos incluindo Leonardo". Aqui se fala apenas dos meios-irmãos paternos, já que sua mãe também lhe deu vários.]

vizinhança da puberdade. Quando ela se verificou no caso de Leonardo, a identificação com o pai perdeu qualquer significado para sua vida sexual, mas prosseguiu em outros âmbitos, de atividade não erótica. Sabe-se que ele gostava de fausto e de belas roupas, que tinha criados e cavalos, embora, segundo Vasari, "quase nada possuísse e pouco trabalhasse". Não atribuiremos essas predileções apenas ao seu sentido do belo; nelas reconhecemos igualmente a compulsão de imitar e ultrapassar o pai. Esse havia sido, em relação à pobre camponesa, o senhor nobre; por isso permaneceu no filho o aguilhão de se fazer de senhor nobre, o impulso *"to out-herod Herod"* [literalmente, "de ser mais 'heródico' que Herodes"], de mostrar ao pai o que era realmente nobreza.

Certamente o artista criador se sente como pai em relação a suas obras. Para as criações do Leonardo pintor, a identificação com o pai teve uma consequência fatídica. Ele as fez e não mais se ocupou delas, tal como seu pai não mais se ocupara dele. O cuidado que o pai demonstraria depois nada pôde alterar nessa compulsão, pois ela derivava das impressões da primeira infância, e o material reprimido que permanece inconsciente não pode ser corrigido por experiências posteriores.

Na época da Renascença — e ainda muito depois — todo artista necessitava de um benfeitor de posição elevada, de um patrono que lhe encomendasse obras, do qual dependia seu destino. Leonardo achou seu patrono em Ludovico Sforza, cognominado *o Mouro*, um homem ambicioso, amante do esplendor, astuto na diplomacia, mas instável e não muito confiável. Na sua corte, em Milão, Leonardo teve o período mais brilhante de sua vida, a serviço dele sua força criadora desenvolveu-se do modo mais livre, como atestam a *Última ceia* e a estátua equestre de Francesco Sforza. Ele deixou Milão antes que a catástrofe se abatesse sobre Ludovico, que morreu prisioneiro dos franceses. Quando chegou a Leonardo a notícia do destino de seu benfeitor, ele escreveu no diário: "O Duque perdeu o Estado, os bens e a liberdade, e nenhuma de suas obras foi completada".[71] É curioso, e certamente significativo, que ele fizesse aqui ao seu patrono a mesma objeção que a posteridade viria a lhe fazer, como se ele quisesse responsabilizar uma de suas figuras paternas* pelo fato de ele próprio deixar suas obras incompletas. Embora, na realidade, ele não estivesse errado em relação ao duque.

No entanto, se a imitação do pai o prejudicou como artista, a revolta contra o pai foi a precondição infantil de suas realizações como pesquisador da ciência, talvez tão admiráveis quanto as artísticas. Na bela imagem de Merejkóvski, ele era como um homem que acordara no meio da escuridão, enquanto os outros ainda dormiam.[72] Ele ousou fazer uma afirmação que contém a

---

71 "*Il Duca perse lo Stato e la roba e libertà e nessuna sua opera si finì per lui*" [ou seja, nenhuma obra começada por ele ou para ele foi terminada], apud Seidlitz, op. cit., II, p. 270.

* "Uma de suas figuras paternas": no original, *eine Person aus der Vaterreihe*, que literalmente se traduziria como "uma pessoa da série paterna".

72 Op. cit., p. 348.

justificativa para toda pesquisa independente: *"Quem disputa evocando a autoridade não emprega a inteligência, e sim a memória"*.[73] Assim tornou-se ele o primeiro pesquisador moderno da natureza, e muitas descobertas e intuições recompensaram-lhe a coragem de ser o primeiro, depois dos gregos, a abordar os segredos da natureza apoiado somente na observação e no próprio julgamento. Mas, ensinando a menosprezar a autoridade e rejeitar a imitação dos "antigos" e sempre indicando o estudo da natureza como a fonte de toda verdade, ele apenas repetia, na mais alta sublimação alcançável pelos homens, a atitude que já era a do menino que olhava maravilhado para o mundo. Traduzidos de volta, da abstração científica para a experiência concreta individual, os antigos e a autoridade correspondiam tão somente ao pai, e a natureza tornava-se novamente a mãe bondosa e meiga que o nutrira. Enquanto na maioria das criaturas humanas — tanto hoje como em tempos primevos — a necessidade de ancorar-se em alguma autoridade é tão imperiosa que o mundo começa a lhes tremer quando essa autoridade é ameaçada, Leonardo pôde prescindir desse sustentáculo. Não o teria conseguido se não tivesse aprendido a renunciar ao pai nos primeiros anos de vida. A audácia e a independência de sua posterior pesquisa científica pressupõem a pesquisa sexual infantil não inibida pelo pai e lhe dão prosseguimento, excluindo a sexualidade.

---

73 *"Chi disputa allegando autorità non adopra l'ingegno mas piuttosto la memoria"*, apud Solmi, *Conferenze fiorentine*, p. 13.

UMA RECORDAÇÃO DE INFÂNCIA DE LEONARDO DA VINCI V

Se alguém, como Leonardo, escapou à intimidação pelo pai na primeira* infância e desvencilhou-se das cadeias da autoridade em sua pesquisa, iria totalmente de encontro à nossa expectativa se descobríssemos que esse mesmo homem permaneceu um crente e não conseguiu libertar-se da religião dogmática. A psicanálise nos deu a conhecer o íntimo laço entre o complexo paterno e a crença em Deus, mostrou-nos que o Deus pessoal não é senão um pai elevado, e diariamente nos faz ver como pessoas jovens perdem a fé religiosa quando a autoridade do pai desmorona dentro delas. Percebemos no complexo parental, portanto, a raiz da necessidade religiosa; o Deus justo e todo-poderoso e a Natureza bondosa nos aparecem como sublimações majestosas do pai e da mãe, ou antes como revivescências e restaurações da ideia que a criança pequena fazia deles. Biologicamente, a religiosidade está relacionada ao longo desamparo e necessidade de ajuda do ser humano pequeno, que, quando mais tarde percebe seu real abandono e fraqueza diante das grandes forças da vida, sente a sua situação de modo semelhante ao da infância e busca negar o desconsolo próprio dela mediante a revivescência regressiva dos poderes protetores infantis. A proteção contra o adoecimento neurótico, que a religião proporciona aos crentes, explica-se facilmente pelo fato de ela lhes subtrair o complexo parental, ao qual se liga a consciência de culpa do indivíduo, assim como da

---

* Palavra acrescentada na edição dos *Gesammelte Schriften*, em 1925.

humanidade inteira, e liquidá-lo para eles, enquanto o descrente precisa dar conta dessa tarefa sozinho.*

Parece que o exemplo de Leonardo não desmente essa concepção da fé religiosa. Acusações de incredulidade — ou, o que naquele tempo era o mesmo, de abandono da fé cristã — surgiram já enquanto ele era vivo e foram claramente enunciadas na primeira exposição que Vasari fez de sua vida.[74] Na segunda edição das *Vidas*, em 1568, Vasari omitiu essas observações. Para nós é inteiramente compreensível que, em vista da extraordinária suscetibilidade de sua época em relação às coisas religiosas, Leonardo se abstivesse de afirmações sobre sua atitude ante o cristianismo também nos seus cadernos. Como pesquisador, não se deixou minimamente influenciar pela história da Criação das sagradas escrituras; contestou a possibilidade de um dilúvio universal, por exemplo, e em geologia não hesitou, assim como os homens modernos, em calcular os períodos em termos de centenas de milhares de anos.

Entre as suas "profecias" há algumas que deviam ofender a sensibilidade de um cristão; por exemplo:[75]

Sobre as pinturas dos santos adorados:

"Pessoas falam com pessoas que nada escutam, que têm os olhos abertos e não veem; falam com estas e não

---

* A última frase foi acrescentada na segunda edição do texto, em 1919.
74 Müntz, op. cit., *La religion de Léonard*, op. cit., p. 292 ss.
75 Apud Herzfeld, p. 292.

obtêm resposta; imploram a graça daquelas que têm ouvidos e não ouvem; acendem velas para quem é cego".

Ou *Sobre o pranto na Sexta-feira santa*:

"Em todas as partes da Europa, multidões vão chorar a morte de um só homem que morreu no Oriente".

Já se disse, da arte de Leonardo, que ele tirou das figuras sagradas o resíduo de laços com a Igreja e as levou para a esfera humana, a fim de nelas representar grandes e belos sentimentos humanos. Muther o louva por haver superado a atmosfera decadente e restituído aos homens o direito à sensualidade e à fruição da vida. Nas anotações que mostram Leonardo absorvido na sondagem dos grandes enigmas da natureza, não faltam expressões de admiração pelo Criador, a causa última de todos esses mistérios magníficos, mas nada indica que ele quisesse manter uma relação pessoal com esta potência divina. Nas frases em que verteu a profunda sabedoria de seus últimos anos de vida transparece a resignação do indivíduo que se submeteu à Ἀνάγκη [fatalidade, destino], às leis da natureza, e não espera nenhuma mitigação por obra da bondade ou da graça de Deus. Dificilmente pode haver dúvida de que Leonardo deixou para trás a religião dogmática e também a pessoal, e mediante suas pesquisas distanciou-se bastante da visão de mundo do crente cristão.

Nossas percepções sobre o desenvolvimento da psique infantil, já mencionadas acima, levam-nos a supor que também as primeiras pesquisas infantis de Leonardo se ocupavam de problemas da sexualidade. Ele próprio nos permite entrever isso, ao relacionar seu impulso de pesquisa à fantasia do abutre e destacar o voo dos pássaros como um problema que por especial conjunção do destino lhe tocaria estudar. Um trecho obscuro de suas anotações, que trata do voo dos pássaros e soa como uma profecia, mostra muito bem quanto interesse afetivo ele punha no desejo de reproduzir ele mesmo a arte de voar: "O grande pássaro levantará seu primeiro voo do dorso de seu grande Cisne, enchendo o universo de assombro, enchendo de sua fama todas as escrituras, e glória eterna ao ninho onde nasceu".[76] Provavelmente ele esperava conseguir voar um dia, e sabemos, pelos sonhos realizadores de desejos, que ventura as pessoas esperam do cumprimento dessa esperança.

Mas por que tantos indivíduos sonham que podem voar? A resposta da psicanálise é que o voo, ou o pássaro, constitui apenas o mascaramento de outro desejo, e que mais de uma ponte de palavras ou coisas pode levar a conhecê-lo. Quando se diz às crianças curiosas que os bebês são trazidos por um grande pássaro, a cegonha; o fato de os antigos terem pintado o falo com asas, de a mais comum designação da atividade sexual do homem ser *vögeln** em alemão; de o membro masculino ser cha-

---

76 Apud Herzfeld, op. cit., p. 32. "O grande Cisne" deve indicar o monte Cecero, próximo a Florença. [Agora se chama monte Ceceri; em italiano, *cecero* significa "cisne".]

* Verbo derivado de *Vogel*, "pássaro"; corresponde ao sentido vulgar de "trepar", no Brasil.

mado de *ucello* [pássaro] entre os italianos — tudo isso são apenas fragmentos de um grande conjunto que nos ensina que o desejo de voar, no sonho, não significa outra coisa senão o forte anseio de ser capaz de realizar atos sexuais.[77] Esse é um desejo da primeira infância. Quando o adulto se lembra da infância, ela lhe aparece como um tempo feliz, em que fruía o instante e se encaminhava para o futuro sem desejos, e por isso inveja as crianças. Mas elas mesmas, se pudessem nos informar antes, provavelmente diriam outra coisa. Pois parece que a infância não é o venturoso idílio em que a transformamos posteriormente, que as crianças, isto sim, atravessam a infância fustigadas pelo desejo de tornar-se grandes e fazer o que fazem os adultos. Tal desejo impulsiona todos os seus jogos. Se as crianças, no decorrer de suas pesquisas sexuais, intuem que nessa área tão misteriosa e importante os adultos podem realizar algo grande, que lhes é vedado saber e fazer, então surge nelas o impetuoso desejo de ser capaz de fazer o mesmo, e elas sonham com isto sob a forma de voar, ou preparam esse travestimento do desejo para ser usado em futuros sonhos de voos. Assim, também a aviação, que em nossos dias finalmente alcança o objetivo, tem raízes eróticas na infância.

Ao revelar que desde criança teve uma relação especial com o problema do voo, Leonardo nos confirma que sua investigação infantil se voltava para a sexua-

---

77 [Nota acrescentada em 1919:] Segundo as investigações de Paul Federn e também as de Mourly Vold (1912 [*Über den Traum*, 2 v., Leipzig]), pesquisador norueguês sem ligação com a psicanálise.

lidade — tal como supusemos, de acordo com nossas pesquisas em crianças de hoje. Ao menos esse problema escapou à repressão que depois o distanciaria da sexualidade; desde a infância até a época da plena maturidade intelectual continuou a interessá-lo, com ligeira mudança de sentido, e é provável que ele não tenha tido mais sucesso em obter a desejada habilidade na acepção sexual primária do que naquela mecânica, que ambas tenham permanecido desejos frustrados para ele.

O grande Leonardo permaneceu infantil em vários aspectos, durante toda a vida. Diz-se que todos os grandes homens têm de conservar algo infantil. Mesmo quando adulto ele continuou a brincar, e também por causa disso pôde parecer incompreensível e inquietante para seus contemporâneos. Ao saber que ele construía engenhosos brinquedos mecânicos para festividades da corte e recepções cerimoniosas, apenas nós ficamos descontentes, não vendo com bons olhos que o mestre despendesse a energia nessas futilidades. Mas parece que ele próprio se dedicava a isso de bom grado, pois Vasari nos relata que fazia coisas semelhantes mesmo quando não solicitado:

"Lá (em Roma), formando uma pasta de cera, enquanto caminhava, [com ela] fazia delicados animais cheios de vento, os quais, soprando, fazia voar pelo ar; mas, cessando o vento, caíam por terra. Num lagarto que era bastante bizarro, encontrado pelo vinhateiro de Belvedere, ele pregou asas feitas com pedaços de pele de outros lagartos, preenchidas de mercúrio, que tremiam quando ele andava; e, tendo lhe feito olhos, chifres e barba, domesticado e guardado numa caixa, fazia fugir de medo todos os amigos a quem o mostrava".[78]

Com frequência, tais brincadeiras lhe serviam para exprimir pensamentos sérios:

"Muitas vezes costumava fazer esvaziar e limpar cuidadosamente os intestinos de um cordeiro, de modo que se tornavam tão finos que podiam caber na palma da mão; e num outro aposento havia posto uns foles de ferreiro, aos quais prendia uma ponta dos ditos intestinos, e inchando-os preenchia o aposento, o qual era bastante grande, e quem ali estava tinha de se pôr num canto; assim mostrava que aqueles, tendo pouco volume no início, transparentes e cheios de ar vinham a ocupar muito espaço, e ele os comparava ao gênio".[79]

Do mesmo lúdico prazer com inocentes dissimulações e engenhosos adornos são testemunhas suas fábulas e enigmas, esses apresentados em forma de "profecias", quase todas ricas de ideias e notavelmente carentes de espirituosidade.

Em alguns casos, os jogos e travessuras que Leonardo consentiu à sua imaginação fizeram incorrer em graves erros os biógrafos que não se deram conta dessa característica. Nos manuscritos de Milão se acham, por exemplo,

---

78 Vasari, na tradução de Schorn, 1843 [aqui traduzido do original italiano, com pequenas divergências da citação alemã de Freud].
79 Ibidem, p. 39 [O termo aqui traduzido por "gênio" — nisso acompanhando a tradução alemã usada por Freud, onde se acha *Genie* — é *virtù* no original italiano, que admite vários significados, antigos e modernos].

esboços de cartas a "Diodário de Soria [Síria], grão-vizir do sagrado sultão da Babilônia", em que Leonardo se apresenta como um engenheiro enviado a essas paragens do Oriente para executar certos trabalhos, defende-se da recriminação de indolência, fornece descrições geográficas de cidades e montes e, por fim, relata um grande evento natural que lá ocorreu em sua presença.[80]

Em 1881, J. P. Richter buscou demonstrar, a partir desses escritos, que Leonardo realmente fez essas observações de viagem para o sultão do Egito e até mesmo adotou a religião muçulmana no Oriente. Essa estada teria ocorrido na época anterior a 1483, ou seja, antes da transferência para a corte do duque de Milão. Mas outros autores não tiveram dificuldade em reconhecer os documentos sobre a suposta viagem de Leonardo ao Oriente por aquilo que são na realidade: produções fantásticas do jovem artista, criadas para sua própria diversão, nas quais ele talvez desse vazão aos desejos de ver o mundo e passar por aventuras.

Também é fantasia, provavelmente, a "Academia Vinciana", que se supôs existir graças a cinco ou seis emblemas altamente elaborados que têm o nome da academia. Vasari menciona tais desenhos, mas não a instituição.[81] Müntz, que pôs um desses ornamentos na capa

---

80 Sobre essas cartas e as conjecturas a elas relacionadas, ver Müntz, op. cit., pp. 82 ss; o texto delas e de outras anotações correlatas está em M. Herzfeld, op. cit., pp. 223 ss.
81 "Além disso, gastou tempo a desenhar grupos de nós feitos numa corda que pode ser acompanhada de uma ponta à outra, formando um conjunto circular; de modo que se vê um desenho difi-

de sua grande obra sobre Leonardo, é um dos poucos a crer na real existência de uma "Academia Vinciana".

É provável que esse impulso brincalhão* tenha desaparecido nos anos da maturidade de Leonardo, que também tenha vindo a dar na atividade investigadora que constituiu o derradeiro e supremo desenvolvimento de sua personalidade. Mas o fato de haver durado tanto pode nos mostrar como se desvencilha lentamente da infância quem nesse período da existência experimentou a mais alta bem-aventurança erótica, jamais alcançada novamente depois.

VI

Seria vão tentar ignorar que os leitores de hoje consideram de mau gosto qualquer patografia. O repúdio se encobre sob a objeção de que o exame patográfico de um grande homem jamais nos leva a compreender sua importância e sua obra; de modo que seria inútil pretensão estudar nele coisas que podem ser achadas em fulano ou beltrano. Essa crítica é tão claramente injusta, porém, que apenas como pretexto e disfarce podemos

---

cílimo e muito belo, tendo no meio estas palavras: *Leonardi Vinci Academia*" (Vasari, op. cit., p. 8). [Sabe-se hoje com certeza que essa academia foi mais uma ficção de Leonardo.]

* "Impulso brincalhão": *Spieltrieb*, composto de *Trieb* e de *Spiel*, "jogo, brincadeira"; as traduções consultadas empregam: *inclinación a los juegos*, *pulsión de juego*, *pulsione di giuoco*, *pulsione al gioco*, *instinct de jeu*, *impulse to play*, *play-instinct*, *play drive*.

compreendê-la. A patografia não tem por objetivo tornar compreensível a obra de um grande homem; não se pode fazer a alguém a objeção de não haver realizado o que jamais prometeu. São outros os motivos reais dessa aversão. Nós os descobrimos quando ponderamos que os biógrafos se acham peculiarmente fixados em seus heróis. Com frequência, eles os tomaram como objeto de seu estudo porque já de antemão lhes dispensavam uma afeição especial, por razões atinentes à sua vida afetiva pessoal. Então se entregam a um exercício de idealização, que busca inscrever o grande homem na série de seus próprios modelos infantis, renovar nele, digamos, a ideia infantil do pai. Em prol desse desejo, apagam as linhas individuais de sua fisiognomia, retocam os traços de lutas com resistências internas e externas em sua vida, não lhe toleram nenhum vestígio de fraqueza ou imperfeição humana e nos fornecem, então, uma figura ideal fria e estranha, em vez de uma pessoa com quem poderíamos sentir alguma remota afinidade. É lamentável que o façam, pois desse modo sacrificam a verdade a uma ilusão e descartam, no interesse de suas fantasias infantis, a oportunidade de penetrar os mais fascinantes segredos da natureza humana.[82]

O próprio Leonardo, em seu amor à verdade e ânsia de saber, não teria rechaçado a tentativa de discernir as condições para seu desenvolvimento psíquico e intelectual a partir das pequenas bizarrias e enigmas de seu

---

82 Essa crítica pretende ser geral, não visa especificamente os biógrafos de Leonardo.

ser. Nós o homenageamos ao aprender com ele. Não afeta sua grandeza estudarmos os sacrifícios requeridos por seu desenvolvimento de criança a adulto e juntarmos os fatores que gravaram em sua pessoa o trágico signo do fracasso.

Devemos enfatizar que em nenhum momento incluímos Leonardo entre os neuróticos ou, conforme a expressão deselegante, "doentes de nervos" ["*Nervenkranken*"]. Quem se queixar de que nos atrevemos a aplicar-lhe concepções obtidas da patologia continua apegado a preconceitos que hoje em dia abandonamos justificadamente. Já não acreditamos que saúde e doença, normais e nervosos, devam ser diferenciados nitidamente e que traços neuróticos tenham de ser vistos como provas de uma inferioridade geral. Hoje sabemos que os sintomas neuróticos são formações substitutivas para certas repressões que tivemos de realizar no curso de nosso desenvolvimento de criança a adulto civilizado, que todos nós produzimos tais formações substitutivas, e que apenas o número, a intensidade e a distribuição delas justificam o conceito prático de doença e a conclusão de haver uma inferioridade constitucional. Segundo pequenos indícios na personalidade de Leonardo, podemos situá-lo na vizinhança do tipo neurótico que denominamos "obsessivo" e comparar sua atividade pesquisadora à "ruminação obsessiva" dos neuróticos e suas inibições às assim chamadas "abulias" dos mesmos.

O objetivo de nosso trabalho tem sido explicar as inibições na vida sexual de Leonardo e em sua atividade artística. Seja-nos permitido, para esse fim, sintetizar o que pudemos discernir sobre o curso de seu desenvolvimento psíquico.

Nada sabemos de suas condições hereditárias, mas percebemos que as circunstâncias ocasionais de sua infância tiveram efeito profundo e perturbador. Seu nascimento ilegítimo o privou da influência do pai até os cinco anos talvez, e o entregou à terna sedução de uma mãe para a qual era o único consolo.* Tendo a sexualidade precocemente incitada pelos beijos da mãe, deve ter entrado numa fase de atividade sexual infantil, da qual uma única manifestação está seguramente documentada: a intensidade de sua pesquisa sexual infantil. Os impulsos de olhar e de saber** foram maximamente estimulados pelas impressões da primeira infância; a zona erógena da boca recebeu um destaque que nunca mais abandonou. A partir da conduta posterior contrária — a enorme compaixão pelos animais — podemos concluir que fortes traços de sadismo não estiveram ausentes nesse período da infância.

Uma vigorosa onda de repressão deu fim a este excesso infantil e estabeleceu as predisposições que aparece-

---

* Na realidade, sabe-se hoje que a mãe de Leonardo teve vários filhos com o camponês que a desposou no ano seguinte ao nascimento dele; a primeira meia-irmã de Leonardo nasceu quando ele tinha dois anos de idade.
** "Impulsos de olhar e de saber": *Schau- und Wißtrieb* — uma ocasião em que "instinto" não é usado para traduzir *Trieb*, e que portanto assinalamos em nota, conforme a orientação geral desta edição. Da mesma forma, recorremos a "impulso brincalhão" para verter *Spieltrieb*, um pouco antes.

riam nos anos da puberdade. O mais evidente resultado da transformação foi o afastamento de qualquer atividade grosseiramente sensual; Leonardo pôde viver de modo abstinente e dar a impressão de um indivíduo assexual. Quando as marés de excitação da puberdade tomaram o menino, não o tornaram doente ao obrigá-lo a formações substitutivas custosas e prejudiciais; a maior parte das necessidades do instinto sexual pôde ser sublimada em ímpeto geral de saber, devido ao precoce favorecimento da curiosidade sexual, escapando assim à repressão. Outra parte da libido, bem menor, permaneceu voltada para metas sexuais e representou a atrofiada vida sexual do homem adulto. Devido à repressão do amor pela mãe, essa parte foi levada a uma atitude homossexual e manifestou-se como amor idealizado a garotos. Continuou preservada no inconsciente a fixação na mãe e nas venturosas recordações do trato com ela; momentaneamente, porém, em estado inativo. Dessa maneira, repressão, fixação e sublimação determinaram as contribuições do instinto sexual para a vida psíquica de Leonardo.

Após uma obscura infância, Leonardo nos aparece como artista, pintor e escultor graças a um talento específico, que pode ter sido reforçado pelo precoce despertar do impulso de olhar nos primeiros anos de vida. Bem gostaríamos de mostrar como o talento artístico deriva dos instintos psíquicos primordiais, se justamente nesse ponto não falhassem nossos meios. Contentamo-nos em acentuar o fato, já praticamente indubitável, de que a criação do artista também dá vazão a seus desejos sexuais, e lembrar, a respeito de Leonardo, a informação — transmitida por Vasari — de que entre seus primeiros esforços artísticos sobressaíam cabeças de mulheres sorridentes e garotos bonitos, ou seja, representações de seus objetos sexuais. Em plena juventude, Leonardo parecia trabalhar sem inibição. Tomando o pai como modelo na conduta exterior da vida, teve uma época de viril força criadora e produtividade artística em Milão, onde uma sina favorável o fez encontrar um sucedâneo do pai no duque Ludovico, o Mouro. Mas logo se confirmou nele nossa experiência de que a quase completa supressão da vida sexual real não proporciona as condições mais favoráveis para o exercício das tendências sexuais sublimadas. O caráter modelar da vida sexual se impôs, a atividade e a capacidade de decisão rápida começaram a fraquejar, a inclinação a ponderar e hesitar já se fez evidente e estorvou o trabalho na *Última ceia*, também determinando a sina dessa obra formidável, ao influenciar em sua técnica. Lentamente foi se realizando nele um processo que podemos equiparar às regressões dos neuróticos. O desenvolvimento que o tornou um artista na puberdade foi sobrepujado por aquele determinado no início da infância, que fez dele um pesquisador; a segunda sublimação de seus instintos eróticos retrocedeu ante aquela primordial, preparada na primeira repressão. Ele se tornou um pesquisador, primeiro a serviço de sua arte, depois independentemente e afastado dela. Com a perda do patrono que substituía o pai e o crescente ensombrecimento de sua vida, tal substituição regressiva ganhou espaço cada vez maior. Ele se tornou "*impacientissimo al pennello*" [muito impaciente ao pintar], como informou um correspondente da marquesa Isabella d'Este,

UMA RECORDAÇÃO DE INFÂNCIA DE LEONARDO DA VINCI VI

Sant'Ana com a Virgem e o Menino

que muito desejava possuir um quadro pintado por ele.[83] Seu passado infantil obteve domínio sobre ele. O esforço de pesquisa, que então substituiu a criação artística, parece reunir alguns dos traços que caracterizam a atividade de instintos inconscientes: a insaciabilidade, a implacável rigidez, a ausência da capacidade de adaptar-se às condições reais.

No auge da vida, logo após os cinquenta anos — num momento em que na mulher as características sexuais já regrediram e não é raro que no homem a libido ainda faça uma enérgica arremetida —, uma nova transformação sobreveio a Leonardo. Camadas ainda mais profundas de seu conteúdo psíquico tornaram-se novamente ativas; mas essa nova regressão beneficiou sua arte, que estava se atrofiando. Ele encontrou a mulher que lhe despertou a recordação do sorriso feliz e sensualmente arrebatado de sua mãe, e influenciado por isso reconquistou o ímpeto que o guiara no começo de seus esforços artísticos, quando representou mulheres sorridentes. Então pintou a *Monna Lisa*, *Sant'Ana com a Virgem e o Menino* e a série de quadros caracterizados pelo sorriso misterioso. Com a ajuda de seus mais antigos impulsos eróticos, teve o triunfo de mais uma vez superar a inibição em sua arte. Esse último desenvolvimento é obscurecido, para nós, na penumbra da velhice iminente. Antes disso, seu intelecto ainda fora capaz das mais altas realizações de uma concepção de mundo que estava bastante à frente de seu tempo.

---

83 Seidlitz, II, p. 271.

Nas seções anteriores expus o que pode justificar essa apresentação do desenvolvimento de Leonardo, essa forma de subdividir sua vida e explicar sua hesitação entre arte e ciência. Se essas minhas explanações despertarem, mesmo entre amigos e conhecedores da psicanálise, a objeção de que eu escrevi apenas um romance psicanalítico, responderei que não superestimo o grau de certeza desses resultados. Assim como outros autores, sucumbi à atração que vem desse homem grande e misterioso, em cuja natureza acreditamos perceber poderosas paixões instintuais que se manifestam apenas de modo curiosamente amortecido, no entanto.

Qualquer que seja a verdade sobre a vida de Leonardo, porém, não podemos encerrar nossa tentativa de examiná-la psicanaliticamente sem antes lidar com outra tarefa. Precisamos, de maneira bem geral, fixar os limites do que a psicanálise pode realizar no campo da biografia, para que toda explicação que não obtemos não nos seja apresentada como um fracasso. O material à disposição da pesquisa psicanalítica são os dados da história do indivíduo: de um lado, os acasos dos eventos e as influências do meio; de outro, as reações dele que nos foram transmitidas. Então, com base em seu conhecimento dos mecanismos psíquicos, ela procura sondar dinamicamente a natureza do indivíduo a partir de suas reações, busca desvelar tanto as forças motrizes originais de sua psique como os posteriores desenvolvimentos e transformações delas. Havendo êxito nisso, o comportamento de uma personalidade ao longo da vida é explicado pela ação conjunta de constituição e destino, forças internas e poderes externos. Se tal empreendimento não gera resultados seguros, como talvez ocorra no caso de Leonardo, a culpa não está no método inadequado ou defeituoso da psicanálise, mas no caráter incerto e fragmentário do material que a tradição nos fornece a respeito da pessoa. Portanto, o fracasso deve ser imputado somente ao autor, que obrigou a psicanálise a dar um parecer baseando-se em material insuficiente.

Mas, mesmo dispondo de um rico material histórico e lidando seguramente com os mecanismos psíquicos, em dois pontos significativos uma investigação psicanalítica não seria capaz de esclarecer por que o indivíduo desenvolveu-se necessariamente de uma forma e não de outra. No caso de Leonardo, tivemos de sustentar o ponto de vista de que o acaso de seu nascimento ilegítimo e a excessiva ternura de sua mãe tiveram decisiva influência na formação de seu caráter e em seu destino posterior, já que a repressão sexual sobrevinda após essa fase infantil o levou a sublimar a libido em ânsia de saber e estabeleceu sua inatividade sexual por toda a vida posterior. Mas tal repressão após as primeiras satisfações sexuais da infância não era inevitável; talvez não tivesse aparecido em outro indivíduo, ou tivesse proporção muito menor. Temos de reconhecer, quanto a isso, um grau de liberdade que já não pode ser decifrado psicanaliticamente. Tampouco podemos afirmar que o desenlace desse empuxo repressivo era o único possível. Outra pessoa provavelmente não teria conseguido salvar da repressão a maior parte de sua libido, sublimando-a em desejo de saber. Submetida às mesmas influências de Leonardo, teria sofrido um permanente dano na atividade intelectual ou adquirido uma insuperável predisposição para a neurose obsessiva. Portanto, estas duas peculiaridades de Leonardo permanecem inexplicáveis mediante o exame psicanalítico: sua tendência muito especial para repressões instintuais e sua extraordinária capacidade para a sublimação dos instintos primitivos.

Os instintos e suas transformações são o limite do que a psicanálise é capaz de discernir. Daí em diante ela dá lugar à investigação biológica. Tanto a tendência à repressão como a capacidade de repressão nós somos obrigados a fazer remontar aos fundamentos orgânicos do caráter, sobre os quais se ergue o edifício psíquico. Como talento artístico e capacidade de realização se acham intimamente ligados à sublimação, precisamos admitir que também a natureza da realização artística nos é inacessível mediante a psicanálise. A pesquisa biológica moderna tende a explicar os traços principais da constituição orgânica de um indivíduo pela mistura de predisposições masculinas e femininas, com base em substâncias [químicas]; a beleza física de Leonardo e o seu canhotismo poderiam dar algum apoio a essa abordagem.* Mas não vamos abandonar o terreno da pesquisa puramente psicológica. Nosso objetivo continua

---

* Alusão a certas concepções de Wilhelm Fliess, que enxergava relação entre bilateralidade e bissexualidade; cf. a carta de Freud a Fliess de 9 de outubro de 1898, entre outras, que diz: "Leonardo — não se sabe de nenhum caso amoroso dele — é talvez o mais famoso indivíduo canhoto. Pode lhe servir?".

a ser a demonstração do nexo, pela vida da atividade instintual, entre as vivências exteriores e as reações da pessoa. Ainda que a psicanálise não explique a natureza artística de Leonardo, ela nos torna compreensíveis suas manifestações e limitações. Parece, de fato, que apenas um homem com as vivências infantis de Leonardo teria podido pintar a *Monna Lisa* e *Sant'Ana com a Virgem e o Menino*, proporcionar aquele triste destino a suas obras e sobressair de tal maneira como investigador da natureza, como se a chave para todas as suas realizações e para seu infortúnio estivesse oculta na fantasia infantil com o abutre.

Mas não se deveria desaprovar os resultados de uma investigação que atribui às casualidades da constelação parental uma influência tão decisiva no destino de uma pessoa, que relaciona o destino de Leonardo, por exemplo, a seu nascimento ilegítimo e à esterilidade de sua primeira madrasta, *donna* Albiera? Acho que não, que não seria justo fazer isso. Considerar o acaso indigno de determinar nosso destino é simplesmente uma recaída na visão de mundo religiosa, cuja superação o próprio Leonardo antecipou, ao escrever que o Sol não se move. Ficamos ofendidos, naturalmente, de que um Deus justo e uma Providência bondosa não nos protejam melhor de tais influências no período mais indefeso de nossa vida. Nisso esquecemos que praticamente tudo na vida humana é acaso, desde o momento em que nos originamos através do encontro do espermatozoide com o óvulo — acaso, porém, que participa das leis e da necessidade da natureza e não tem nenhum nexo com nossos desejos e ilusões. Ainda pode ser incerta, em pormenores, a divisão dos fatores determinantes de nossa vida entre as "necessidades" de nossa constituição e as "casualidades" de nossa infância; no conjunto, porém, não cabem mais dúvidas sobre a importância justamente dos primeiros anos da infância. Todos nós ainda mostramos pouquíssimo respeito para com a natureza, que, na sibilina afirmação de Leonardo — que nos recorda a frase de Hamlet — "é plena de infinitas razões que jamais entraram na experiência" (*La natura è piena d'infinite ragioni che no furono mai in isperienza*. M. Herzfeld, op. cit., p. 11).* Cada um de nós, seres humanos, corresponde a um dos inúmeros experimentos em que essas *ragioni* da natureza buscam penetrar na experiência.

---

* A frase de Shakespeare a que Freud faz alusão é provavelmente a famosa passagem de *Hamlet* (ato I, cena 5): "*There are more things in heaven and earth, Horatio, / Than are dreamt of in your philosophy*".

CINCO LIÇÕES DE PSICANÁLISE (1910)

PROFERIDAS NAS FESTIVIDADES DO
20º ANIVERSÁRIO DE FUNDAÇÃO
DA CLARK UNIVERSITY, EM WORCESTER,
MASSACHUSETTS, SETEMBRO DE 1909

AO SR. G. STANLEY HALL, PH.D., L.L.D.
REITOR DA CLARK UNIVERSITY
PROFESSOR DE PSICOLOGIA E PEDAGOGIA,
ESTA OBRA É PENHORADAMENTE DEDICADA.

TÍTULO ORIGINAL: *ÜBER PSYCHOANALYSE*.
PUBLICADO PRIMEIRAMENTE EM
VOLUME AUTÔNOMO: LEIPZIG E VIENA:
DEUTICKE, 1910, 62 PP. TRADUZIDO
DE *GESAMMELTE WERKE* VIII, PP. 3-60.

I

Senhoras e senhores: Para mim, é uma sensação nova e desconcertante apresentar-me como conferencista ante uma plateia de interessados do Novo Mundo. Suponho que esta honra se deva apenas ao fato de meu nome estar ligado ao tema da psicanálise; portanto, é dela que pretendo lhes falar. Tentarei lhes dar, de maneira bastante concisa, uma visão de conjunto da origem e do desenvolvimento desse novo método de pesquisa e cura.

Se constitui um mérito haver criado a psicanálise, ele não pertence a mim.[1] Não participei dos primórdios da psicanálise. Era estudante e me preparava para as últimas provas quando outro médico de Viena, o dr. Josef Breuer,[2] pela primeira vez usou esse procedimento com uma jovem histérica (entre 1880 e 1882). Vamos abordar inicialmente esse caso clínico e sua terapia. Ele se acha exposto minuciosamente nos *Estudos sobre a histeria*, que Breuer e eu publicamos depois.[3]

---

1 [Nota acrescentada em 1923:] Veja-se, porém, o que escrevo a respeito disso em *Contribuição à história do movimento psicanalítico* (1914), onde me declaro inteiramente responsável pela psicanálise.
2 Dr. Josef Breuer, nascido em 1842 [e falecido em 1925], membro correspondente da Academia Imperial de Ciências, conhecido por trabalhos sobre a respiração e a fisiologia do equilíbrio.
3 *Estudos sobre a histeria*, Viena, 1895; 4ª impressão, 1922. Trechos de minha participação neste volume foram traduzidos para o inglês pelo dr. A. A. Brill, de Nova York (*Selected papers on hysteria and other psychoneuroses*, nº 4 da "Nervous and Mental Disease Monograph Series", Nova York: 3ª ed. ampliada, 1920).

Antes, uma observação preliminar. Eu soube, não sem alguma satisfação, que a maioria de meus ouvintes não pertence à classe médica. Não creiam que seja preciso haver estudado medicina para acompanhar o que tenho a dizer. É certo que avançaremos um trecho ao lado dos médicos, mas logo devemos nos separar e seguir o dr. Breuer num caminho bastante peculiar.

A paciente do dr. Breuer, uma moça de 21 anos e com elevados dotes intelectuais, desenvolveu ao longo de sua doença, que já durava mais de dois anos, uma série de distúrbios físicos e psíquicos que requeriam atenção. Ela tinha uma paralisia espástica, acompanhada de insensibilidade, nas pontas dos dois membros direitos do corpo, às vezes o mesmo problema no lado esquerdo, distúrbios nos movimentos dos olhos e variadas deficiências da visão, dificuldade em manter a cabeça erguida, severa tosse nervosa, nojo de alimentos; certa vez foi incapaz de tomar líquidos durante semanas, apesar da sede martirizante; mostrava uma diminuição da faculdade de expressão que chegou à perda da capacidade de falar e compreender a língua materna, e, por fim, sofria de estados de ausência* e confusão, delírios,

---

* "Ausência": diferentemente do que dá a entender a *Standard* inglesa, não é empregado o termo francês nesse ponto, e sim o termo alemão, *Abwesenheit*. Cabe registrar que este trabalho de Freud é apresentado, na edição *Standard* brasileira, como o único traduzido diretamente do alemão. Uma tradução publicada originalmente em 1931, pelos drs. Durval Marcondes e J. Barbosa Corrêa, foi reaproveitada pelo diretor da coleção, Jayme Salomão, e por ele revisada. O título dessa tradução — *Cinco lições de psicanálise* — tornou-se

alteração de toda a personalidade — os quais examinaremos adiante.

Ao tomar conhecimento de um quadro clínico desses, os senhores tenderão a supor, mesmo não sendo médicos, que ele diz respeito a uma séria enfermidade, provavelmente do cérebro, que oferece pouca perspectiva de restabelecimento e que talvez não demore em levar ao fim da paciente. Mas os médicos poderão lhes informar que numa série de casos com sintomas assim graves é justificado ter outra opinião, bem mais otimista. Quando surge tal quadro patológico numa mulher jovem que tem os órgãos vitais internos (coração, rins) normais segundo o exame objetivo, mas que experimentou fortes comoções afetivas, e quando os sintomas divergem em pequenos traços daquilo que se poderia esperar, então os médicos não veem o caso como realmente sério. Afirmam que não se trata de uma doença orgânica do cérebro, mas daquela condição misteriosa que já nos tempos da medicina grega era chamada "histeria", que é capaz de simular muitos quadros de adoecimento grave. Não consideram a vida ameaçada, e acham provável até mesmo uma recuperação comple-

---

conhecido, tem boa sonoridade e é adotado na presente versão. Mas, diferentemente do que afirma Salomão, que nisso apenas acompanhou o que a Editora Nacional, de São Paulo, afirmava na capa e no frontispício da edição de 1931 (Durval Marcondes nada diz sobre o texto utilizado, no prefácio que assina), um simples cotejamento dessa tradução com o original alemão revela que o texto que lhe serviu de base *não* foi o alemão. Ela foi feita a partir do francês e do espanhol, provavelmente.

ta. Nem sempre é fácil diferenciar uma histeria de uma enfermidade orgânica séria. Mas aqui não precisamos saber como se faz um diagnóstico diferencial desse tipo; basta que nos seja garantido que a paciente de Breuer é um desses casos em que um médico experiente não erra ao diagnosticar a histeria. E neste ponto cabe também acrescentar, conforme a história clínica, que a doença apareceu quando ela cuidava do pai que muito amava, durante a grave doença que o levou à morte, e que devido à sua própria enfermidade ela teve de abandonar a assistência ao pai.

Até agora foi proveitoso acompanharmos os médicos, mas logo nos separaremos deles. Pois os senhores não devem esperar que as perspectivas de auxílio médico para o doente melhorem significativamente pelo fato de lhe ser diagnosticada uma histeria, em vez de uma grave afecção orgânica do cérebro. Na maioria dos casos, a arte médica é impotente ante as sérias enfermidades do cérebro; mas também diante da afecção histérica o médico nada pode fazer. Tem de deixar que a benévola natureza decida quando e como realizará o esperançoso prognóstico dele.[4]

Ao se reconhecer a doença como histeria, pouco muda para o doente; mas muito para o médico. Podemos observar que sua atitude para com o doente histé-

---

4 Sei que agora essa afirmação já não procede, mas na conferência eu me transponho — a mim e aos ouvintes — para a época anterior a 1880. Se desde então as coisas mudaram, em boa parte isto se deve aos esforços que estou relatando sucintamente.

rico é bastante diferente daquela diante do que sofre de uma doença orgânica. Ele não dispensa, em relação ao primeiro, o mesmo interesse que tem por esse último, pois a doença daquele é muito menos séria e, no entanto, parece reivindicar a mesma seriedade. E outro fator se junta a isso. O médico, que em seus estudos aprendeu tanta coisa que permanece ignorada pelos leigos, pôde formar, a respeito das causas da doença e das alterações que acarreta (por exemplo, no cérebro de quem tem uma apoplexia ou um tumor), ideias que até certo ponto têm de ser exatas, pois lhe permitem compreender os detalhes do quadro mórbido. Mas todo o seu saber, todo o seu treino anatomofisiológico e patológico de nada lhe servem ante as singularidades dos fenômenos histéricos. Não consegue entender a histeria, diante dela se acha na mesma situação que um leigo. E isso não agrada a quem costuma ter em alta conta o próprio saber. Os histéricos são privados da simpatia do médico, portanto. Ele os vê como pessoas que infringem as leis de sua ciência, tal como os fiéis veem os heréticos; julga-os capazes de todo mal, acusa-os de exagero e de fingimento; e os pune subtraindo-lhes seu interesse.

Certamente o dr. Breuer não mereceu tal objeção no caso de sua paciente. Tratou-a com simpatia e interesse, embora não soubesse como ajudá-la inicialmente. É provável que ela mesma contribuísse para essa atitude, mediante as excelentes qualidades de intelecto e de caráter por ele documentadas na história clínica que redigiu. Mas logo o seu afetuoso acompanhamento achou o caminho que possibilitou o primeiro auxílio terapêutico.

Havia-se observado que a enferma, em seus estados de ausência, de alteração e confusão da psique, murmurava algumas palavras que pareciam originar-se de outra situação que lhe ocupava o pensamento. O médico, tendo-se informado dessas palavras, punha a moça numa espécie de hipnose e as repetia, para fazer com que relacionasse algo a elas. A enferma procedeu dessa forma, e reproduziu para o médico as criações psíquicas que a dominavam durante as ausências e se haviam denunciado naquelas palavras isoladas. Eram fantasias profundamente tristes, muitas vezes de poética beleza — nós as chamaríamos "devaneios" —, que em geral tinham como ponto de partida a situação de uma garota junto ao leito do pai doente. Depois de relatar certo número dessas fantasias, ela se achava como que liberada, retornando à vida psíquica normal. Esse bem-estar permanecia durante várias horas, mas no dia seguinte dava lugar a uma nova ausência, que do mesmo modo cessava com a exteriorização de novas fantasias. Não se podia escapar à impressão de que a alteração psíquica manifestada nas ausências era consequência do estímulo que emanava dessas fantasias tão carregadas de afetos. A própria paciente, que, curiosamente, falava e compreendia apenas o inglês nesse período da doença, deu a esse novo tipo de tratamento o nome de *"talking cure"* [cura pela fala], e também referiu-se a ele, de maneira jocosa, como *"chimney sweeping"* [limpeza de chaminé].

Logo se verificou, como que por acaso, que mediante essa limpeza psíquica podia se alcançar mais do que a eliminação temporária das frequentes perturbações.

Também se conseguia fazer desaparecer sintomas patológicos quando a paciente era lembrada, durante a hipnose com exteriorização de afetos, em qual ocasião e em relação com o quê os sintomas haviam aparecido pela primeira vez.

"Tinha havido um momento de calor intenso no verão e a paciente sofrera de uma sede atroz, pois, sem que pudesse indicar algum motivo, viu-se de repente impossibilitada de beber. Tomava em sua mão o ansiado copo d'água mas, assim que ele lhe tocava os lábios, o repelia como se fosse uma hidrófoba. Nesses poucos segundos, encontrava-se evidentemente num estado de ausência. Para abrandar sua sede torturante, vivia apenas de frutas, melões etc. Isso perdurava havia cerca de seis semanas quando, um dia, na hipnose, ela discorreu sobre sua dama de companhia inglesa, a quem não amava, e relatou, com todos os sinais de repulsa, como fora a seu quarto e ali vira seu cãozinho, o repugnante animal, bebendo de um copo. Não dissera nada, pois quisera ser gentil. Depois de energicamente dar expressão à fúria que lhe ficara retida, pediu para beber, bebeu sem dificuldade um grande volume de água e despertou da hipnose com o copo nos lábios. Com isso, o transtorno desapareceu para sempre."[5]

Permitam-me que me detenha por um instante nessa experiência. Até então, ninguém havia eliminado um sintoma histérico por esse meio e penetrado tão fundo

---

5 *Estudos sobre a histeria*, 4ª ed., p. 26 [*Gesammelte Werke. Nachtragsband*, pp. 232-33].

na compreensão de suas causas. Devia ser uma descoberta momentosa, caso se confirmasse a expectativa de que outros sintomas da paciente, talvez a maioria deles, haviam surgido de tal forma e podiam ser suprimidos de tal forma. Breuer não poupou esforços para convencer-se disso, e pôs-se a investigar sistematicamente a patogênese de outros sintomas mais graves. Era realmente assim; quase todos os sintomas haviam se originado como resíduos — como precipitados, se quiserem — de vivências carregadas de afetos, que, por causa disso, depois denominamos "traumas psíquicos", e sua peculiaridade se explicava pela relação com a cena traumática que os havia ocasionado. Eles eram, para usar um termo técnico, *determinados* [*determiniert*] pelas cenas das quais constituíam resíduos de lembranças, já não precisavam ser vistos como produtos arbitrários ou enigmáticos da neurose. Houve apenas uma divergência em relação à expectativa. Não era sempre uma só vivência que deixava o sintoma; em geral eram numerosos traumas recorrentes, muitas vezes bastante semelhantes, que haviam concorrido para aquele efeito. Toda essa cadeia de lembranças patogênicas tinha então de ser reproduzida em sequência cronológica, em sentido inverso, primeiramente a última e a primeira por último, e era totalmente impossível avançar para o primeiro trauma, muitas vezes o mais influente, pulando os que haviam ocorrido depois.

Os senhores certamente desejarão saber de outros exemplos de causação de sintomas histéricos, além desse da hidrofobia provocada por nojo ao cão que bebeu do copo. Mas devo limitar-me a umas poucas amostras, a fim de manter-me dentro da programação. Assim, Breuer conta que os transtornos de visão da paciente remontavam a ocasiões "como aquela em que a paciente, com lágrimas nos olhos, estava sentada junto ao leito do pai enfermo, quando, de repente, ele lhe perguntou que horas eram. Ela não enxergava com nitidez, esforçou-se, trouxe o relógio para perto dos olhos e o mostrador pareceu-lhe então muito grande (macropsia e estrabismo convergente); ou esforçou-se para conter as lágrimas a fim de que o doente não as visse".[6] Todas as impressões patogênicas, aliás, vinham da época em que ela tinha dado assistência ao pai enfermo.

"Certa vez, não dormiu durante a noite, em grande angústia pelo doente altamente febril e na tensão da espera, pois aguardava-se um cirurgião de Viena para operá-lo. Sua mãe se afastara por um algum tempo e Anna estava sentada junto ao leito do doente, o braço direito pousado sobre o espaldar da cadeira. Caiu num estado de sonho acordado e viu como, vindo pela parede, uma serpente negra se aproximava do doente para mordê-lo. (É muito provável que no gramado atrás da casa realmente houvesse algumas serpentes, com as quais a menina já se tivesse sobressaltado antes e que agora forneciam o material da alucinação.) Quis rechaçar o animal, mas estava como que paralisada; o braço direito, pendente sobre o espaldar da cadeira, ficara "adormecido", insensível e parético, e quando o

---

[6] Op. cit., 4ª ed., p. 31 [*GW. N.*, p. 237].

observou, seus dedos transformaram-se em pequenas serpentes com cabeça de caveira (as unhas). Provavelmente tentara afugentar a serpente com o braço direito paralisado e, com isso, sua anestesia e paralisia se associaram com a alucinação da serpente. Quando esta desapareceu, quis rezar, em sua angústia, mas todas as línguas lhe faltaram, não pôde falar em nenhuma delas até que finalmente encontrou um poema infantil *inglês*, e então pôde continuar a pensar e rezar nessa língua."[7]

Com a recordação desta cena sob hipnose, foi eliminada também a paralisia do braço direito, existente desde o início da enfermidade, e foi concluído o tratamento.

Quando comecei a usar o método de investigação e tratamento de Breuer em meus próprios pacientes, anos depois, fiz constatações que se harmonizavam inteiramente com as dele. Uma senhora de cerca de quarenta anos apresentava um tique, fazia um peculiar ruído estalante sempre que se agitava e mesmo sem motivo aparente. Isso havia se originado em duas vivências que tinham em comum sua intenção de não fazer ruído algum naquele momento e o fato de, por uma espécie de vontade contrária, o silêncio ser quebrado justamente por esse barulho: uma vez quando finalmente conseguira fazer adormecer a filha doente e disse a si mesma que precisava ficar bastante quieta, a fim de não acordá-la; e outra vez quando, durante um passeio de carroça com os dois filhos, os cavalos se assustaram com a tempestade e ela desejou evitar cuidadosamente fazer algum ruí-

---

[7] Op. cit., 4ª ed., p. 30 [*GW. N.*, pp. 236-37].

do, para não amedrontar mais ainda os animais.[8] Dou esses exemplos entre muitos outros que são oferecidos nos *Estudos sobre a histeria*.[9]

Senhoras e senhores, se me permitem uma generalização — inevitável, aliás, numa exposição assim resumida —, podemos formular da seguinte maneira o que até agora sabemos: *Nossos histéricos sofrem de reminiscências*. Seus sintomas são resíduos e símbolos mnêmicos de certas vivências (traumáticas). Uma comparação com símbolos mnêmicos de outras áreas talvez nos leve a compreender melhor esse simbolismo. Também os monumentos e estátuas com que adornamos nossas cidades são símbolos desse tipo. Se fizerem um passeio por Londres, encontrarão, na frente de uma das maiores estações de trem da cidade, uma coluna gótica ricamente ornada, a Charing Cross. No século XIII, um dos antigos reis plantagenetas transferiu para Westminster o corpo de sua amada rainha Eleanor e ergueu cruzes góticas em cada uma das paradas onde o sarcófago fora depositado no chão; Charing Cross é o último dos monumentos que conservam a lembrança desse préstito.[10] Em outro ponto da cidade, não muito distante da London Bridge, vê-se uma colu-

---

8 Cf. op. cit., 4ª ed., pp. 43 e 46 [Caso da sra. Emmy von N.].
9 Uma seleção de passagens desse livro, acrescida de alguns ensaios posteriores sobre a histeria, tem atualmente tradução para o inglês, feita pelo dr. A. A. Brill, de Nova York.
10 Ou melhor, trata-se de uma cópia mais recente daquele monumento. O nome *Charing*, segundo me informou o dr. Ernest Jones, parece vir das palavras *chère reine* [cara rainha].

na mais moderna, elevada, chamada simplesmente de The Monument. Ela se destina a lembrar o grande incêndio que em 1666 irrompeu ali perto e que destruiu boa parte da cidade. Portanto, esses monumentos são símbolos mnêmicos, tal como os sintomas histéricos; até aqui parece se justificar a comparação. Mas o que diriam os senhores de um morador de Londres que ainda hoje se detivesse pesaroso ante o monumento do cortejo fúnebre da rainha Eleanor, em vez de cuidar dos seus afazeres com a pressa requerida pelo trabalho moderno ou de pensar alegremente na jovem rainha de seu próprio coração? Ou de outro que, diante do Monument, pranteasse o aniquilamento de sua cidade natal, embora há muito ela se tenha reerguido com tanto mais brilho? No entanto, é como esses dois pouco pragmáticos londrinos que se comportam os histéricos e neuróticos; não apenas recordam vivências dolorosas há muito passadas, mas ainda se prendem emocionalmente a elas, não se desvencilham do passado e por causa dele negligenciam a realidade e o presente. Tal fixação da vida psíquica nos traumas patogênicos é uma das características mais importantes e de maior consequência prática da neurose.

De bom grado aceito a objeção que provavelmente os senhores fazem nesse momento, ao refletir sobre a história clínica da paciente de Breuer. Todos os seus traumas vinham da época em que cuidava do pai enfermo, e os sintomas podem ser entendidos como meros sinais de recordação da doença e da morte dele. Logo, correspondem a um luto, e uma fixação na memória do falecido, tão pouco tempo após sua morte, certamente não é nada patogênico, constituindo antes um processo afetivo normal. Eu lhes concedo que a fixação nos traumas não é uma coisa notável na paciente de Breuer. Mas em outros casos, como no tique por mim mesmo tratado, cujas causas precipitadoras remontavam a mais de quinze e a dez anos antes, a característica do apego anormal ao passado é bastante nítida e provavelmente a paciente de Breuer a teria desenvolvido também, se não tivesse recebido tratamento *catártico* logo depois que vivenciou os traumas e que surgiram os sintomas.

Até agora discutimos apenas a relação dos sintomas histéricos com a vida dos doentes; mas dois outros elementos da observação de Breuer podem também nos indicar como devemos conceber os processos de adoecimento e de recuperação. Em primeiro lugar, cabe enfatizar que a paciente de Breuer, em quase todas as situações patogênicas, tinha de suprimir uma forte excitação, em vez de possibilitar o desafogo da excitação mediante os correspondentes sinais de afeto, palavras e atos. No pequeno episódio com o cachorro de sua dama de companhia, ela suprimiu, em consideração a esta, qualquer manifestação de seu intenso nojo; enquanto velava na cabeceira do pai, tinha o permanente cuidado de não deixar que o doente percebesse algo de seu medo e doloroso estado de ânimo. Depois, quando reproduziu tais cenas diante de seu médico, o afeto antes inibido apareceu com particular veemência, como se tivesse se poupado durante aquele tempo. De fato, o sintoma que restara dessas cenas adquiriu sua maior intensidade quando o tratamento se avizinhava da causa precipitadora e desapareceu após esta ser inteiramente esclarecida. Por outro lado, pôde-se constatar que a recordação da cena na presença do médico não tinha efeito quando, por algum motivo, ocorria sem desenvolvimento de afetos. Assim, o que sucedia a esses afetos, que podiam ser concebidos como grandezas deslocáveis, era também o decisivo tanto no adoecimento como na recuperação. Impôs-se a conjectura de que a doença se produzia porque os afetos desenvolvidos nas situações patogênicas tinham a saída normal bloqueada, e que a essência da doença consistia em que esses afetos "estrangulados" sujeitavam-se então a um emprego anormal. Em parte, permaneciam como duradouro fardo para a vida psíquica e fonte de contínua excitação para ela; e em parte experimentavam uma transformação em inusitadas *inervações* e *inibições* somáticas, que se apresentavam como os sintomas físicos do caso. Para designar esse último processo recorremos ao nome de *conversão histérica*. Certa parte de nossa excitação psíquica é normalmente guiada pelas vias da inervação somática e resulta no que se conhece como "expressão de emoções". A conversão histérica exagera essa parte do desafogo de um processo psíquico investido de afeto; ela corresponde a uma expressão de afetos bem mais intensa, guiada por novas trilhas. Se um rio flui por dois canais, num deles ocorre uma inundação quando a corrente do outro depara com um obstáculo.

Como veem, estamos a ponto de chegar a uma teoria puramente psicológica da histeria, em que atribuímos o primeiro lugar aos processos* afetivos. Uma segunda observação de Breuer nos obriga a conceder elevada importância aos estados de consciência na caracterização do evento patológico. Sua paciente exibia variadas disposições psíquicas, estados de ausência, confusão e alteração do caráter, além do estado normal. No estado normal ela nada sabia das cenas patogênicas e da relação entre estas e seus sintomas; esquecera estas cenas ou, de todo modo, rompera a conexão patológica. Quando era hipnotizada, conseguia-se, após considerável esforço, chamar-lhe de volta à lembrança estas cenas, e mediante esse trabalho de recordação foram eliminados os sintomas. Haveria enorme dificuldade em interpretar esse fato, se os conhecimentos e experimentos do hipnotismo não tivessem indicado o caminho para isso. Pelo estudo dos fenômenos hipnóticos, habituamo-nos à concepção, de início surpreendente, de que no mesmo indivíduo são possíveis vários grupamentos psíquicos que podem permanecer mais ou menos independentes um do outro, "nada saber" um do outro, e que se alternam em chamar para si a consciência. Casos desse tipo, que são denominados *double conscience*, ocasionalmente se oferecem também de modo espontâneo à observação. Quando, em tal cisão da personalidade, a consciência permanece ligada constantemente a um dos dois estados, esse é designado como estado psíquico *consciente*, e aquele dele

---

* "Processos afetivos": *Affektvorgänge*, no original. Aqui, como em outros lugares, deve-se ter presente que o termo alemão *Vorgang* admite os sentidos de "evento, fato", além de "processo".

separado, como *inconsciente*. Nos notórios fenômenos da assim chamada sugestão pós-hipnótica, em que uma ordem dada sob hipnose é depois cumprida no estado normal, temos um ótimo exemplo das influências que o estado consciente pode experimentar daquele que lhe é inconsciente, e conforme esse modelo conseguiu-se dar uma explicação para o que sucede na histeria. Breuer adotou a hipótese de que os sintomas histéricos surgiram nesses estados psíquicos especiais, que ele chamou de *hipnoides*. Excitações que sobrevêm nesses estados hipnoides tornam-se facilmente patogênicas, pois eles não oferecem as condições para um desafogo normal dos processos de excitação. Então nasce do processo de excitação um produto insólito, o sintoma, e este irrompe como um corpo estranho no estado normal, que não tem conhecimento da situação patogênica hipnoide. Onde há um sintoma encontra-se também uma amnésia, uma lacuna na lembrança, e o preenchimento dessa lacuna implica a eliminação das condições que geraram o sintoma.

Receio que essa parte de minha exposição não lhes tenha parecido muito clara. Mas tenham em conta que se trata de concepções novas e difíceis, que talvez não possam ser apresentadas mais nitidamente; uma prova de que ainda não avançamos muito em nosso conhecimento. De resto, a tese dos estados hipnoides de Breuer revelou-se limitadora e supérflua, tendo sido abandonada pela psicanálise de hoje. Mais adiante os senhores saberão, ao menos em linhas gerais, que influências e processos havia a descobrir por trás da barreira dos estados hipnoides postulada por Breuer. Os senhores também terão tido a impressão, justificadamente, de que a pesquisa de Breuer pôde lhes oferecer apenas uma teoria incompleta e um esclarecimento insatisfatório dos fenômenos observados; mas teorias acabadas não caem do céu, e os senhores também desconfiarão, de maneira ainda mais justificada, se alguém lhes propuser uma teoria arrematada e sem lacunas já no começo das observações. Uma teoria assim só poderia ser fruto da especulação de seu autor, e não produto da investigação despreconcebida dos fatos.

II

Senhoras e senhores: Na mesma época, aproximadamente, em que Breuer fazia a *talking cure* com sua paciente, o grande Charcot começava em Paris as investigações sobre os doentes histéricos da Salpêtrière, que resultariam numa nova compreensão da enfermidade. Esses resultados não podiam ser conhecidos em Viena naquele tempo. Mas quando, cerca de dez anos depois, Breuer e eu publicamos a comunicação preliminar sobre o mecanismo psíquico dos fenômenos histéricos, baseada no tratamento catártico da primeira paciente de Breuer, estávamos inteiramente fascinados pelas pesquisas de Charcot. Tomando as vivências patogênicas de nossos enfermos como traumas psíquicos, nós as equiparamos aos traumas físicos que influenciavam as paralisias histéricas, na constatação de Charcot; e a tese dos estados hipnoides, de Breuer, não é outra coisa senão um reflexo do fato de Charcot haver reproduzido artificialmente aquelas paralisias traumáticas.

Esse grande observador francês, de quem fui aluno em 1885-86, não era dado a concepções psicológicas ele mesmo. Apenas seu discípulo P. Janet buscou aprofundar-se nos processos psíquicos peculiares da histeria, e nós seguimos seu exemplo ao colocar a cisão psíquica e a desintegração da personalidade no centro de nossa concepção. Os senhores encontram em Janet uma teoria da histeria que leva em conta as doutrinas vigentes na França sobre o papel da hereditariedade e da degeneração. A histeria é, segundo ele, uma forma de alteração degenerativa do sistema nervoso que se manifesta por uma fraqueza congênita [na capacidade] de síntese psíquica. Os histéricos seriam, desde o princípio, incapazes de juntar numa unidade os múltiplos processos psíquicos, daí sua tendência à dissociação psíquica. Se me permitem uma imagem banal, porém clara, o paciente histérico de Janet lembra uma mulher fraca que saiu para fazer compras, e depois retorna com uma pilha de pacotes e caixas. Não consegue segurar tudo com os dois braços e dez dedos, e então lhe escapa um dos volumes. Quando ela se abaixa para pegá-lo, outro lhe cai das mãos, e assim por diante. Mas não se harmoniza bem com essa suposta fraqueza psíquica dos histéricos o fato de neles podermos observar, além de manifestações de rendimento diminuído, exemplos de aumento parcial da capacidade de realização, como que para compensar as primeiras. No tempo em que a paciente de Breuer havia esquecido sua língua materna e qualquer outra exceto o inglês, seu domínio desta alcançou tal nível que ela era capaz, quando lhe apresentavam um livro em alemão, de fornecer em voz alta uma tradução inglesa correta e fluente de alguma passagem dele.

Depois, quando prossegui por conta própria as pesquisas iniciadas por Breuer, logo cheguei a outro ponto de vista sobre a gênese da dissociação histérica (cisão da consciência). Era inevitável que aparecesse uma divergência assim, decisiva para tudo o que viria, pois eu não partia de experiências de laboratório, como Janet, e sim de empenhos terapêuticos.

Impelia-me sobretudo a necessidade prática. O tratamento catártico, tal como Breuer o havia empregado, pressupunha que se pusesse o doente em hipnose profunda, pois somente em estado hipnótico achava ele o conhecimento dos nexos patogênicos, que lhe escapava no estado normal. Mas logo vim a desgostar da hipnose, por ser um recurso caprichoso e, digamos assim, místico; e quando notei que, apesar de todos os esforços, conseguia pôr em estado hipnótico apenas uma fração de meus pacientes, resolvi abandonar a hipnose e tornar independente dela o tratamento catártico. Como não podia alterar à vontade o estado psíquico da maioria de meus doentes, propus-me trabalhar com seu estado normal. É certo que no primeiro instante isso parecia um empreendimento sem sentido e sem perspectiva. Consistia na tarefa de saber do próprio doente algo que se ignorava e que também ele não sabia; mas como se podia obter esse conhecimento? Então me veio à lembrança um experimento muito curioso e instrutivo que eu havia presenciado quando estava com Bernheim, em Nancy. Bernheim nos mostrou que as pessoas que ele punha em sonambulismo hipnótico e fazia viver experiências diversas nesse estado apenas aparentemente haviam perdido a memória das coisas vividas durante o sonambulismo, e que era possível lhes despertar aquelas lembranças também no estado normal. Quando ele lhes perguntava sobre aquelas vivências, inicialmente afirmavam nada saber; mas, quando não desistia, insistindo e assegurando que sabiam, então as lembranças esquecidas retornavam sempre.

Assim também fiz com meus pacientes. Quando chegava com eles a um ponto em que diziam nada saber mais, eu lhes assegurava que sabiam, sim, que deviam apenas dizê-lo, e ousava afirmar que teriam a lembrança correta no momento em que eu pusesse a mão sobre sua testa. Dessa maneira consegui, sem recorrer à hipnose, saber dos doentes tudo o que era preciso para estabelecer o nexo entre as cenas patogênicas esquecidas e os sintomas por elas deixados. Mas era um procedimento laborioso, e mesmo extenuante a longo prazo, que não se prestava para uma técnica definitiva.

Mas não o abandonei sem que tirasse conclusões decisivas do que ali percebera. Eu vira confirmado o fato de que as lembranças esquecidas não se achavam perdidas. Estavam em poder do doente e prontas para emergir em associação com o que ainda sabia, mas alguma força as impedia de se tornarem conscientes, obrigava-as a permanecer inconscientes. A existência dessa força podia ser admitida com segurança, pois notava-se a tensão a ela correspondente quando nos empenhávamos em introduzir na consciência do doente as lembranças inconscientes, em oposição a ela. Vimos como *resistência* do paciente a força que mantinha o estado patológico.

Foi sobre essa ideia de resistência que baseei minha concepção dos processos psíquicos da histeria. Para a recuperação do doente, mostrava-se necessário afastar essas resistências; e a partir do mecanismo da cura podíamos, então, formar ideias bem definidas sobre o desenvolvimento da doença. As mesmas forças que naquele momento se opunham, na qualidade de resistência, a que o material esquecido se tornasse consciente, deviam ter provocado esse esquecimento e empurrado as vivências patogênicas em questão para fora da consciência. Chamei *repressão* a este processo que supunha, e o considerei demonstrado pela inegável existência da *resistência*.

Mas cabia também perguntar quais eram essas forças e quais as condições para a repressão, em que então discerníamos o mecanismo patogênico da histeria. Um exame comparativo das situações patogênicas, que havíamos conhecido mediante o tratamento catártico, permitiu responder a essa questão. Em todas aquelas vivências havia aflorado um desejo* que se achava em

---

* "Desejo": *Wunschregung*, literalmente "desejo-impulso"; na mesma frase, "desejos" é tradução de *Wünsche*, o plural de *Wunsch*, o que evidencia que os dois termos são equivalentes e podem ser traduzidos por um só, como foi argumentado no apêndice B de *As palavras de Freud: o vocabulário freudiano e suas versões*, de Paulo César de Souza. São Paulo: Companhia das Letras, nova ed. revista, 2010, pp. 285-89. Nas versões consultadas encontramos, para

agudo contraste com os demais desejos do indivíduo, que se mostrava inconciliável com as exigências éticas e estéticas da personalidade. Ocorrera um breve conflito e, no final dessa luta interior, a ideia que aparecia ante a consciência como portadora daquele desejo incompatível sucumbiu à repressão, sendo impelida para fora da consciência e esquecida, junto com as lembranças a ela relacionadas. O motivo da repressão, portanto, era a incompatibilidade entre a ideia em questão e o Eu do paciente; as forças repressivas eram as reivindicações éticas etc. do indivíduo. A aceitação do desejo inconciliável ou o prosseguimento do conflito teriam gerado intenso desprazer; esse desprazer foi evitado pela repressão, que, dessa maneira, revelou-se como um dos dispositivos de proteção da personalidade psíquica.

Em vez de muitos exemplos, quero lhes apresentar um só de meus casos, no qual as condições para a repressão e sua utilidade são bastante claras. É certo que, para meus propósitos, terei que abreviar também essa história clínica, deixando de lado importantes premissas dela. Uma moça que pouco antes havia perdido seu amado pai e que lhe havia dado assistência — uma situação análoga à da paciente de Breuer — demonstrou,

---

Wunschregung: "desejo", *optación, moción de deseo, impulso di desiderio, wishful impulse*. Na *Standard* brasileira — que, como dissemos acima, aproveitou a primeira das versões aqui citadas, feita em 1931 —, o diretor da edição, que revisou essa versão, substituiu "desejo" por "impulso desejoso", que lhe pareceu a tradução adequada para *wishful impulse* (algo como "impulso pleno de desejo").

após o casamento da irmã mais velha, simpatia especial pelo novo cunhado, sentimento esse que podia ser tomado por afeição familiar. Pouco tempo depois a irmã adoeceu e morreu, quando a paciente e sua mãe estavam ausentes. Elas foram rapidamente chamadas, sem ter uma informação precisa do triste acontecimento. Quando a moça estava se aproximando do leito da irmã falecida, ocorreu-lhe, num breve instante, uma ideia que podia ser expressa nas palavras seguintes: *Agora ele está livre e pode se casar comigo.* Podemos dar como certo que tal ideia, que traía seu amor intenso pelo cunhado, de que ela mesma não tinha consciência, foi entregue à repressão no instante seguinte, graças ao tumulto de seus sentimentos. A garota adoeceu com graves sintomas histéricos e, quando a tomei em tratamento, verificou-se que havia esquecido completamente a cena junto ao leito da irmã e o feio impulso egoísta que nela se manifestara. Lembrou-se dele no tratamento, reproduziu o instante patogênico, dando mostras de violenta emoção, e ficou sã com o tratamento.

Talvez eu possa ilustrar-lhes o processo da repressão e seu necessário vínculo com a resistência mediante uma tosca analogia, retirada justamente da nossa situação presente. Suponham que nesta sala e no meio desta plateia, cujo silêncio e atenção exemplares eu não posso louvar o bastante, houvesse um indivíduo que se comportasse de modo perturbador, que com impertinentes risadas, falas e batidas dos pés me desviasse a atenção de minha tarefa. Eu declararia não poder continuar a palestra dessa forma, e então alguns cavalheiros robustos se levantariam entre os senhores e, após uma breve peleja, poriam o mal-educado na rua. Ele estaria então "reprimido",* e eu poderia dar prosseguimento à palestra. Mas, para que o distúrbio não se repetisse caso o indivíduo tentasse entrar novamente, os cavalheiros que haviam feito cumprir minha vontade moveriam suas cadeiras para junto da porta e se estabeleceriam como "resistência", após a repressão consumada. Se agora os senhores traduzirem esses dois locais em termos psíquicos, como "consciente" e "inconsciente", terão uma imagem aceitável do processo da repressão.

Agora os senhores veem onde a nossa concepção se diferencia da de Janet. Nós não derivamos a cisão da psique de uma inata deficiência do aparelho psíquico para realizar a síntese, e sim a explicamos dinamicamente, pelo conflito entre forças psíquicas contrastantes, nela enxergando o resultado de uma ativa oposição entre os dois grupamentos psíquicos. Desta nossa concepção nascem novas questões em grande número. Sabe-se que é muito frequente a situação de conflito psíquico; o esforço do Eu em defender-se de recordações dolorosas é observado com inteira regularidade, sem que leve a uma cisão psíquica. Não podemos afastar o pensamento de que outras condições são requeridas para que o conflito resulte na dissociação. Também ad-

---

* No original, *verdrängt*, particípio do verbo *verdrängen*, que significa literalmente "empurrar, desalojar"; cf. capítulo sobre as possíveis versões do substantivo *Verdrängung* em *As palavras de Freud*, op. cit.

mito, de bom grado, que com a hipótese da repressão estamos apenas no começo, não no final de uma teoria psicológica, mas só podemos avançar aos poucos, o conhecimento completo dependerá de um trabalho maior e mais profundo.

Por outro lado, os senhores não devem tentar refletir sobre o caso da paciente de Breuer a partir da repressão. Essa história clínica não se presta a isso, pois foi obtida mediante a influência hipnótica. Somente quando os senhores excluírem a hipnose poderão notar as resistências e repressões e formar uma ideia adequada do verdadeiro processo patogênico. A hipnose esconde a resistência e torna acessível determinado âmbito da psique, mas, em troca, acumula a resistência nos limites desse âmbito, formando uma muralha que torna inacessível tudo o que está além.

O que extraímos de mais valioso da observação de Breuer foram os esclarecimentos sobre o vínculo entre os sintomas e as vivências patogênicas ou traumas psíquicos, e agora não podemos deixar de avaliar essas percepções a partir da teoria da repressão. Não percebemos, à primeira vista, como se chega à formação de sintomas partindo da repressão. Em vez de fornecer uma complicada argumentação teórica, quero retornar, neste ponto, à imagem que utilizamos anteriormente para a repressão. Considerem que o incidente não terminou necessariamente com a exclusão do indivíduo incômodo e o posicionamento dos vigias ante a porta. Pode muito bem ter ocorrido que o sujeito, irritado e ainda mais desconsiderado, prosseguisse nos dando trabalho. É certo que já não estava entre nós, que nos livramos de sua presença, de seu riso galhofeiro, de suas observações a meia-voz, mas em determinado sentido a repressão malogrou, pois ele passou a apresentar lá fora seu intolerável espetáculo, e seus gritos e golpes na porta inibiam minha palestra mais ainda que o comportamento grosseiro de antes. Em tal situação, ficaríamos contentes se, digamos, nosso estimado presidente, o dr. Stanley Hall, se dispusesse a assumir o papel de mediador e pacificador. Ele sairia para falar com o intratável sujeito e retornaria com a proposta de que o deixássemos entrar novamente, garantindo que o homem se comportaria melhor. Fiados na autoridade do dr. Hall, concordaríamos em suspender a repressão e haveria novamente paz e sossego. Esta não seria uma descrição inadequada da tarefa que toca ao médico na terapia psicanalítica das neuroses.

Para dizê-lo mais diretamente: estudando os doentes histéricos e outros neuróticos, chegamos à conclusão de que neles *fracassou* a repressão da ideia a que se liga o desejo insuportável. É certo que a impeliram para fora da consciência e da lembrança e aparentemente se pouparam uma enorme soma de desprazer, *mas no inconsciente o desejo reprimido continua a existir*, espreita por uma oportunidade de ser ativado, e então consegue enviar à consciência uma *formação substitutiva* para o que foi reprimido, deformada e tornada irreconhecível, à qual logo se ligam os mesmos sentimentos de desprazer dos quais o indivíduo se acreditava poupado mediante a repressão. Tal formação substitutiva da ideia reprimida — o *sintoma* — é imune a ataques subsequentes por parte do Eu defensivo, e no lugar do breve conflito surge um sofrimento interminável. No sintoma se constata, junto aos indícios da deformação, um resíduo de semelhança indireta com a ideia reprimida originalmente; as vias pelas quais a formação substitutiva se realizou podem ser descobertas durante o tratamento psicanalítico do doente, e para a cura é necessário que o sintoma seja reconduzido pelas mesmas vias até a ideia reprimida. Se o que foi reprimido é novamente levado à atividade psíquica consciente — o que pressupõe a superação de consideráveis resistências —, o conflito psíquico resultante, que o paciente pretendia evitar, pode ter melhor desenlace, sob a direção do médico, do que o oferecido pela repressão. Existem várias soluções assim apropriadas, que levam o conflito e a neurose a bom termo e que, em certos casos, podem ser alcançadas em combinação. Ou a personalidade do doente é convencida de que rechaçou injustamente o desejo patogênico e induzida a aceitá-lo total ou parcialmente, ou esse desejo é dirigido para uma meta mais elevada e, portanto, irrepreensível (o que é chamado de *sublimação*), ou se admite sua rejeição como sendo justa, mas se substitui o mecanismo automático (e, portanto, insuficiente) da repressão por um juízo de condenação, com o auxílio das mais elevadas funções intelectuais do ser humano; alcança-se o domínio consciente do desejo.

Queiram perdoar-me se não tive êxito em expor de modo mais claramente apreensível esses pontos fundamentais do método de tratamento agora denominado *psicanálise*. As dificuldades não estão apenas na novidade do tema. Algumas observações posteriores esclarecerão sobre a natureza dos desejos intoleráveis que, apesar da repressão, conseguem se fazer perceptíveis desde o inconsciente, e sobre as condições subjetivas ou constitucionais que têm de estar presentes numa pessoa, para que ocorra esse malogro da repressão e haja uma formação substitutiva ou de sintoma.

III

Senhoras e senhores: Nem sempre é fácil dizer a verdade, especialmente quando é preciso ser breve; por isso devo corrigir uma inexatidão que expressei na última conferência. Eu lhes disse que, tendo renunciado à hipnose, insistia para que os pacientes me informassem tudo o que lhes ocorria acerca do problema que abordávamos — pois sabiam de fato o que se achava supostamente esquecido, e o que lhes ocorresse certamente conteria o que se buscava —, e efetivamente descobria que a primeira coisa que lhes vinha à mente trazia o esperado e demonstrava ser a esquecida continuação da lembrança. Bem, isso não é inteiramente correto; eu o expus desse modo simplificado para manter a concisão. Na realidade, somente nas primeiras vezes acontecia de o que fora mesmo esquecido se apresentar por mera insistência minha. Continuando com o procedimento, sempre vinham coisas que não podiam ser as corretas, pois não se adequavam ao contexto e os próprios pacientes as rejeitavam como incorretas. A insistência não ajudava, e parecia um erro haver abandonado a hipnose.

Nessa fase de perplexidade, agarrei-me a um preconceito* que teria sua legitimidade científica demonstrada por C. G. Jung e seus discípulos de Zurique, anos depois. Devo dizer que pode ser útil, às vezes, ter preconceitos. Eu tinha em alta conta o rigor do determinismo dos processos psíquicos, e não podia crer que um pensamento que o paciente produzia num estado de extrema atenção fosse completamente arbitrário e sem relação com a ideia esquecida que procurávamos; o fato de que não era idêntico a essa podia ser explicado satisfatoriamente a partir da situação psicológica postulada. No doente em tratamento atuavam duas forças contrárias: de um lado seu esforço consciente em atrair o material esquecido presente no inconsciente para a consciência, de outro a resistência nossa conhecida, que se opunha a que o reprimido ou seus derivados se tornassem conscientes. Se tal resistência era igual a zero ou muito pouca, o esquecido se tornava consciente sem deformação; logo, era plausível supor que a deformação do que era buscado resultaria tanto maior quanto maior fosse a resistência a que ele se tornasse consciente. O pensamento aparecido no lugar do que era buscado havia ele mes-

---

* No sentido de "pré-conceito", *Vorurteil* em alemão; ver nota sobre o termo e sua tradução em Nietzsche, *Além do bem e do mal*, trad. Paulo César de Souza. São Paulo: Companhia das Letras, 1992, nota n. 9.

mo se originado como um sintoma, portanto; era uma nova formação substitutiva, artificial e efêmera, para o que fora reprimido, e tanto mais diferente desse quanto maior a deformação que ele sofrera por influxo da resistência. Mas ele tinha de mostrar certa semelhança com o que era buscado, devido à sua natureza de sintoma, e, se a resistência não era muito forte, devia ser possível, a partir do pensamento surgido, chegar ao que era buscado. O pensamento tinha de ser, em relação ao elemento reprimido, como que uma alusão, uma representação dele em discurso *indireto*.

Conhecemos, no âmbito da vida psíquica normal, casos em que situações análogas àquela que supusemos produzem resultados também semelhantes. Um caso assim é o do *chiste*. Os problemas da técnica psicanalítica fizeram com que eu também me ocupasse da técnica de formação dos chistes. Vou lhes dar apenas um exemplo desse tipo, aliás uma anedota em língua inglesa.

A piada diz o seguinte. Dois negociantes pouco escrupulosos haviam conseguido, mediante uma série de empreendimentos ousados, acumular uma grande fortuna, e então se esforçavam por serem acolhidos na boa sociedade. Entre outras coisas, pareceu-lhes conveniente se fazerem retratar pelo mais caro e eminente pintor da cidade, cujos quadros eram considerados verdadeiros acontecimentos. Numa grande *soirée* foram apresentadas as caríssimas pinturas, e os dois anfitriões conduziram pessoalmente o mais prestigioso crítico e conhecedor de arte até o local do salão onde se achavam pendurados os dois retratos, a fim de escutar sua opinião maravilhada. Ele contemplou longamente os quadros, balançou a cabeça, como se notasse a ausência de algo, e perguntou, apontando para o espaço vazio entre os dois quadros: "*And where is the Saviour?* [E onde está o Salvador?]". Vejo que todos riem dessa boa piada; vamos buscar compreendê-la juntos. Entendemos o que o conhecedor de arte quer dizer: "Vocês são dois velhacos, exatamente como aqueles entre os quais o Salvador foi crucificado". Mas ele não diz assim; em vez disso, expressa algo que à primeira vista parece inadequado e fora de contexto, mas que no momento seguinte percebemos como *alusão* ao insulto que tinha em mente e como substituto perfeito para este. Não podemos esperar que na anedota se achem todas as condições que supomos haver na origem do pensamento que ocorre a nosso paciente, mas enfatizamos a identidade da motivação para a anedota e o pensamento. Por que o crítico não fala diretamente aos dois velhacos o que gostaria de lhes dizer? Porque bons motivos contrários estão presentes nele, além de sua vontade de lhes dizer isso na cara. Não deixa de ser arriscado ofender pessoas que nos recebem e que dispõem dos vigorosos punhos de uma extensa criadagem. Pode-se ter o mesmo destino que na conferência anterior apresentei numa analogia para a "repressão". Por essa razão o crítico não expressa diretamente o insulto imaginado, e sim de forma distorcida, como uma "alusão com omissão", e à mesma constelação se deve, a nosso ver, que o paciente produza, em vez da ideia esquecida que buscamos, um *pensamento substitutivo* mais ou menos distorcido.

Senhoras e senhores: é pertinente, acompanhando a escola de Zurique (Bleuler, Jung e outros), denominar "complexo" um grupo de elementos ideativos relacionados e investidos de afeto. Vemos assim que, se partimos do que um paciente ainda se recorda, para chegarmos a um complexo reprimido, temos toda probabilidade de descobri-lo se o paciente nos oferecer um número suficiente de seus pensamentos espontâneos. Assim, deixamos o doente falar o que quiser, atendo-nos ao pressuposto de que só poderá lhe ocorrer o que indiretamente se relacionar ao complexo buscado. Se este caminho para chegar ao reprimido lhes parecer muito trabalhoso, posso lhes garantir, contudo, que é o único praticável.

No emprego dessa técnica, somos estorvados pelo fato de que muitas vezes o doente para, põe-se a hesitar, afirma que não tem o que dizer, que nada lhe ocorre absolutamente. Se assim fosse e ele tivesse razão, nosso procedimento se revelaria deficiente. No entanto, uma observação mais atenta mostra que os pensamentos espontâneos nunca deixam de surgir. Isso parece ocorrer porque o doente retém ou afasta de si a ideia percebida, sob o influxo das resistências que se travestem de variados juízos críticos sobre o valor daquele pensamento. O modo de se resguardar disso é predizer essa conduta e solicitar ao paciente que não se preocupe com essa crítica. Ele deve, renunciando completamente a uma seleção crítica, falar tudo o que lhe vier à mente, mesmo que o considere errado, despropositado, sem sentido, e sobretudo quando lhe for desagradável ocupar-se daquele pensamento. Seguindo esse preceito, garantimos o material que nos põe na trilha dos complexos reprimidos.

Esse material dos pensamentos espontâneos, que o doente rejeita com desdém, quando é influenciado pela resistência e não pelo médico, representa para o psicanalista o minério do qual, com o auxílio de algumas simples artes de interpretação, ele extrai o conteúdo de metal valioso. Querendo obter um conhecimento rápido e provisório dos complexos reprimidos de um paciente, sem examinar ainda sua organização e inter-relação, os senhores podem recorrer à *experiência da associação*, tal como foi desenvolvida por C. G. Jung e seus discípulos.[11] Esse procedimento alcança para o psicanalista o mesmo que a análise qualitativa para o químico; é dispensável na terapia de doentes neuróticos, mas indispensável para a demonstração objetiva dos complexos e na investigação das psicoses, que foi empreendida com muito êxito pela escola de Zurique.

Ocupar-se dos pensamentos que ocorrem ao paciente quando ele se submete à principal regra psicanalítica não é o nosso único recurso técnico para a exploração do inconsciente. Há dois outros procedimentos que servem para a mesma finalidade: a interpretação de seus sonhos e o aproveitamento de seus atos falhos e casuais.

Devo confessar-lhes, prezados ouvintes, que muito refleti se não seria melhor, em vez desta sucinta visão de todo o campo da psicanálise, oferecer-lhes uma expo-

---

[11] C. G. Jung, *Diagnostische Assoziationstudien*, v. I, 1906.

sição detalhada da *interpretação de sonhos*.¹² Uma razão puramente subjetiva e aparentemente secundária me impediu de fazê-lo. Pareceu-me quase indecente apresentar-me como "intérprete de sonhos" neste país, tão voltado para fins práticos, antes que os senhores soubessem da importância que pode reivindicar essa arte velha e ridicularizada. A interpretação dos sonhos é, na realidade, a via régia para o conhecimento do inconsciente, o mais seguro alicerce da psicanálise e o campo em que qualquer estudioso pode adquirir sua convicção e buscar seu treinamento. Quando me perguntam como alguém pode se tornar psicanalista, eu respondo: "Pelo estudo de seus próprios sonhos". Com perfeito discernimento, todos os oponentes da psicanálise evitaram até hoje apreciar a *Interpretação dos sonhos* ou buscaram superá-la com as mais rasas objeções. Se, ao contrário deles, os senhores forem capazes de admitir as soluções para os problemas da vida onírica, então as novidades que a psicanálise propõe ao seu pensamento já não oferecerão dificuldades.

Não devem esquecer que as nossas produções oníricas noturnas exibem, por um lado, enorme semelhança exterior e parentesco interior com as criações da doença psíquica e, por outro lado, são também compatíveis com a plena saúde da vida de vigília. Não é paradoxal afirmar que quem vê as ilusões sensoriais, ideias delirantes e mudanças de caráter "normais" com espanto, em vez de compreensão, não tem perspectiva de en-

---

12 *A interpretação dos sonhos*, 1900.

tender as formações anormais dos estados anímicos patológicos senão como um leigo. Os senhores podem tranquilamente incluir entre esses leigos quase todos os psiquiatras de hoje. Queiram agora acompanhar-me numa breve excursão pela área dos problemas do sonho.

Quando acordados, costumamos tratar os sonhos com o mesmo desdém que o paciente mostra pelos pensamentos espontâneos que o psicanalista lhe solicita. Também os rejeitamos ao esquecê-los de maneira rápida e completa. Nosso menosprezo se funda no caráter estranho até mesmo dos sonhos que não são confusos e disparatados, e na evidente absurdidade e falta de sentido de outros sonhos; e nossa rejeição se baseia nas tendências imorais e despudoradas que muitas vezes se manifestam nos sonhos. Sabemos que na Antiguidade os sonhos não eram menosprezados. Tampouco as camadas baixas de nosso povo têm dúvidas quanto a seu valor; tal como os antigos, esperam obter dos sonhos revelações sobre o futuro.

Devo dizer que não sinto necessidade de suposições místicas para preencher as lacunas de nosso conhecimento atual, e, portanto, jamais encontrei algo que confirmasse a natureza profética dos sonhos. Há muitas outras coisas — já suficientemente espantosas — que podem ser ditas sobre os sonhos.

Primeiramente, nem todos os sonhos são ininteligíveis, confusos e estranhos para o sonhador. Se os senhores examinarem os sonhos de crianças pequenas, de um ano e meio em diante, eles lhes parecerão absolutamente simples e de fácil explicação. A criança pequena sempre sonha com a realização de desejos que no dia anterior lhe foram despertados, mas não satisfeitos. Os senhores não precisarão de nenhuma arte interpretativa para encontrar esta singela solução, apenas de informações sobre as vivências da criança no dia anterior (dia do sonho). A solução mais satisfatória do enigma do sonho seria, sem dúvida, que os sonhos dos adultos não fossem diferentes daqueles das crianças, realizações de desejos que lhes vieram no dia do sonho. E assim é na realidade; os obstáculos que se acham no caminho desta solução podem ser gradualmente eliminados mediante uma análise detida dos sonhos.

A primeira e mais séria objeção é de que os sonhos dos adultos têm geralmente um conteúdo incompreensível, em que não se percebe nenhuma realização de desejo. A resposta é que esses sonhos experimentaram uma deformação; o processo* psíquico que subjaz a eles deveria ter, originalmente, outra expressão verbal. Os senhores devem distinguir entre o *conteúdo manifesto do sonho*, de que se lembram vagamente de manhã e põem em palavras de maneira trabalhosa e aparentemente arbitrária, e os *pensamentos latentes do sonho*, cuja presença no inconsciente precisamos supor. Essa deformação onírica é o mesmo processo de que tomaram conhecimento ao investigar a formação dos sintomas histéricos; ela indica que o mesmo jogo de forças psíquicas opostas participa da formação dos sonhos e da formação dos sintomas. O conteúdo manifesto do sonho é o sucedâneo deformado

---

* Ou "evento": *Vorgang*.

dos pensamentos oníricos inconscientes, e tal deformação é obra de forças defensivas do Eu, de resistências que impedem os desejos reprimidos do inconsciente de terem acesso à consciência na vida diurna, mas, embora reduzidas durante o sono, ainda são fortes o bastante para obrigá-los a se disfarçar. De modo que o sonhador não entende o sentido de seus sonhos, como o histérico não percebe as relações e o significado de seus sintomas.

Os senhores poderão convencer-se de que existem pensamentos oníricos e de que entre eles e o conteúdo manifesto do sonho há realmente o nexo que acabo de expor, se fizerem a análise dos sonhos, cuja técnica é idêntica à psicanalítica. Não considerem a aparente relação entre os elementos do sonho manifesto e procurem reunir os pensamentos que por livre associação aparecem para cada elemento do sonho, conforme a regra de trabalho psicanalítica. A partir desse material os senhores chegarão aos pensamentos oníricos latentes, exatamente como chegaram aos complexos ocultos do paciente a partir do que lhe ocorria em relação com os seus sintomas e lembranças. Nos pensamentos oníricos latentes assim encontrados, verão imediatamente como é justificado referir os sonhos dos adultos aos sonhos infantis. O que então substitui-se ao conteúdo manifesto do sonho, como verdadeiro sentido deste, é sempre claro e compreensível, liga-se às impressões do dia anterior e mostra ser uma realização de desejos não satisfeitos. Assim, o sonho manifesto, que os senhores conhecem da lembrança ao acordar, pode ser caracterizado apenas como realização *disfarçada* de desejos *reprimidos*.

Agora os senhores também podem, mediante uma espécie de trabalho de síntese, conhecer o processo que levou à deformação e transformação dos pensamentos oníricos inconscientes em conteúdo manifesto do sonho. Denominamos esse processo "trabalho do sonho". Ele merece nosso pleno interesse teórico, pois sobretudo nele podemos estudar os insuspeitados processos psíquicos que são possíveis no inconsciente, ou melhor, *entre* dois sistemas psíquicos diferenciados como o consciente e o inconsciente. Entre esses processos psíquicos descobertos sobressaem o da *condensação* e o do *deslocamento*. O trabalho do sonho é um caso especial dos efeitos recíprocos de diferentes grupamentos psíquicos, ou seja, das consequências da cisão psíquica, e parece ser idêntico, no essencial, ao trabalho de deformação que transforma os complexos reprimidos em sintomas, na repressão malograda.

Além disso, os senhores se admirarão ao descobrir na análise dos sonhos — e, da maneira mais convincente, dos seus próprios — o papel enorme, insuspeitado, que as impressões e vivências dos primeiros anos da infância têm no desenvolvimento do indivíduo. Na vida onírica a criança como que continua a existir na pessoa, mantendo todos os desejos e características, inclusive os que se tornaram imprestáveis na vida adulta. De forma imperiosa se apresentarão aos senhores os desenvolvimentos, repressões, sublimações e formações reativas mediante os quais resulta, de uma criança de tão diferentes propensões, o assim chamado indivíduo normal, que é portador e, em parte, vítima da civilização penosamente alcançada.

Também desejo lhes assinalar que pela análise dos sonhos pudemos notar que o inconsciente se utiliza — especialmente para a representação de complexos sexuais — de um simbolismo determinado, que em parte varia individualmente, mas também é fixado em formas típicas, e que parece coincidir com o simbolismo que conjeturamos haver em nossos mitos e fábulas. É possível que tais criações dos povos venham a ser esclarecidas através dos sonhos.

Por fim, devo lhes admoestar que não se deixem levar pela objeção de que o aparecimento de sonhos angustiados contradiz nossa concepção do sonho como realização de desejos. Sem considerar que também esses sonhos angustiados necessitam de interpretação antes de serem julgados, devemos dizer, em termos bastante gerais, que a angústia não se liga tão simplesmente ao conteúdo do sonho, como se pode imaginar sem maior conhecimento das condições que determinam a angústia neurótica. A angústia é uma das reações negativas do Eu em relação a desejos reprimidos que se tornaram fortes, e por isso também é explicada facilmente no sonho, quando a formação do sonho se pôs demasiadamente a serviço da realização desses desejos reprimidos.

Como veem, a indagação sobre o sonho já se justificaria pelos esclarecimentos que traz sobre coisas que de outro modo dificilmente saberíamos. Mas chegamos a ela com o tratamento psicanalítico dos neuróticos. Após o que foi dito, os senhores compreendem como a interpretação dos sonhos, se não é muito dificultada pelas resistências do paciente, leva ao conhecimento de seus desejos ocultos e reprimidos e dos complexos por esses alimentados, e posso agora abordar o terceiro grupo de fenômenos psíquicos, cujo estudo também se tornou recurso técnico da psicanálise.

Trata-se dos pequenos atos falhos de indivíduos tanto normais como neuróticos, aos quais não se costuma dar importância: o esquecimento de coisas que podem saber e às vezes sabem realmente (por exemplo, a momentânea dificuldade em recordar um nome), os lapsos verbais em que todos incorremos, os lapsos análogos quando se lê ou se escreve, as atrapalhações ao realizar tarefas simples, o ato de perder ou quebrar objetos etc. — coisas para as quais normalmente não se busca uma determinação psicológica e que se deixa passar sem questionamento, como eventos casuais, consequências de distração, desatenção e circunstâncias similares. Há também os atos e gestos que as pessoas executam sem perceber e tampouco sem lhes atribuir valor psíquico, como brincar ou mexer com objetos, trautear melodias, tocar em partes do corpo ou da própria roupa etc.[13] Essas pequenas coisas, os *atos falhos* e *ações sintomáticas e casuais*, não são desprovidas de significado, como as pessoas em geral — numa espécie de acordo tácito — se dispõem a crer. São perfeitamente significativas; podem ser interpretadas, com facilidade e segurança, a partir da situação em que ocorrem, e verifica-se que também expressam

---

13 *Psicopatologia da vida cotidiana*, 1905.

impulsos* e intenções que devem ser postos para trás, escondidos da própria consciência, ou que procedem dos mesmos complexos e desejos reprimidos que já conhecemos como criadores dos sintomas e formadores dos sonhos. Merecem ser vistas como sintomas, portanto, e o seu exame, assim como o dos sonhos, pode conduzir ao desvelamento do que se acha oculto na psique. Por meio delas, o indivíduo geralmente revela seus mais íntimos segredos. Quando acontecem de modo bastante fácil e frequente, mesmo na pessoa sã, que costuma ter êxito na repressão de seus impulsos inconscientes, devem isso ao seu caráter trivial e discreto. Mas podem reivindicar um alto valor teórico, pois nos demonstram a existência da repressão e da formação substitutiva mesmo em condições de saúde.

Os senhores já percebem que o psicanalista se distingue pela rigorosa crença no determinismo da vida psíquica. Para ele não existe nada pequeno, nada arbitrário ou casual nas manifestações da psique. Ele sempre espera encontrar uma motivação suficiente, ali onde habitualmente não há essa expectativa; mais ainda, dispõe-se a achar uma *motivação múltipla* para um só efeito psíquico, enquanto nossa exigência de causalidade, que se supõe inata, declara-se satisfeita com uma única causa psíquica.

Se agora os senhores reunirem todos os meios que possuímos para o desvelamento do que se acha oculto,

---

* *Impulsen* no original; cf. nota na página 18; também existe o adjetivo *impulsiv* em alemão, para caracterizar um ato ou uma pessoa — tal como em português.

esquecido, reprimido na psique, o estudo dos pensamentos do paciente evocados na associação livre, dos seus sonhos e dos seus atos falhos e sintomáticos; se juntarem a isso a utilização de outros fenômenos que ocorrem durante o tratamento psicanalítico, sobre os quais farei depois algumas observações ao abordar a "transferência", chegarão comigo à conclusão de que nossa técnica já tem eficácia bastante para realizar sua tarefa, para levar à consciência o material psíquico patogênico e assim eliminar o sofrimento ocasionado pela formação de sintomas substitutivos. O fato de, em nosso esforço terapêutico, enriquecermos e aprofundarmos o conhecimento da vida psíquica das pessoas doentes e das normais, deve apenas ser considerado um atrativo e uma vantagem particulares desse trabalho.

Não sei se tiveram a impressão de que a técnica cujo arsenal acabo de lhes mostrar é particularmente difícil. Penso que é inteiramente adequada ao material com que tem de lidar. Certamente não é óbvia, tem de ser aprendida, tal como a técnica histológica ou cirúrgica. Talvez fiquem admirados ao saber que na Europa ouvimos muitos julgamentos sobre a psicanálise feitos por pessoas que nada sabem dessa técnica e não a aplicam, e depois requerem, como que zombando, que lhes demonstremos a correção de nossos resultados. Também há entre esses opositores, sem dúvida, pessoas para as quais o modo de pensamento científico não é desconhecido normalmente, que não rejeitariam o resultado de um exame microscópico porque não se pode confirmá-lo no preparado anatômico a olho nu, nem antes de formar elas próprias um juízo sobre a questão, com o auxílio do microscópio. No tocante à psicanálise, porém, as condições são realmente mais desfavoráveis ao reconhecimento. A psicanálise busca levar o que se acha reprimido na psique ao reconhecimento consciente, e todo aquele que a julga é ele próprio um ser humano que tem essas repressões, mantidas talvez a duras penas. Portanto, ela deve provocar nele a mesma resistência que desperta nos doentes, e para esta é fácil mascarar-se de rejeição intelectual e aduzir argumentos semelhantes àqueles que rebatemos em nossos pacientes com a regra psicanalítica fundamental. Assim como em nossos pacientes, também em nossos adversários podemos constatar, com frequência, uma clara influência afetiva sobre a capacidade de julgamento, no sentido de que é debilitada. A presunção da consciência, que tanto menospreza o sonho, por exemplo, é um dos mais fortes dispositivos protetores de que todos somos dotados para impedir a irrupção dos complexos inconscientes, e por isso é tão difícil convencer as pessoas da realidade do inconsciente e lhes dar a conhecer algo novo, que contradiz seu saber consciente.

IV

Senhoras e senhores: Agora desejarão saber o que, com o auxílio dos meios técnicos que descrevemos, conseguimos apurar sobre os complexos patogênicos e desejos reprimidos dos neuróticos.

Trata-se de uma coisa, sobretudo: com surpreendente regularidade, a pesquisa psicanalítica descobre que os sintomas patológicos dos doentes são ligados a impressões de sua vida amorosa, mostra que os desejos patogênicos são da natureza de componentes instintuais eróticos e nos obriga a supor que devemos atribuir a máxima importância aos distúrbios eróticos, entre as influências que conduzem à doença, e que isso ocorre em ambos os sexos.

Bem sei que as pessoas não creem de bom grado nesta minha afirmação. Até mesmo os pesquisadores que se dispõem a acompanhar meus trabalhos psicológicos tendem a achar que superestimo a contribuição dos fatores sexuais, e me perguntam por que outras excitações psíquicas também não dariam ensejo aos fenômenos de repressão e de formação substitutiva que caracterizei. Posso apenas responder: "Não sei por que não poderiam fazê-lo, e tampouco tenho algo contra isso, mas a experiência mostra que não têm essa importância, que dão respaldo à ação dos fatores sexuais, quando muito, mas jamais os substituem". Isso não foi postulado teoricamente por mim; ainda nos *Estudos sobre a histeria*, que publiquei juntamente com o dr. Josef Breuer, em 1895, eu não adotava esse ponto de vista; tive de abraçá-lo quando minhas experiências se multiplicaram e penetrei mais profundamente na questão. Caros senhores: encontram-se aqui alguns de meus amigos e seguidores mais próximos, que me acompanharam nesta viagem a Worcester. Perguntem-lhes acerca disso e ouvirão que todos eles, inicialmente, descriam por completo da afirmação sobre a importância decisiva da etiologia sexual, até que o seu próprio labor analítico os obrigou a subscrevê-la.

Convencer-se da justeza da tese em questão não é exatamente facilitado pelo comportamento dos pacientes. Em vez de solicitamente nos darem informações a respeito de sua vida sexual, eles buscam ocultá-las de toda maneira. As pessoas não são francas em matéria sexual. Não mostram livremente sua sexualidade; usam, isto sim, um espesso manto de mentiras para escondê-la, como se fizesse mau tempo no mundo da sexualidade. E não deixam de estar certas, o sol e o ar não são realmente propícios à atividade sexual em nosso mundo civilizado; nenhum de nós pode livremente revelar aos outros o seu erotismo. Mas, quando seus pacientes notarem que podem sentir-se à vontade sob o seu tratamento, irão se desfazer desse envoltório de mentiras, e só então os senhores estarão capacitados a formar um juízo sobre esse tema controverso. Infelizmente, tampouco os médicos têm privilégio sobre os demais seres humanos em sua relação pessoal com as questões da vida sexual, e muitos deles se acham dominados pela mescla de concupiscência e hipocrisia que governa a conduta da maioria dos "homens civilizados" em matéria de sexualidade.

Vamos prosseguir com a exposição de nossos resultados. Em outro conjunto de casos, é certo que a investigação psicanalítica não refere os sintomas a vivências sexuais, e sim a triviais vivências traumáticas. Mas outra circunstância torna irrelevante essa distinção. O trabalho de análise requerido para o completo esclarecimento e a cura definitiva de um caso não se detém jamais nas vivências da época em que o paciente adoeceu, mas retrocede sempre até a puberdade e a primeira infância, para somente ali deparar com as impressões e ocorrências determinantes para o adoecimento posterior. Apenas as vivências da infância explicam a suscetibilidade a traumas posteriores, e apenas desvelando e tornando conscientes esses traços mnemônicos quase invariavelmente esquecidos é que adquirimos o poder para eliminar os sintomas. Chegamos aqui ao mesmo resultado que na investigação dos sonhos, isto é, que são os desejos imorredouros e reprimidos da infância que emprestam à formação dos sintomas a sua força, sem a qual a reação aos traumas posteriores tomaria um curso normal. Mas podemos, de maneira bastante geral, designar como sexuais esses poderosos desejos infantis.

Agora estou realmente seguro de que se espantaram. "Então existe uma sexualidade infantil?", perguntarão. "A infância não é o período da vida caracterizado pela ausência do instinto sexual?" Não, meus senhores, certamente não ocorre que o instinto sexual penetre nas crianças no momento da puberdade, tal como o demônio entra nos porcos numa passagem do Evangelho. A criança tem seus instintos e atividades sexuais desde o início, vem com eles ao mundo, e deles procede, mediante um desenvolvimento significativo e pleno de etapas, aquilo que se chama a sexualidade normal do adulto. E essas manifestações de atividade sexual infantil não são nada difíceis de observar; pelo contrário, é preciso alguma arte para ignorá-las ou interpretá-las de outra maneira.

Por um obséquio do destino, acho-me em condições de invocar o testemunho de um dos seus próprios colegas em favor de minha tese. Eis aqui um trabalho do dr. Sanford Bell, publicado no *American Journal of Psychology* em 1902. O autor pertence ao quadro da Clark University, em cuja sede nos encontramos agora. Nesse trabalho, intitulado "A preliminary study of the emotion of love between the sexes" [Um estudo preliminar da emoção do amor entre os sexos], e que surgiu três anos antes de meus *Três ensaios sobre a teoria da sexualidade* [1905], ele afirma exatamente o que acabo de lhes dizer: "*The emotion of sex-love* [...] *does not make itsappearance for the first time at the period of adolescence, as has been thought*" [A emoção do amor sexual não aparece pela primeira vez no período da adolescência, como se tem pensado]. Ele trabalhou ao modo americano, como diríamos na Europa: reuniu nada menos que 2500 observações no decorrer de quinze anos, entre elas oitocentas que ele próprio realizou. "*The unprejudiced mind in observing these manifestations in hundreds of couples of children cannot escape referring them to sex origin. The most exacting mind is satisfied when to these observations are added the confessions of those who have as children experienced the emotion to a marked degree of intensity, and whose memories of childhood are relatively distinct*" [A mente despreconcebida, ao observar essas manifestações em centenas de casais de crianças, não pode deixar de referi-las a uma origem sexual. O mais exigente espírito fica satisfeito quando a essas observações se juntam as confissões daqueles que, sendo crianças, experimentaram a emoção num alto grau de intensidade, e cujas memórias da infância são relativamente nítidas]. O que mais surpreenderá aqueles entre os senhores que desejariam não crer na sexualidade infantil, porém, será ouvir que entre essas crianças precocemente enamoradas se encontram várias com a tenra idade de três, quatro e cinco anos.

Não me admiraria se os senhores acreditassem antes nessas observações de seu colega e patrício do que nas minhas. Recentemente me foi dado obter, a partir da análise de um garoto de cinco anos que sofria de angústia — empreendida por seu próprio pai, seguindo a técnica correta —,[14] um quadro razoavelmente completo das manifestações instintuais somáticas e das produções psíquicas num dos primeiros estágios da vida amorosa infantil. E devo lembrar-lhes que há poucas horas, nesta mesma sala, meu amigo C. G. Jung apresentou sua observação de uma garota ainda mais jovem, que, motivada pelo mesmo ensejo de meu paciente — o nascimento de um irmãozinho —, evidenciou quase os mesmos impulsos sensuais, desejos e complexos. Não perco a esperança, portanto, de que os senhores ainda se conciliarão com a ideia inicialmente estranha de uma sexualidade infantil, e gostaria também de lhes mencio-

---

14 Análise da fobia de um garoto de cinco anos (*Jahrbuch für psychoanalytische und psychopathologische Forschungen*, v. I, 1ª metade, 1909).

nar o honroso exemplo do psiquiatra E. Bleuler, de Zurique, que ainda há poucos anos declarou publicamente não entender minhas teorias sexuais, mas desde então confirmou a sexualidade infantil em sua plena extensão, através de observações próprias.[15]

É bastante fácil explicar por que a maioria das pessoas, sejam observadores clínicos ou não, prefere nada saber sobre a vida sexual das crianças. Elas esqueceram sua própria atividade sexual infantil, sob a pressão da educação para a vida em sociedade, e não desejam ser lembradas do que foi reprimido. Chegariam a outras convicções se iniciassem o exame com uma autoanálise, uma revisão e interpretação de suas lembranças infantis.

Deixem de lado as dúvidas e acompanhem-me numa apreciação da sexualidade infantil desde os primeiros anos.[16] O instinto sexual da criança se revela bastante complexo, pode ser decomposto em muitos elementos que procedem de fontes diversas. E, sobretudo, é ainda independente da função da procriação, a cujo serviço se porá mais tarde. Ele se presta para a obtenção de diferentes sensações de prazer, que, com base em analogias e conexões, reunimos sob a denominação de prazer sexual. A principal fonte do prazer sexual infantil é a excitação apropriada de certos locais do corpo especialmente suscetíveis de estímulo, que são, além dos genitais,

---

[15] Bleuler, "Sexuelle Abnormitäten der Kinder [Anormalidades sexuais das crianças]", *Jahrbuch der Schweizerischen Gesellschaft für Schulgesundheispflege*, IX, 1908.

[16] *Três ensaios sobre a teoria da sexualidade*, Viena, 1905.

os orifícios da boca, ânus e uretra, mas também a pele e outras superfícies sensoriais. Como nessa primeira fase da vida sexual infantil a satisfação é encontrada no próprio corpo, prescinde-se de um objeto exterior, nós a denominamos fase do "autoerotismo", recorrendo a um termo cunhado por Havelock Ellis. Aqueles locais importantes para a obtenção de prazer sexual nós chamamos de "zonas erógenas". O ato de chupar o dedo ou de mamar, dos bebês, é um bom exemplo desta satisfação autoerótica a partir de uma zona erógena. O primeiro estudioso desse fenômeno, um pediatra de nome Lindner, de Budapeste, já o interpretava corretamente como satisfação sexual, e descreveu exaustivamente sua transição para outras formas, mais elevadas, de atividade sexual.[17] Outra satisfação sexual desse período da vida é a excitação masturbatória dos genitais, que conserva enorme importância na vida posterior e que alguns indivíduos jamais abandonam completamente. Além dessas e de outras atividades autoeróticas, manifestam-se bem cedo na criança aqueles componentes instintuais do prazer sexual — ou, como apreciamos dizer, da libido — que pressupõem outra pessoa como objeto. Esses instintos aparecem em pares de opostos, como ativos e passivos. Devo mencionar, como os mais significativos representantes desse grupo, o prazer em causar dor (sadismo), com sua contraparte passiva (masoquismo), e

---

17 *Jahrbuch für Kinderheilkunde* [Anuário de Pediatria], 1879 [Lindner, *Das Saugen an den Fingern, Lippen, etc. bei den Kindern* (*Ludeln*)],

o prazer em olhar ou em ser olhado, sendo que do primeiro deriva posteriormente a ânsia de saber, e desse último, o impulso para a exibição artística e teatral. Outras atividades sexuais da criança já entram no âmbito da *escolha de objeto*, em que o principal elemento é outra pessoa, que deve sua importância, originalmente, a considerações oriundas do instinto de autoconservação. Mas a diferença sexual ainda não tem papel decisivo nesse período da infância; assim, podemos atribuir a toda criança, sem lhe fazer injustiça, um quê de inclinação homossexual.

Essa dispersa vida sexual da criança, abundante mas dissociada, em que um instinto busca o prazer independentemente dos outros, é então concentrada e organizada em duas direções principais, de modo que no fim da puberdade o caráter sexual definitivo da pessoa geralmente já se encontra formado. De um lado, os diversos instintos ficam subordinados ao predomínio da zona genital, pelo que toda a vida sexual se põe a serviço da procriação e a satisfação deles mantém a importância apenas para preparar e favorecer o ato sexual propriamente dito. De outro lado, a escolha de objeto relega para trás o autoerotismo, de maneira que na vida amorosa os componentes todos do instinto sexual passam a procurar satisfação na pessoa amada. Mas nem todos os componentes instintuais originais são admitidos nesse estabelecimento definitivo da vida sexual. Ainda antes da puberdade, repressões extremamente enérgicas de determinados instintos se realizam sob influência da educação, e produzem-se forças psíquicas como o pudor, o nojo, a moral, que zelam como vigias por essas repressões. Quando, na época da puberdade, sobrevém a inundação da necessidade sexual, ela encontra, nas mencionadas formações psíquicas reativas ou de resistência, diques que lhe impõem o fluxo pelas assim chamadas vias normais e lhe tornam impossível reavivar os instintos submetidos à repressão. Em particular, são os impulsos *coprófilos* da infância, isto é, aqueles relacionados aos excrementos, os mais profundamente atingidos pela repressão, e também a fixação nas pessoas da primitiva escolha de objeto.

Meus senhores: uma tese da patologia geral nos diz que todo processo de desenvolvimento traz consigo os germens da predisposição patológica, já que ele pode ser inibido, adiado ou suceder de forma incompleta. O mesmo vale para o complicado desenvolvimento da função sexual. Ele não se dá sem problemas em todo indivíduo, pode deixar anormalidades ou predisposições para um adoecimento posterior pelo caminho da involução (regressão). Pode acontecer que nem todos os instintos parciais se submetam ao domínio da zona genital; um instinto que tenha assim continuado independente produz o que denominamos *perversão*, que pode substituir a meta sexual normal por uma própria. Como já mencionei, muitas vezes ocorre que o autoerotismo não é inteiramente superado, algo que as mais diversas perturbações depois evidenciam. Pode se manter a equivalência original dos dois sexos como objeto sexual, e disso resultará uma inclinação para a atividade homossexual na vida adulta, que em determinadas circunstâncias chega à homossexualidade exclusiva. Esta série de distúrbios corresponde às inibições diretas do desenvolvimento da função sexual; compreende as *perversões* e o — nada raro — *infantilismo* geral da vida sexual.

A predisposição às neuroses relaciona-se de outra maneira ao desenvolvimento sexual prejudicado. As neuroses estão para as perversões como o negativo para o positivo; nelas podem ser demonstrados os mesmos componentes instintuais que nas perversões, como portadores dos complexos e formadores de sintomas, mas atuando a partir do inconsciente. Experimentaram uma repressão, portanto; mas puderam, apesar dela, firmar-se no inconsciente. A psicanálise nos permite ver que uma manifestação excessiva desses instintos, em idade muito tenra, leva a uma espécie de *fixação* parcial que representará um ponto fraco no conjunto da função sexual. Se o exercício da função sexual normal encontra obstáculos na vida adulta, a repressão da época de desenvolvimento é rompida justamente nos locais em que houve as fixações infantis.

Agora os senhores talvez façam a objeção de que isso não é sexualidade. Emprego a palavra num sentido bem mais amplo do que aquele a que estão acostumados. Isto lhes concedo de bom grado. Mas cabe perguntar se os senhores não empregariam o termo em sentido muito restrito, ao limitá-lo ao âmbito da procriação. Assim fazendo, sacrificam o entendimento das perversões, o nexo entre perversão, neurose e vida normal, e ficam incapacitados para perceber, em sua verdadeira significação, os primórdios — facilmente observáveis — da vida amorosa física e psíquica das crianças. O que quer que decidam sobre o uso dessa palavra, tenham presente que os psicanalistas tomam a sexualidade naquele sentido pleno a que somos levados pela consideração da sexualidade infantil.

Retornemos, mais uma vez, ao desenvolvimento sexual da criança. Nisso temos algumas coisas a acrescentar, pois nossa atenção dirigiu-se mais às manifestações somáticas da vida sexual do que às psíquicas. A escolha de objeto primitiva da criança, que deriva de sua necessidade de amparo, solicita agora o nosso interesse. Ela se volta inicialmente para todas as pessoas que cuidam da criança, mas logo essas dão lugar aos pais. A observação direta da criança e a posterior investigação analítica do adulto concordam em que a relação da criança com os pais não se acha livre de elementos de excitação sexual. Ela toma o pai e a mãe, especialmente um deles, como objeto de seus desejos eróticos. Nisso responde, habitualmente, a um estímulo dos próprios pais, cuja afeição tem nítidas características de uma atividade sexual, ainda que inibida em suas metas. O pai prefere normalmente a filha; a mãe, o filho. A criança reage a isso desejando estar no lugar do pai, se é um menino, ou no lugar da mãe, se é uma menina. Os sentimentos despertados nessas relações entre pais e filhos e nas dos irmãos entre si, que são apoiadas naquelas, são de natureza não só positiva, afetuosa, mas também negativa, hostil. O complexo assim formado é logo reprimido, mas continua a ter um efeito grande e persistente a partir do inconsciente. É lícito formular a hipótese de que ele representa, com suas ramificações, o *complexo nuclear* de toda e qualquer neurose, e não nos surpreenderá encontrá-lo, igualmente atuante, em outros âmbitos da vida psíquica. O mito do rei Édipo, que mata seu pai e toma por esposa a mãe, constitui uma revelação ainda pouco modificada desse desejo infantil, que depois é rechaçado pela barreira do *incesto*. A peça *Hamlet*, de Shakespeare, tem raízes no mesmo terreno do complexo do incesto, que ali é mais encoberto.

No tempo em que a criança é dominada pelo complexo nuclear ainda não reprimido, parte significativa de sua atividade intelectual é posta a serviço dos interesses sexuais. Ela começa a pesquisar de onde vêm os bebês e, avaliando os indícios que se lhe apresentam, compreende mais das circunstâncias reais do que os adultos podem imaginar. Geralmente seu interesse na pesquisa é despertado pela ameaça concreta de um novo irmão que chega, no qual inicialmente vê tão só um concorrente. Por influência dos instintos parciais nela própria atuantes, chega a várias "teorias sexuais infantis" — como a de que os dois sexos partilham o mesmo genital, o masculino; a de que os bebês são gerados através da alimentação e nascem pela extremidade intestinal; e a que concebe a relação sexual como um ato hostil, uma espécie de subjugação. Mas justamente o caráter inacabado de sua constituição sexual e a lacuna em seus conhecimentos, devida à condição latente do canal sexual feminino, obrigam o pequeno pesquisador a interromper seu trabalho, pela ausência de resultados. O próprio fato dessa pesquisa infantil assim como as teorias sexuais que ela promove têm importância decisiva na formação do caráter da criança e no conteúdo de seu posterior adoecimento neurótico.

É inevitável, e inteiramente normal, que a criança tome os pais como objetos de sua primeira escolha amorosa. Mas sua libido não deve permanecer fixada nesses primeiros objetos, deve apenas tomá-los depois como modelos e passar deles para outras pessoas, na época da escolha definitiva de objeto. O *desligamento* da criança em relação aos pais torna-se, então, uma tarefa inelutável, para que a aptidão social do jovem indivíduo não venha a ser comprometida. No período em que a repressão faz a seleção entre os instintos parciais da sexualidade, e depois, quando deve se afrouxar a influência dos pais, que arca essencialmente com o dispêndio necessário para tais repressões, o trabalho de educação depara com grandes tarefas, que nos dias de hoje nem sempre são realizadas de modo compreensivo e inatacável.

Senhoras e senhores: não devem pensar que com esta discussão sobre a vida sexual e o desenvolvimento psicossexual da criança nos afastamos muito da psicanálise e da tarefa de eliminar os distúrbios nervosos. Podem descrever o tratamento psicanalítico, se quiserem, como simplesmente uma continuada educação que visa superar os resíduos infantis.

V

Senhoras e senhores: Com a revelação da sexualidade infantil e a ligação dos sintomas neuróticos aos componentes instintuais eróticos, chegamos a algumas inesperadas formulações sobre a natureza e as tendências das enfermidades neuróticas. Vemos que as pessoas adoecem quando, devido a obstáculos externos ou falta de adaptação interna, não acham satisfação para suas necessidades eróticas na *realidade*. Vemos que então *se refugiam na doença*, a fim de, com o auxílio desta, encontrar uma satisfação substitutiva para o que lhes é negado. Percebemos que os sintomas patológicos constituem uma parte da atividade sexual do indivíduo ou até mesmo toda a sua vida sexual, e enxergamos no distanciamento da realidade a principal tendência, mas também o principal dano causado pela doença. Suspeitamos que a resistência de nossos doentes à recuperação não é simples, mas composta de vários motivos. Não apenas o Eu do paciente se recusa a abandonar as repressões mediante as quais se destacou de suas disposições originais, como também os instintos sexuais não querem renunciar à sua satisfação substitutiva, enquanto for incerto que a realidade lhes venha a oferecer algo melhor.

A fuga da realidade insatisfatória para aquilo que, por sua nocividade biológica, denominamos doença, embora nunca se dê sem um imediato ganho de prazer para o doente, efetua-se pela via da involução (*regressão*), do retorno a fases anteriores da vida sexual, em que a satisfação não esteve ausente. Tal regressão é dupla, ao que parece: uma *temporal*, na medida em que a libido, a necessidade erótica, recorre a estágios de desenvolvimento anteriores, e uma *formal*, na medida em que são usados os meios originais e primitivos de expressão psíquica para manifestar essa necessidade. Mas as duas espécies de regressão se orientam para a infância e coincidem na produção de um estado infantil da vida sexual.

Quanto mais os senhores penetrarem na patogênese da doença nervosa, tanto mais se lhes revelará o nexo entre as neuroses e outros produtos da psique humana, inclusive os mais valiosos entre eles. Hão de notar que nós, homens, com as elevadas exigências de nossa cultura e sob o peso de nossas repressões internas, vemos a realidade como totalmente insatisfatória e por isso entretemos uma vida de fantasias, em que, produzindo realizações de desejos, adoramos compensar as deficiências da vida real. Nessas fantasias há muito da natureza propriamente constitutiva da personalidade, e também daqueles seus impulsos reprimidos em prol da realidade. O indivíduo enérgico e bem-sucedido é aquele que, mediante o trabalho, consegue transformar em realidade suas fantasias que encerram desejos. Quando isso não é alcançado, devido às resistências do mundo externo e à fraqueza da pessoa, ocorre o afastamento da realidade, o indivíduo se retira para um mundo de fantasias mais satisfatório, cujo conteúdo transforma em sintomas, no caso de enfermidade. Em determinadas condições favoráveis, ainda lhe resta a possibilidade de achar outro caminho para a realidade a partir dessas fantasias, em vez de alhear-se permanentemente dela pela regressão ao estado infantil. Quando a pessoa desavinda com a realidade possui o *dom artístico* — que para nós é ainda um enigma psicológico —, pode converter suas fantasias em obras de arte, em vez de sintomas, assim escapando ao destino da neurose e reconquistando, por essa via indireta, o vínculo com a realidade.[18] Se existir revolta contra o mundo real e esse valioso dom for ausente ou insuficiente, será praticamente inevitável que a libido, obedecendo à origem das fantasias, tome a via da regressão e chegue à revivescência dos desejos infantis e, dessa maneira, à neurose. Em nosso tempo a neurose substitui o mosteiro, para onde costumavam se retirar todos aqueles a quem a vida decepcionara ou que se sentiam demasiado fracos para ela.

Permitam-me, agora, expor o principal resultado a que chegamos através da investigação psicanalítica das neuroses: o de que elas não têm um conteúdo psíquico peculiar, que não se ache igualmente no indivíduo são; ou, como formulou C. G. Jung, que os neuróticos adoecem dos mesmos complexos com que também nós, os sadios, lutamos. Se essa luta leva à saúde, à neurose ou a realizações compensativas é algo que depende de considerações de quantidade, das proporções entre as forças em choque.

Senhoras e senhores: até o momento lhes soneguei a observação mais importante, que confirma nossa hipótese das forças instintuais sexuais da neurose. Sempre que tratamos psicanaliticamente um neurótico, surge nele o

---

18 Cf. Otto Rank, *Der Künstler* [O artista], Viena, 1907.

estranho fenômeno chamado "transferência", isto é, ele dirige para o médico uma certa medida de impulsos afetuosos, muitas vezes mesclados de hostilidade, que não se baseia numa relação real e que, como evidenciam todos os detalhes de seu surgimento, só pode remontar a velhas fantasias e desejos que se tornaram inconscientes. Assim, aquela parte da vida emocional do paciente que ele não pode mais evocar na lembrança é vivenciada novamente na sua relação com o médico, e apenas com esse reviver na "transferência" ele é persuadido da existência e do poder de tais impulsos sexuais inconscientes. Os sintomas, que, para recorrer a uma imagem da química, são precipitados de anteriores vivências amorosas (no mais amplo sentido), podem ser dissolvidos e transformados em outros produtos psíquicos apenas na elevada temperatura da transferência. O médico desempenha nessa reação o papel de — para usar a ótima expressão de S. Ferenczi[19] — *fermento catalítico*, que temporariamente atrai para si os afetos liberados no processo. O estudo da transferência também pode lhes dar a chave para compreender a sugestão hipnótica, que utilizamos inicialmente como técnica para a pesquisa do inconsciente em nossos pacientes. Naquele tempo ela se revelou um auxílio terapêutico, mas também um obstáculo ao conhecimento científico dos fatos, na medida em que tirava as resistências psíquicas de determinado âmbito e as juntava nos limites dele, formando um muro intrans-

---

19 S. Ferenczi, "Introjektion und Übertragung", *Jahrbuch für psychoanalytische und psychopathologische Forschungen*, v. 1, 1909.

ponível. Mas não pensem que o fenômeno da transferência — do qual pouco lhes posso falar aqui, infelizmente — é produto da influência psicanalítica. A transferência ocorre espontaneamente em todas as relações humanas, assim como entre o paciente e o médico; é sempre o veículo da influência terapêutica, e seu efeito é tanto maior quanto menos se suspeita de sua existência. Portanto, a psicanálise não a produz, apenas a desvela para a consciência, dela se apoderando a fim de guiar os processos psíquicos para a meta desejada. Não posso abandonar o tema da transferência sem destacar que esse fenômeno tem papel decisivo para se obter não apenas a convicção do paciente, mas também a do médico. Sei que apenas por experiência própria com a transferência os meus seguidores se persuadiram da correção de minhas afirmativas sobre a patogênese das neuroses, e posso muito bem compreender que tal segurança de julgamento não seja conquistada enquanto o indivíduo não realizar psicanálises ele mesmo, isto é, não observar por si próprio os efeitos da transferência.

Senhoras e senhores: acho que devemos considerar dois obstáculos especialmente, por parte do intelecto, para o reconhecimento do modo de pensar psicanalítico: primeiro, a inexistência do hábito de contar com o estrito e absoluto determinismo da vida psíquica; segundo, o desconhecimento das peculiaridades mediante as quais os processos psíquicos inconscientes se diferenciam daqueles conscientes, que nos são familiares. Uma das mais difundidas resistências ao trabalho psicanalítico — tanto em pessoas doentes como em sadias — está ligada a esse último fator. Teme-se fazer mal com a psicanálise, há o receio de chamar à consciência do doente os instintos sexuais reprimidos, como se isso acarretasse o perigo de eles sobrepujarem as mais elevadas tendências éticas da pessoa, despojando-a de suas conquistas culturais.* Nota-se que o doente tem locais feridos em sua psique, mas evita-se tocar neles — para que o seu sofrimento não aumente, acredita-se. Podemos adotar essa analogia. Sem dúvida, é mais delicado não tocar nas feridas, quando assim provocamos apenas dor. Mas, como se sabe, o cirurgião não se abstém de examinar e mexer no foco da doença, quando pretende realizar uma intervenção que há de trazer a cura permanente. Ninguém mais cogita incriminá-lo pelas inevitáveis dores do exame ou pelas reações pós-operatórias, quando a cirurgia tem êxito e o doente alcança uma definitiva melhora de seu estado mediante o temporário agravamento dele. Sucede de maneira semelhante com a psicanálise.

* Strachey chama a atenção para o fato de que as últimas palavras dessa frase ("despojando-a...") não se acham na edição dos *Gesammelte Werke*, que reproduzem o texto dos *Gesammelte Schriften* [Escritos completos, da década de 1920]. Certamente ele teve acesso à primeira edição desse texto, de 1910, e pôde constatar essa pequena omissão. Nós as traduzimos da *Standard* inglesa, já que não dispomos da primeira edição original. Elas estão na tradução assinada por D. Marcondes e J. Barbosa Corrêa (da qual pudemos consultar a primeira edição, publicada em 1931), o que indica que a tradução francesa ou espanhola que provavelmente utilizaram foi feita da edição alemã anterior aos *Gesammelte Schriften*. Eis como esse trecho é traduzido por Marcondes e Corrêa: "[...] e o privassem das conquistas da civilização".

Ela pode reivindicar o mesmo que a cirurgia; o acréscimo nas dores, que ela exige dos pacientes durante o tratamento, é muito menor, empregando-se a boa técnica, do que o causado pelo cirurgião, e perfeitamente desprezível em relação à gravidade do sofrimento básico. Mas o temido resultado final de uma destruição do caráter civilizado pelos instintos livrados da repressão é algo impossível; pois esse medo não leva em consideração aquilo que a experiência nos ensinou de modo seguro: que a força psíquica e somática de um impulso envolvendo um desejo, uma vez falhada a sua repressão, resulta incomparavelmente maior quando é inconsciente do que quando é consciente, de maneira que só poderá ser debilitada, ao se tornar consciente. O desejo inconsciente não pode ser influenciado, é independente em relação a todas as tendências contrárias, enquanto aquele consciente é inibido por tudo que seja igualmente consciente e a ele se oponha. Portanto, o trabalho psicanalítico se põe a serviço das mais altas e valiosas tendências da civilização, como um substituto melhor para a repressão malsucedida.

Que destino têm os desejos inconscientes liberados pela psicanálise, por quais meios conseguimos torná-los inócuos para a vida do indivíduo? Esses meios são vários. O que sucede mais frequentemente é que tais desejos são anulados, já durante o trabalho, pela atividade psíquica correta dos impulsos melhores que lhes são contrários. A *repressão* é substituída por uma *condenação* realizada com os melhores recursos. Isso é possível porque, em grande parte, temos de eliminar apenas consequências de estágios mais antigos do desenvolvimento do Eu. Naquele tempo o indivíduo efetuou apenas uma repressão do instinto inutilizável, pois ele próprio ainda estava fraco e insuficientemente organizado; em sua atual força e maturidade, talvez possa dominar impecavelmente aquilo que lhe é hostil.

Um segundo desfecho do trabalho psicanalítico é aquele em que os instintos inconscientes revelados podem ser conduzidos àquela adequada aplicação que já deveriam ter encontrado mais cedo, se o seu desenvolvimento não tivesse sido perturbado. Pois a extirpação dos desejos infantis não é, de maneira nenhuma, a meta ideal do desenvolvimento. O neurótico perde, com suas repressões, muitas fontes de energia psíquica que, afluindo para a formação de seu caráter e sua atividade, teriam sido de grande valor. Conhecemos um processo de desenvolvimento muito mais adequado, chamado *sublimação*, em que a energia dos impulsos infantis não é bloqueada, mas continua aproveitável, dando-se aos impulsos uma meta mais elevada, eventualmente não mais sexual, no lugar daquela inutilizável. Pois precisamente os componentes do instinto sexual se distinguem por essa capacidade especial de sublimação, de substituição da sua meta sexual por uma mais distante e socialmente mais valiosa. É provável que as maiores conquistas da civilização se devam aos aportes de energia para nossas realizações psíquicas que foram obtidos dessa forma. Uma repressão ocorrida precocemente exclui a sublimação do instinto reprimido; suspensa a repressão, está novamente livre o caminho da sublimação.

Não podemos deixar de considerar o terceiro desfecho possível do trabalho psicanalítico. Certa parte dos impulsos libidinais reprimidos tem direito a uma satisfação direta e deve alcançá-la em vida. As exigências de nossa cultura tornam a existência difícil para a maioria das criaturas humanas e assim favorecem o distanciamento da realidade e o surgimento das neuroses, sem obter um acréscimo do ganho cultural com esse aumento da repressão sexual. Não devemos nos ensoberbecer a ponto de negligenciar o que há de originalmente animal em nossa natureza, e também é preciso não esquecer que a realização da felicidade individual não pode ser riscada do conjunto de metas da nossa cultura. A plasticidade dos componentes sexuais, que se manifesta em sua capacidade de sublimação, pode realmente gerar a tentação de obter conquistas culturais cada vez maiores, mediante a sublimação cada vez mais ampla de tais componentes. Mas, assim como em nossas máquinas esperamos transformar em trabalho mecânico útil apenas determinada fração do calor despendido, tampouco devemos procurar desviar de seus fins próprios todo o montante de energia do instinto sexual. Não é possível fazê-lo; e, se a restrição da sexualidade for levada longe demais, inevitavelmente trará consigo todos os males de uma exploração abusiva.

Pode ser que os senhores vejam como uma presunção esta minha advertência final. Seja-me concedido apenas expor de forma indireta a minha convicção, narrando-lhes uma velha anedota cuja moral poderão julgar. A literatura alemã fala de uma cidadezinha chamada Schilda, a cujos habitantes são atribuídas espertezas de todo gênero. Conta-se que os cidadãos de Schilda possuíam, entre outras coisas, um cavalo que lhes dava muita satisfação com seu vigoroso trabalho. Uma só coisa lhe reprochavam: ele consumia bastante aveia, que estava longe de ser barata. Decidiram fazê-lo cuidadosamente abandonar esse péssimo hábito, diminuindo em alguns grãos a sua ração diária até que ele se acostumasse à privação total. Por algum tempo a coisa funcionou otimamente; a alimentação do cavalo chegou a uns poucos grãos em determinado dia, e no dia seguinte ele finalmente iria trabalhar sem aveia nenhuma. Na manhã desse dia, porém, o traiçoeiro animal foi encontrado sem vida; e os cidadãos de Schilda não sabiam explicar de que havia morrido.

Nós nos inclinamos a crer que o cavalo morreu de fome, e que sem alguma ração de aveia não se pode esperar que animal nenhum trabalhe.

Quero lhes agradecer pelo convite e pela atenção com que me honraram.

AS PERSPECTIVAS FUTURAS DA TERAPIA PSICANALÍTICA (1910)

CONFERÊNCIA DE ABERTURA DO II CONGRESSO INTERNACIONAL DE PSICANÁLISE, REALIZADO EM NUREMBERG EM 30 E 31 DE MARÇO DE 1910.

TÍTULO ORIGINAL: "*DIE ZUKÜNFTIGEN CHANCEN DER PSYCHOANALYTISCHEN THERAPIE*". PUBLICADO PRIMEIRAMENTE EM *ZENTRALBLATT FÜR PSYCHOANALYSE* [FOLHA CENTRAL DE PSICANÁLISE], V. 1, N. 1-1, PP. 1-9. TRADUZIDO DE *GESAMMELTE WERKE* VIII, PP. 104-15. TAMBÉM SE ACHA EM *STUDIENAUSGABE, ERGÄNZUNGSBAND* [VOLUME COMPLEMENTAR], PP. 121-32.

AS PERSPECTIVAS FUTURAS DA TERAPIA PSICANALÍTICA

Caros senhores:

Como são de natureza sobretudo prática os objetivos que motivaram nosso encontro, também escolhi como tema de minha palestra de abertura uma questão prática, dirigindo-me antes ao seu interesse médico do que à sua preocupação científica. Posso imaginar como julgam os sucessos de nossa terapia, e suponho que a maioria dos senhores já tenha ultrapassado as duas fases de todo iniciante: o entusiasmo pelo inesperado aumento de nossa ação terapêutica e a depressão pela grandeza das dificuldades que se interpõem a nossos esforços. Mas, seja qual for o ponto desse desenvolvimento em que cada um dos senhores esteja, hoje pretendo lhes mostrar que de maneira nenhuma chegamos ao fim de nossos recursos para combater as neuroses, e que podemos contar com uma substancial melhora das nossas perspectivas terapêuticas no futuro próximo.

Acho que esse fortalecimento virá de três direções:

1) do progresso interno;
2) do acréscimo em autoridade;
3) do efeito geral de nosso trabalho.

1) Por "*progresso interno*" entendo o avanço em A) nosso conhecimento analítico, e B) nossa técnica.

A) O avanço em nosso conhecimento: sem dúvida, estamos longe de saber tudo o que necessitamos para compreender o inconsciente de nossos doentes. É claro que todo avanço em nosso conhecimento significa maior poder para nossa terapia. Enquanto nada compreendemos, nada conseguimos; quanto mais compreendermos, mais realizaremos. No início, o tratamento psicanalítico era implacável e cansativo. O paciente tinha de falar tudo ele mesmo, e a atividade do médico consistia em pressioná-lo ininterruptamente. Hoje a coisa é mais amigável. O tratamento se compõe de duas partes: do que o médico percebe e fala ao paciente e da elaboração, por parte deste, daquilo que escutou. É fácil compreender o mecanismo de nosso auxílio; nós fornecemos ao doente a ideia antecipatória consciente,* cuja semelhança com a ideia reprimida inconsciente lhe permite encontrar esta dentro de si. Este é o auxílio intelectual que lhe facilita a superação das resistências entre consciente e inconsciente. Devo lhes fazer notar, aliás, que esse não é o único mecanismo utilizado no tratamento analítico; já conhecem aquele bem mais poderoso que consiste no uso da "transferência". Tenho a intenção de abordar proximamente, numa *Metodologia geral da psicanálise*,** todos esses fatores relevantes para a compreensão do tratamento. Além disso, não vejo necessidade de refutar, na presença

---

* "A ideia antecipatória consciente": *die bewusste Erwartungsvorstellung* — as versões estrangeiras consultadas apresentam: *representación consciente provisional*, *representación-expectativa conciente*, *rappresentazione anticipatoria cosciente*, the conscious idea of what he may be expected do find [com o original entre colchetes], *the conscious anticipatory Idea* [*the idea of what he may expect to find*]. Além daquelas normalmente utilizadas — as duas em espanhol, a italiana e a *Standard* inglesa — recorremos à tradução inglesa de 1924, assinada por Joan Riviere, que aqui aparece em penúltimo lugar.

** Uma obra que não chegou a ser escrita. Mas Freud publicaria, entre 1911 e 1915, uma série de ensaios sobre a técnica psicanalítica, que se encontram no volume 10 destas *Obras completas*.

dos senhores, a objeção de que a atual prática do tratamento obscurece o valor testemunhal em favor da correção de nossas hipóteses; os senhores não esquecerão de que tal evidência deve ser buscada em outros lugares, e uma intervenção terapêutica não pode ser conduzida como uma pesquisa teórica.

Permitam-me agora mencionar algumas áreas em que temos coisas novas a aprender e em que realmente descobrimos coisas novas a cada dia. Antes de tudo, há o simbolismo nos sonhos e no inconsciente. Um tema bastante controverso, como sabem! Não constitui mérito pequeno de nosso colega Wilhelm Stekel o fato de haver se dedicado ao estudo do simbolismo dos sonhos, sem fazer caso das objeções de todos os oponentes. Nisso ainda há muito a aprender realmente; meu livro *Interpretação dos sonhos*, escrito em 1899, aguarda importantes acréscimos que virão do estudo do simbolismo.

Gostaria de lhes dizer algumas palavras sobre um dos símbolos recentemente percebidos. Algum tempo atrás, informaram-me que um psicólogo — de pontos de vista um tanto alheios aos nossos — dirigiu-se a um de nós com a observação de que certamente superestimamos o significado sexual oculto dos sonhos. O seu sonho mais frequente, afirmou, era subir uma escada, e certamente nada havia de sexual nisso. Alertados por essa objeção, começamos a atentar para o surgimento de escadas, degraus etc. nos sonhos, e logo pudemos verificar que a escada (ou o que lhe seja análogo) representa um indiscutível símbolo do coito. Não é difícil encontrar o fundamento da comparação: chegamos ao topo em movimentos rítmicos, com fôlego cada vez menor, e, depois, com alguns breves saltos estamos novamente no chão. Assim, o ritmo do coito se acha igualmente na subida da escada. E não esqueçamos a linguagem corrente. Ela nos mostra que a "subida" [*das* "*Steigen*"] é outra designação para o ato sexual.* Costuma-se dizer que um homem é um "*Steiger*" ["subidor"], e falar em *nachsteigen* ["correr atrás"]. Em francês, o degrau da escada se chama *la marche*; e *un vieux marcheur* [literalmente "um velho andador"] corresponde exatamente ao nosso "*ein alter Steiger*". O material onírico de onde vêm esses símbolos agora percebidos será apresentado aos senhores, no devido tempo, pelo grupo de pesquisas do simbolismo que vamos organizar. Acerca de outro símbolo interessante, o do "salvamento" e suas mudanças de significado, encontrarão observações no segundo volume de nosso anuário.** Mas devo parar aqui, ou não passarei aos outros pontos.

Cada um dos senhores notará, por experiência própria, como encara de forma inteiramente diversa um novo caso, uma vez que tenha compreendido a estrutura de uns poucos casos típicos da doença. Agora imaginem que tivéssemos fixado em breves formulações as regularidades na construção das diferentes formas de

---

* Como se sabe, no português do Brasil é usado o verbo "trepar", num registro grosseiro ou apenas muito coloquial — a depender do grupo social.
** Provável referência ao ensaio "Um tipo especial de escolha de objeto feita pelo homem", publicado originalmente no *Anuário de Pesquisas Psicanalíticas e Psicopatológicas*, v. 2, 1910.

neurose, tal como até o momento conseguimos fazer com a formação dos sintomas histéricos: como isso tornaria seguro o nosso prognóstico! De fato, assim como o obstetra verifica, inspecionando a placenta, se ela foi expelida completamente ou se ainda ficaram restos nocivos, poderíamos dizer, independentemente do resultado e da condição momentânea do paciente, se o trabalho foi definitivamente bem-sucedido ou se devemos estar preparados para recidivas ou nova enfermidade.

b) Apresso-me a considerar as inovações no âmbito da técnica, em que a maioria das coisas ainda aguarda sua comprovação final, e muitas começam a se tornar claras apenas agora. A técnica psicanalítica propõe-se dois objetivos atualmente: poupar trabalho ao médico e dar ao doente o mais irrestrito acesso ao seu inconsciente. Como os senhores sabem, houve uma mudança fundamental em nossa técnica. Na época do tratamento catártico tínhamos por objetivo o esclarecimento dos sintomas; depois nos afastamos dos sintomas e estabelecemos como meta a revelação dos "complexos" — na expressão de C. G. Jung que se tornou indispensável; mas agora dirigimos os esforços diretamente para a descoberta e superação das "resistências", confiando, justificadamente, em que os complexos se entregarão sem dificuldade, tão logo as resistências sejam reconhecidas e eliminadas. Em alguns dos senhores manifestou-se a exigência de ter uma visão de conjunto dessas resistências e classificá-las. Peço-lhes, então, que examinem seu material para ver se podem confirmar o resumo seguinte: nos pacientes homens, as mais significativas resistências no tratamento parecem vir do complexo paterno e decompor-se em medo do pai, desobediência ao pai e descrença em relação ao pai.

Outras inovações na técnica dizem respeito à própria pessoa do médico. Tornamo-nos cientes da *contratransferência*, que surge no médico quando o paciente influencia os seus sentimentos inconscientes, e estamos quase inclinados a solicitar que o médico reconheça e domine essa contratransferência dentro de si. Desde que um bom número de pessoas vem exercendo a psicanálise e trocando experiências, notamos que cada psicanalista consegue ir apenas até onde permitem seus próprios complexos e resistências internas, e por isso exigimos que ele dê início à sua atividade com uma autoanálise e a aprofunde continuamente enquanto amplia sua experiência com os doentes. Quem nada obtém numa autoanálise pode muito bem abandonar a ideia de que é capaz de tratar analiticamente pessoas doentes.[*]

Agora também nos aproximamos do ponto de vista de que a técnica analítica deve experimentar certas modificações, conforme a natureza da doença e os instintos predominantes no paciente. Começamos pelo tratamento da histeria de conversão; na histeria de angústia (nas fobias) temos de alterar em alguma medida o nosso

---

[*] Mas Freud logo abandonaria a concepção de que era suficiente uma autoanálise para a formação do analista, passando a defender a necessidade de uma análise de treinamento ("didática") conduzida por um analista mais experiente; cf. "Recomendações ao médico que pratica a psicanálise" (1912).

procedimento. Pois esses doentes não podem trazer o material decisivo para a dissolução da fobia enquanto se sentem protegidos mantendo a condição fóbica. Naturalmente, não conseguimos que já no começo do tratamento eles renunciem ao dispositivo de proteção e trabalhem nas condições da angústia. É preciso, então, ajudá-los por meio da tradução de seu inconsciente, até que possam decidir-se a renunciar à proteção da fobia e expor-se a uma angústia agora bastante moderada. Outras modificações da técnica, que ainda não me parecem maduras para comunicação, serão requeridas no tratamento das neuroses obsessivas. Em relação com isso aparecem questões muito importantes e ainda não esclarecidas: até onde se deve conceder, no tratamento, alguma satisfação aos instintos combatidos do paciente, e que diferença faz se esses instintos forem de natureza ativa (sádica) ou passiva (masoquista)?

Os senhores terão obtido a impressão, espero, de que quando todos soubermos tudo isso que agora apenas suspeitamos, e tivermos realizado todos os aperfeiçoamentos da técnica a que nos deve conduzir a experiência aprofundada com nossos pacientes, então nossa prática médica adquirirá uma precisão e uma certeza de êxito que não se acham em todos os campos da medicina.

2) Eu disse que teríamos muito a esperar do crescimento em autoridade que nos há de vir no decorrer do tempo. Não preciso lhes falar sobre a importância da autoridade. Muito poucos indivíduos civilizados são capazes de existir sem apoiar-se nos demais, ou até mesmo de chegar a um

juízo autônomo. Não podemos exagerar a ânsia de autoridade e inconsistência interior das pessoas. A extraordinária multiplicação das neuroses desde o enfraquecimento das religiões pode lhes fornecer uma medida disso. O empobrecimento do Eu, graças ao enorme dispêndio em repressão que a civilização requer de todo indivíduo, deve ser uma das principais causas desta situação.

Essa autoridade, com a imensa sugestão que dela provém, era contrária a nós. Todos os nossos êxitos terapêuticos foram obtidos apesar dessa sugestão; é de surpreender que ainda houvesse êxito em tais circunstâncias. Não chegarei ao ponto de lhes narrar as coisas agradáveis do tempo em que eu representava sozinho a psicanálise. Digo apenas que os doentes, aos quais eu assegurava que poderia aliviar duradouramente os sofrimentos, olhavam para minhas modestas instalações, pensavam em meus escassos títulos e pouco renome, e talvez me vissem como alguém que, numa casa de jogos, afirmava ter um infalível sistema para ganhar, mas do qual se dizia que, se realmente fosse capaz daquilo, deveria ter outra aparência. E realmente não era fácil realizar operações psíquicas enquanto um colega que teria o dever de nos dar assistência sentia gosto especial em cuspir na área da operação, e os familiares ameaçavam o cirurgião tão logo havia sangue ou movimentos inquietos no paciente. É inevitável que uma operação produza reações; há muito estamos habituados a isso no campo da cirurgia. As pessoas simplesmente não acreditavam em mim, tal como hoje ainda acreditam pouco em todos nós. Em condições tais, algumas intervenções tinham de fracassar. A fim de calcular o aumento em nossas perspectivas terapêuticas quando há confiança geral em nós, pensem na posição de um ginecologista na Turquia e no Ocidente. Tudo o que um ginecologista pode fazer, na Turquia, é sentir o pulso de um braço que lhe é estendido através de um buraco na parede; o êxito médico é proporcional à acessibilidade do objeto. Nossos opositores no Ocidente querem nos conceder uma disponibilidade semelhante sobre a vida psíquica de nossos doentes. Mas desde que o poder de sugestão da sociedade leva a mulher doente ao ginecologista, este se torna auxiliador e salvador da mulher. Não digam que, quando a autoridade da sociedade vier em nosso auxílio e aumentar grandemente nossos êxitos, isso não provará em nada a correção de nossas premissas. A sugestão pode supostamente tudo, e nossos êxitos, então, serão êxitos da sugestão e não da psicanálise. No momento, o poder de sugestão da sociedade vai ao encontro dos tratamentos hidroterápicos, dietéticos e elétricos, sem que tais recursos consigam sobrepujar as neuroses. O tempo dirá se os tratamentos psicanalíticos são capazes de fazer mais.

Mas agora devo novamente amortecer suas expectativas. A sociedade não se apressará em nos conceder autoridade. Ela tem de nos oferecer resistência, pois nos comportamos criticamente em relação a ela; demonstramo-lhe que ela mesma tem grande participação no surgimento das neuroses. Assim como transformamos o indivíduo em nosso inimigo, desvelando o que nele se acha reprimido, também a sociedade não pode responder com simpatia ao implacável desnudamento de seus danos e deficiências; pelo fato de destruirmos ilusões, acusam-nos de pôr em perigo os ideais. Portanto, parece que jamais se dará a condição da qual eu esperava grande favorecimento de nossas perspectivas terapêuticas. A situação, contudo, não é tão desesperadora como poderíamos achar nesse instante. Embora sejam fortes os afetos e os interesses dos homens, também o intelecto é uma força; não a que se faz valer de imediato, mas certamente no final. As verdades mais incisivas são finalmente escutadas e reconhecidas, depois que se esgotam os interesses por elas feridos e os afetos por elas despertados. Até agora sempre foi assim, e as verdades indesejáveis que nós, psicanalistas, temos para dizer ao mundo encontrarão o mesmo destino. Apenas isso não ocorrerá em breve; temos de ser capazes de esperar.

3) Devo explicar-lhes, enfim, o que entendo por "efeito geral" de nosso trabalho, e como chego a depositar esperança nele. Temos aqui uma peculiaríssima constelação terapêutica, que talvez não se encontre em nenhuma outra parte e que também lhes parecerá estranha inicialmente, até reconhecerem nela algo que há muito é familiar. Como sabem, as psiconeuroses são satisfações substitutivas deformadas de instintos cuja existência a pessoa tem de negar para si mesma e para os outros. Sua existência se baseia nessa deformação e nesse não reconhecimento. Com a solução do enigma que apresentam e a aceitação desta solução por parte dos doentes, esses estados patológicos perdem a razão de ser. Dificilmente se encontra algo semelhante na medicina; nas fábulas é que ouvimos falar de maus espíritos que têm o poder

anulado quando alguém é capaz de dizer seus nomes, que eram mantidos em segredo.

Agora ponham no lugar do indivíduo enfermo a sociedade inteira, sofrendo de neuroses e composta de pessoas doentes e sadias, no lugar da aceitação individual da solução, o reconhecimento geral, e uma breve reflexão lhes mostrará que essa substituição em nada altera o resultado. O êxito que a terapia pode ter com a pessoa deve suceder igualmente com a massa. Os doentes não poderão dar a conhecer suas diferentes neuroses — sua angustiada ternura excessiva, que pretende esconder seu ódio, sua agorafobia, que revela sua decepcionada ambição, seus atos obsessivos, que constituem recriminações por maus propósitos e medidas preventivas contra eles — se todos os parentes e desconhecidos, dos quais querem ocultar seus processos psíquicos, conhecerem o sentido geral dos sintomas, e se eles próprios souberem que nada produzem, em seus fenômenos patológicos, que os outros não sejam capazes de interpretar imediatamente. Mas o efeito não se limitará ao ocultamento dos sintomas — aliás, frequentemente impossível; pois essa necessidade de ocultamento torna inútil a doença. A comunicação do segredo terá atacado no ponto mais sensível a "equação etiológica"* de que

---

* Segundo Strachey, é uma referência ao artigo "Sobre a crítica à 'Neurose de angústia'", de 1895, em que Freud introduz esse conceito de "equação etiológica", a qual consistiria de diferentes termos que necessitam estar presentes para que se produza a neurose; algo que tornasse impossível um desses termos teria efeito terapêutico, então.

se originam as neuroses, terá tornado ilusório o ganho obtido com a doença e, por isso, a consequência última da situação modificada pela indiscrição do médico só poderá ser o fim da produção da doença.

Se tal esperança lhes parece utópica, lembrem-se de que a eliminação de fenômenos neuróticos por essa via já ocorreu de fato, embora em casos isolados. Pensem em como era frequente, outrora, moças camponesas terem alucinações com a Virgem Maria. Enquanto essas aparições ocasionavam grande afluência de crentes e, às vezes, até a construção de uma capela no local das graças, o estado visionário das moças era inacessível a qualquer influência. Hoje em dia, até mesmo o clero mudou de atitude em relação a essas coisas: permite que a polícia e os médicos examinem a visionária, e desde então a Virgem aparece raramente.

Ou permitam-me examinar esses mesmos processos, que venho situando no futuro, numa situação análoga, mas em escala menor, e por isso mais fácil de perceber. Imaginem que um grupo de cavalheiros e damas da boa sociedade tenha combinado passar o dia numa pousada campestre. As damas acertaram entre si que, quando uma delas quisesse satisfazer uma necessidade natural, diria em voz alta: "Estou indo colher flores". Mas um indivíduo malicioso descobriu o segredo e fez constar no programa impresso enviado aos participantes: "Quando uma dama precisar se afastar, poderá dizer que está indo colher flores". Naturalmente, nenhuma das damas se utilizará desse eufemismo, e também outras combinações similares serão dificultadas. Qual será a consequência? As damas admitirão francamente suas necessidades naturais e nenhum dos cavalheiros se escandalizará com isso. Retornemos ao nosso caso, que é mais sério. Muitas pessoas, diante de conflitos cuja solução lhes parece muito difícil, refugiam-se na neurose, assim obtendo um inconfundível — embora custoso a longo prazo — "ganho com a doença". Que terão de fazer essas pessoas, quando a fuga para a doença lhes for vedada pelos indiscretos esclarecimentos da psicanálise? Terão de ser honestas, admitir os instintos que nelas atuam, permanecer firmes no conflito, combater ou renunciar, e a tolerância da sociedade, consequência inevitável do esclarecimento psicanalítico, virá em seu auxílio.

Recordemo-nos, porém, de que não se pode enfrentar a vida como um higienista ou terapeuta fanático. Admitamos que essa prevenção ideal das doenças neuróticas não será vantajosa para todos os indivíduos. Boa parte daqueles que hoje se refugiam na doença não suportaria o conflito, nas condições que viemos de supor, mas sucumbiria rapidamente ou causaria dano maior do que sua própria enfermidade neurótica. Pois as neuroses têm sua função biológica, como dispositivo protetor, e sua justificação social; o "ganho com a doença" não é sempre puramente subjetivo. Quem, entre os senhores, já não perscrutou as causas de uma neurose e teve de reconhecê-la como o mais suave desfecho entre todas as possibilidades daquela situação?

Deveríamos, então, abandonar nossos esforços para esclarecer o sentido secreto das neuroses, por serem, em última instância, perigosos para o indivíduo e nocivos para o movimento da sociedade, deixando de tirar a consequência prática de um conhecimento científico? Não, acho que nosso dever nos leva à direção contrária. O ganho obtido com as neuroses é, no conjunto e ao fim, um prejuízo para os indivíduos e para a sociedade. O infortúnio que pode resultar de nosso trabalho de esclarecimento atingirá poucos, afinal. Tais sacrifícios não representarão um custo muito alto na mudança para um estado da sociedade mais digno e verdadeiro. Sobretudo, as energias todas que atualmente são gastas na produção de sintomas neuróticos, a serviço de um mundo de fantasia isolado da realidade, ajudarão a reforçar — se já não puderem reverter em favor da vida — o clamor pelas transformações em nossa cultura, nas quais enxergamos a única salvação para os nossos descendentes.

Despeço-me dos senhores, então, garantindo-lhes que cumprem seu dever em mais de um sentido, quando tratam psicanaliticamente os seus doentes. Trabalham não apenas a serviço da ciência, ao aproveitar a oportunidade única de penetrar os segredos das neuroses; não apenas proporcionam a seus doentes o tratamento mais eficaz para seus males que hoje temos à disposição; mas também contribuem para o esclarecimento das massas, do qual esperamos a mais abrangente profilaxia das enfermidades neuróticas, pela via indireta da autoridade social.

SOBRE O SENTIDO ANTITÉTICO DAS PALAVRAS PRIMITIVAS (1910)

TÍTULO ORIGINAL: "ÜBER DEN GEGENSINN DER URWORTE". PUBLICADO PRIMEIRAMENTE EM *JAHRBUCH FÜR PSYCHOANALYTISCHE UND PSYCHOPATHOLOGISCHE FORSCHUNGEN* [ANUÁRIO DA PESQUISA PSICANALÍTICA E PSICOPATOLÓGICA], 2, N. 1, PP. 179-84. TRADUZIDO DE *GESAMMELTE WERKE* VIII, PP. 214-21; TAMBÉM SE ACHA EM *STUDIENAUSGABE* IV, PP. 227-34.

SOBRE O SENTIDO ANTITÉTICO DAS PALAVRAS PRIMITIVAS

Em minha *Interpretação dos sonhos* fiz uma afirmação sobre um resultado do trabalho analítico que então não compreendia, e quero repeti-la aqui, dando início a esta comunicação:

"É surpreendente o modo como os sonhos tratam a categoria de oposição e contradição. Esta é simplesmente ignorada. O 'não' parece não existir para os sonhos. Com singular predileção, os opostos são combinados numa unidade ou representados como uma só coisa. Os sonhos também tomam a liberdade de representar um elemento qualquer pelo oposto desejado, de modo que primeiramente não há como decidir se um elemento que admite o oposto se acha nos pensamentos oníricos de forma positiva ou negativa".[1]

Os intérpretes de sonhos da Antiguidade parecem ter recorrido extensamente à premissa de que algo pode significar seu oposto no sonho. Ocasionalmente essa possibilidade é também admitida por pesquisadores modernos do sonho, quando concedem que ele tenha sentido e seja interpretável.[2] E creio não suscitar objeção ao supor que todos os que me acompanharam na via de uma interpretação científica dos sonhos puderam corroborar a afirmação acima.

Cheguei à compreensão da peculiar tendência do trabalho do sonho — de ignorar a negação e exprimir

---

[1] *A interpretação dos sonhos* [1900], 2ª ed., p. 232 [cap. VI, parte C].
[2] Ver, por exemplo, G. H. Von Schubert, *Die Symbolik des Traumes* [O simbolismo do sonho], 4ª ed. 1862, cap. 2, "A linguagem do sonho".

opostos com um só meio de representação — apenas mediante a leitura casual de um trabalho do linguista Karl Abel, publicado em 1884 como brochura independente e incorporado aos *Sprachwissenschaftliche Abhandlungen* [Ensaios de linguística] do autor no ano seguinte. O interesse do tema justificará que eu apresente aqui literalmente as passagens cruciais do texto de Abel (embora omitindo a maioria dos exemplos). Elas nos trazem a espantosa informação de que mencionada tendência do trabalho do sonho coincide com uma peculiaridade das línguas mais antigas que conhecemos.

Depois de enfatizar a antiguidade do idioma egípcio, que deve ter se desenvolvido muito tempo antes das primeiras inscrições hieroglíficas, Abel prossegue (p. 4):

"Na língua egípcia, esta singular relíquia de um mundo primitivo, há um número considerável de palavras com dois sentidos, em que um é o exato oposto do outro. Imaginemos — se tão evidente absurdo pode ser imaginado — que a palavra 'forte', em alemão, signifique tanto 'forte' como 'fraco'; que em Berlim o termo 'luz' seja empregado tanto para designar 'luz' como 'escuridão'; que um cidadão de Munique chame a cerveja de 'cerveja', mas um outro use a mesma palavra quando se refere à água, e teremos a espantosa prática que os antigos egípcios costumavam seguir em sua linguagem. Como repreender quem balance a cabeça, incrédulo, diante disso? [...]". (Seguem-se exemplos).

"Em vista desse e de muitos casos semelhantes de significado antitético (ver Apêndice), está fora de dúvida que ao menos em *uma* língua houve grande número de palavras que designavam uma coisa e seu contrário ao mesmo tempo. Por mais espantoso que seja isso, estamos diante de um fato e temos de levá-lo em conta." (p. 7)

Em seguida, o autor rejeita a explicação desse fato mediante a homofonia casual, e protesta, também de modo firme, contra a tentativa de relacioná-lo a um baixo nível do desenvolvimento intelectual egípcio:

"Mas o Egito estava longe de ser uma terra de absurdos. Foi, pelo contrário, um dos primeiros lugares onde se desenvolveu a razão humana. [...] Conhecia uma moral pura e digna e já havia formulado uma grande parte dos Dez Mandamentos, quando os povos que hoje lideram a civilização ainda sacrificavam vítimas humanas a ídolos sedentos de sangue. Um povo que mantinha acesa a tocha da justiça e da cultura em tempos tão obscuros não podia ser estúpido na fala e no pensamento cotidiano. [...] Quem conseguia fabricar vidro e erguer e transportar imensos blocos de pedra com máquinas devia ser racional o bastante para não tomar uma coisa por ela mesma e por seu oposto simultaneamente. Como conciliar isso e o fato de os egípcios admitirem uma linguagem tão contraditória? [...] de darem o mesmo veículo fonético aos pensamentos mais díspares e juntarem, numa espécie de união indissolúvel, coisas que se opunham da maneira mais cabal?" (p. 9)

Antes de qualquer ensaio de explicação, é preciso considerar ainda uma exacerbação desse incompreensível procedimento do idioma egípcio.

"De todas as excentricidades do léxico egípcio, talvez a mais extraordinária tenha sido possuir, além de palavras que juntavam significações opostas, outras palavras em que dois vocábulos de significado oposto eram reunidos numa composição que tinha o significado de um dos dois membros constituintes. Portanto, nessa língua extraordinária existem não apenas palavras que designam tanto 'forte' como 'fraco', ou tanto 'mandar' como 'obedecer'; há também compostos como 'velhojovem', 'longeperto', 'ligarseparar', 'foradentro' [...], que, embora combinem extremos opostos, significam, a primeira, apenas 'jovem', a segunda, apenas 'perto', a terceira, apenas 'ligar', e a quarta, apenas 'dentro'. [...] Ou seja, nessas palavras compostas juntaram-se intencionalmente contradições conceituais, não a fim de criar um terceiro conceito, como no chinês, mas apenas para exprimir, através da composição, o significado de um de seus membros contraditórios, que sozinho significaria o mesmo. [...]"

No entanto, o enigma tem solução mais fácil do que parece. Nossos conceitos surgem mediante a comparação. "Se fosse sempre claro, não poderíamos distinguir entre claro e escuto e, em consequência, não teríamos nem o conceito de claridade nem a palavra para ele [...]." "É evidente que tudo neste planeta é relativo e tem existência independente só enquanto é diferenciado em suas relações com outras coisas [...]." "Assim, desde que todo conceito é irmão gêmeo de seu oposto, como poderia ele ser primeiramente pensado, como poderia ser comunicado a outras pessoas que buscavam pensá-lo, se não medido pelo seu oposto? [...]" (p. 15:) "Como não se podia conceber a noção de força senão em contraposição a fraqueza, a palavra que denotava 'forte' continha, ao mesmo tempo, a lembrança de 'fraco', através da qual chegou a existir. Essa palavra, na verdade, não significava nem 'forte' nem 'fraco', mas a relação entre os dois e a diferença entre os dois, que criou ambos igualmente [...]." "O ser humano não pôde adquirir seus mais velhos e mais simples conceitos senão em oposição a seus opostos, e apenas gradualmente aprendeu a distinguir os dois lados da antítese e a pensar em um sem medi-lo conscientemente pelo outro."

Como a linguagem serve não apenas para expressar os próprios pensamentos, mas essencialmente para comunicá-los a outros, pode-se perguntar de que maneira o "egípcio primevo" dava a entender ao semelhante "a que lado do conceito híbrido ele se referia em cada ocasião". Na escrita isso acontecia com a ajuda dos chamados sinais "determinativos", que, colocados após os alfabéticos, indicam o sentido desses e não são pronunciados. (p. 18:) "Quando a palavra egípcia *ken* deve significar 'forte', depois de seu som, escrito alfabeticamente, acha-se a imagem de um homem armado e em pé; quando a mesma palavra quer dizer 'fraco', após as letras que representam o som há a imagem de um indivíduo acocorado, indolente. De modo similar, a maioria das outras palavras de dois sentidos é acompanhada de imagens explicativas." Na língua falada eram os gestos, conforme julga Abel, que serviam para indicar o sentido desejado.

É nas "mais antigas raízes", segundo Abel, que se observa o fenômeno do duplo sentido antitético. Na evolução posterior das línguas desapareceu essa ambiguidade, mas pelo menos no egípcio antigo podemos seguir todos os estágios, até chegar ao caráter unívoco do vocabulário moderno. "Uma palavra originalmente de duplo sentido se decompõe, na linguagem posterior, em duas de um só significado, na medida em que cada um dos dois sentidos opostos toma para si uma 'redução' (modificação) fonética da mesma raiz." Assim, por exemplo, já na escrita hieroglífica *ken*, "fortefraco", divide-se em *ken*, "forte", e *kan*, "fraco". "Ou seja, os conceitos a que só se podia chegar de forma antitética tornaram-se, ao longo do tempo, suficientemente familiares ao espírito humano para possibilitar uma existência autônoma a cada uma das suas duas partes, e assim proporcionar um representante fonético distinto para cada uma delas."

A existência de significados originais contraditórios, facilmente comprovável na língua egípcia, é também encontrada, segundo Abel, nas línguas semitas e indo-europeias. "Ainda não se sabe até onde isso pode ocorrer em outras famílias linguísticas; pois, embora o sentido antitético inevitavelmente se apresentasse aos indivíduos pensantes de qualquer raça, não foi necessariamente reconhecido e conservado nos significados dos vocábulos."

Abel também ressalta que o filósofo A. Bain — sem conhecimento dos fenômenos, ao que parece — defendeu esse duplo sentido das palavras por razões puramente teóricas, como uma necessidade lógica. A passagem em questão começa com as seguintes frases (*Logic* I, p. 54 [Londres, 1870]):

"The essential relativity of all knowledge, thought or consciousness cannot but show itself in language. If everything that we can know is viewed as a transition from something else, every experience must have two sides; and either every name must have a double meaning, or else for every meaning there must be two names." [A relatividade essencial de todo conhecimento, pensamento ou consciência não pode senão manifestar-se na linguagem. Se tudo o que podemos saber for visto como uma transição a partir de alguma outra coisa, toda experiência deve ter dois lados; e ou todo nome deve ter duplo sentido, ou para todo sentido deve haver dois nomes.]

Destacarei, do "Apêndice com exemplos de sentido antitético egípcio, indo-germânico e árabe", alguns casos que poderão impressionar também a nós, leigos em filologia. No latim, *altus* significa alto e profundo, *sacer*, sagrado e maldito, em que ainda se acha o pleno sentido antitético, sem modificação do som da palavra. A alteração fonética para a distinção dos contrários é atestada mediante exemplos como *clamare*, gritar — *clam*, quieto, calado; *siccus*, seco — *succus*, suco. Em alemão, ainda hoje *Boden* se refere tanto ao local mais alto como ao mais baixo da casa ["sótão" e "chão"]. Ao nosso *bös* (ruim) corresponde *bass* (bom), em alto-saxão, *bat* (gut) corresponde ao inglês *bad* (ruim); em inglês, *to lock* (trancar) corresponde em alemão a *Lücke*, *Loch* [lacuna, buraco]. Em alemão, *kleben* [grudar] — em inglês, *to cleave* [fender]; em alemão, *stumm* — Stimme [mudo — voz] etc.

Desse modo, talvez até a ridicularizada derivação *lucus a non lucendo* venha a fazer sentido.*

No ensaio sobre a "Origem da linguagem" (1885, p. 305), Abel chama a atenção para outros vestígios de antigos esforços do pensamento. Ainda hoje um inglês diz, para designar "sem", *without*, ou seja, "comsem", e um prussiano oriental faz o mesmo. *With*, que agora corresponde ao nosso "com", significava originalmente tanto "com" como "sem", algo que se nota em *withdraw* [retirar] e *withhold* [reter]. A mesma transformação percebemos no alemão, em *wider* (contra) e *wieder* (juntamente com).

Para a comparação com o trabalho do sonho, outro peculiaríssimo traço do antigo idioma egípcio tem importância.

"Em egípcio, as palavras podem — aparentemente, diremos de início — *inverter tanto o som como o sentido*. Supondo que o termo alemão *gut* [bom] fosse egípcio, poderia significar, além de 'bom', 'mau', e poderia soar, além de *gut*, *tug*. Muitos exemplos de tais inversões fonéticas, que são numerosas demais para serem explicadas pelo acaso, podem ser aduzidos também de línguas arianas e semitas. Limitando-nos primei-

---

* Em *De lingua latina*, Varrão (116-27 a.C.) sugeriu que o termo *lucus* (pequeno bosque) derivava de *lucere* (luzir), pois no bosque *não* há luz — um exemplo de etimologia arbitrária, segundo os linguistas contemporâneos de Freud. Quanto ao argumento e aos exemplos de Karl Abel, que tanto seduziram o criador da psicanálise, a linguística atual não lhes dá nenhum crédito; cf., por exemplo, Émile Benveniste, "Remarques sur la fonction du langage dans la découverte freudienne", em *Problèmes de linguistique générale*, 1971 (ed. bras.: *Problemas de linguística geral*. Campinas: Pontes, 2005).

ramente às línguas germânicas, observemos: *Topf* — *pot* [ambos 'panela'], *boat* — *tub* ['barco', 'tina'], *wait* — *täuwen* ['esperar', 'tardar'], *hurry* — *Ruhe* ['pressa', 'quietude'], *care* — *reck* ['cuidado', 'preocupação'], *Balken* — *Klobe, club* ['trave', 'cepo', 'porrete']. Considerando também as outras línguas indo-germânicas, o número de casos relevantes cresce proporcionalmente; por exemplo: *capere* [latim, 'pegar'] — *packen* [alemão, idem], *ren* [latim, 'rim'] — *Niere* [alemão, idem], *leaf* [inglês, 'folha'] — *folium* [latim, idem], *dum-a* [russo, 'pensamento'] — θυμός [grego, 'espírito'] — sânscrito *mêdh, mûdha* ['mente'], *Mut* [alemão, 'ânimo'], *Rauchen* [alemão, 'fumaça'] — russo *kur-ít* ['fumar'], *kreischen* [alemão, 'gritar, guinchar'] — *to shriek* [inglês, idem], e assim por diante."

Abel procura explicar o fenômeno da *troca fonética* com base numa duplicação ou reduplicação da raiz. Nisso teríamos alguma dificuldade em acompanhar o filólogo. Sabemos como as crianças gostam de brincar invertendo o som das palavras, e como o trabalho do sonho frequentemente se utiliza da inversão do seu material figurativo para propósitos diversos (aí já não são letras, mas imagens que têm a sequência invertida). Portanto, nós nos inclinaríamos antes a relacionar a troca fonética a um fator de alcance mais profundo.[3]

---

3 Sobre o fenômeno da troca fonética (metátese), que talvez tenha laços ainda mais íntimos com o trabalho do sonho do que o sentido antitético, cf. também W. Meyer-Rinteln no *Kölnische Zeitung* de 7 de março de 1909.

Na concordância entre a peculiaridade do trabalho do sonho destacada no início e a prática das mais antigas línguas, revelada pela filologia, podemos ver uma confirmação de nossa concepção do caráter regressivo, arcaico, da expressão de pensamentos no sonho. E a nós, psiquiatras, impõe-se de modo imperioso a suspeita de que entenderíamos melhor e traduziríamos mais facilmente a linguagem dos sonhos se conhecêssemos mais a evolução da linguagem.[4]

---

4 É também plausível supor que o original sentido antitético das palavras mostra o mecanismo pré-formado que é utilizado, para fins diversos, pelo lapso verbal em que se diz o oposto do pretendido.

CONCEPÇÃO PSICANALÍTICA DO TRANSTORNO PSICOGÊNICO DA VISÃO (1910)

TÍTULO ORIGINAL: "DIE PSYCHOGENE SEHSTÖRUNG IN PSYCHOANALYTISCHER AUFFASSUNG". PUBLICADO PRIMEIRAMENTE EM *ÄRZTLICHE FORTBILDUNG*, SUPLEMENTO DE *ÄRZTLICHE STANDESZEITUNG* [JORNAL DA CLASSE MÉDICA], V. 9, N. 9, PP. 42-4. TRADUZIDO DE *GESAMMELTE WERKE* VIII, PP. 94-102; TAMBÉM SE ACHA EM *STUDIENAUSGABE* VI, PP. 205-13.

CONCEPÇÃO PSICANALÍTICA DO TRANSTORNO PSICOGÊNICO DA VISÃO

Caros colegas:

Quero lhes mostrar, com base no transtorno psicogênico da visão, as mudanças que nossa concepção da gênese de tais problemas experimentou por influência do método de pesquisa psicanalítico. Como sabem, a cegueira histérica é considerada o caso típico de um transtorno psicogênico da visão. Após as pesquisas da escola francesa, de homens como Charcot, Janet, Binet, acredita-se que sua gênese é conhecida. Com efeito, pode-se produzir experimentalmente essa cegueira, quando se dispõe de alguém suscetível de sonambulismo. Se colocamos essa pessoa em hipnose profunda e lhe sugerimos que não enxerga com determinado olho, ela se comporta realmente como alguém cego daquele olho, como uma histérica com um transtorno visual espontaneamente desenvolvido. É possível, então, construir [*konstruieren*] o mecanismo do transtorno histérico espontâneo da visão sobre o modelo do transtorno hipnótico sugerido. Numa histérica, a ideia de estar cega não surge inspirada pelo hipnotizador, mas de forma espontânea, por autossugestão, como se diz, e essa ideia é tão poderosa, em ambos os casos, que se converte em realidade, exatamente como uma alucinação, uma paralisia etc. sugeridas.

Isso parece perfeitamente verossímil e deve satisfazer qualquer um que não se incomode com os muitos enigmas que existem por trás dos conceitos de hipnose, sugestão e autossugestão. Em especial a autossugestão dá ensejo a outras perguntas mais. Quando e em que condições uma ideia se torna tão poderosa que chega a se comportar como uma sugestão e se transformar em realidade? Uma investigação mais detida nos ensinou que não podemos responder a essa questão sem recorrer à noção de "inconsciente". Muitos filósofos são contrários à suposição de tal inconsciente psíquico, pois não se ocuparam dos fenômenos que nos obrigam a postulá-lo. Tornou-se inevitável, para os psicopatologistas, trabalhar com processos psíquicos inconscientes, ideias inconscientes etc.

Experimentos engenhosos demonstraram que os cegos histéricos veem em determinado sentido, ainda que não no sentido pleno. Estímulos do olho cego podem produzir certas consequências psíquicas, despertar afetos, por exemplo, apesar de não se tornarem conscientes. Portanto, os histericamente cegos são cegos apenas para a consciência, enxergam no inconsciente. São observações desse tipo que nos fazem distinguir entre processos psíquicos conscientes e inconscientes. Como é que tais pessoas desenvolvem a "autossugestão" inconsciente de que são cegas, quando, porém, continuam enxergando no inconsciente?

A essa pergunta, os pesquisadores franceses respondem com a explicação de que já de antemão existe, nos doentes predispostos à histeria, um pendor para a dissociação — para a dissolução dos nexos no funcionamento psíquico —, e em consequência disso alguns processos inconscientes não prosseguem até a consciência. Sem considerar agora o valor dessa tentativa de explicação, no que toca ao entendimento dos fenômenos em pauta, vamos nos voltar para outro ponto de vista.

Como veem os senhores, abandonamos a identidade, inicialmente enfatizada, entre a cegueira histérica e a cegueira produzida mediante a sugestão. Os histéricos não estão cegos em consequência da ideia autossugestiva de que não veem, mas sim por causa da dissociação entre processos inconscientes e conscientes no ato de ver; sua ideia de que não vê é a justificada expressão do estado de coisas psíquico, e não a causa deste.

Senhores — Se objetarem que falta clareza à exposição precedente, não me será fácil defendê-la. Procurei lhes dar uma síntese das opiniões de diferentes pesquisadores, e nisso provavelmente esquematizei demais os nexos. Quis juntar numa composição homogênea os conceitos lançados para a compreensão dos transtornos psicogênicos — sua origem em ideias muito poderosas, a distinção entre processos psíquicos conscientes e inconscientes e a hipótese da dissociação psíquica — e tive tão pouco êxito nisso quanto os autores franceses, com Pierre Janet à frente. Queiram perdoar-me, além da pouca clareza, também a infidelidade de minha exposição, e deixem-me lhes contar como a psicanálise nos levou a uma concepção mais firme, e provavelmente mais realista, dos transtornos psicogênicos da visão.

A psicanálise aceita igualmente as hipóteses da dissociação e do inconsciente, mas estabelece outra relação entre elas. É uma concepção dinâmica, que explica a vida psíquica como um jogo de forças que favorecem ou inibem umas às outras. Quando, por exemplo, um grupo de ideias permanece no inconsciente, ela não conclui pela existência de uma incapacidade constitucional para a síntese, que se manifestaria nessa dissociação; afirma, isto sim, que a oposição ativa de outros grupos de ideias causou o isolamento e a inconsciência desse grupo específico. Chama "repressão" ao processo que ocasiona esse destino para esse grupo, e nele reconhece algo similar ao que no âmbito da lógica é o juízo de condenação. Demonstra que tais repressões têm papel extraordinariamente relevante em nossa vida psíquica, e que o fracasso da repressão é a precondição para que se forme o sintoma.

Portanto, se, como vimos, o transtorno visual psicogênico se baseia no fato de que determinadas ideias ligadas à visão ficam separadas da consciência, a abordagem psicanalítica tem de supor que tais ideias entraram em oposição a outras mais fortes, para as quais utilizamos o conceito geral de "Eu" (composto diferentemente segundo a ocasião), e por isso incorreram na repressão. Mas de onde deve se originar essa oposição, que provoca a repressão, entre o Eu e determinados grupos de ideias? Os senhores notam que essa pergunta não era possível antes da psicanálise, pois nada se sabia a respeito do conflito psíquico e da repressão. Nossas investigações nos puseram em condição de dar a resposta. Passamos a atentar para a importância dos instintos na vida imaginativa; verificamos que cada instinto procura se impor mediante a vivificação das ideias condizentes com suas metas. Nem sempre esses instintos são compatíveis entre si; com frequência têm conflitos de interesses; as oposições das ideias são apenas expressão das lutas entre os instintos que servem à sexualidade, à obtenção de prazer sexual, e os outros, que têm por meta a autoconservação do indivíduo, os instintos do Eu.* Todos os instintos orgânicos que atuam em nossa alma podem ser classificados como "fome" ou como "amor", nas palavras do poeta.** Acompanhamos o "instinto sexual", desde as primeiras manifestações na criança até a forma final, que se chama "normal", e vimos que é composto de numerosos "instintos parciais", que se ligam a excitações de regiões do corpo; percebemos que esses instintos têm de perfazer um complicado desenvolvimento até poderem conformar-se adequadamente aos objetivos da procriação. A indagação psicológica de nossa evolução cultural nos ensinou que a civilização se origina essencialmente à custa dos instintos sexuais parciais, que esses têm de ser reprimidos, limitados, transformados, desviados para metas mais elevadas, a fim de que se produzam as construções psíquicas civilizadas. Como precioso resultado de nossas investigações, pudemos perceber algo que nossos colegas ainda não querem aceitar: que os males conhecidos como "neuroses" derivam das múltiplas formas de malogro desses processos de transformação dos instintos sexuais parciais. O "Eu" se sente ameaçado pelas exigências dos instintos sexuais e defende-se delas por meio de repressões, que nem sempre têm o êxito desejado, mas acarretam,

* Segundo Strachey, esta é a primeira vez em que Freud usa a expressão *Ichtriebe*, "instintos do Eu", distinguindo-os resolutamente dos *Sexualtriebe*, "instintos sexuais".
** Alusão aos versos finais do célebre poema "Die Weltweisen" (Os sábios universais), de Schiller.

isto sim, perigosas formações substitutivas do reprimido e incômodas formações reativas do Eu. Dessas duas classes de fenômenos se compõe aquilo que denominamos sintomas das neuroses.

Aparentemente nos afastamos muito de nossa tarefa, mas nisso tocamos nos laços entre os estados neuróticos e nossa vida psíquica como um todo. Voltemos agora ao nosso problema específico. Os instintos sexuais e os do Eu têm à disposição, em geral, os mesmos órgãos e sistemas de órgãos. O prazer sexual não se acha ligado apenas à função dos genitais; a boca serve tanto para o beijo como para a alimentação e a comunicação, os olhos percebem não apenas as alterações no mundo exterior que são importantes para a preservação da vida, mas também as características dos objetos que os tornam elegíveis como objetos de amor, seus "encantos".*
Confirma-se, então, que não é fácil servir dois senhores ao mesmo tempo. Quanto mais íntima é a relação que um órgão de dupla função desse tipo estabelece com um dos dois grandes instintos, tanto mais rejeita o outro. Esse princípio tem inevitáveis consequências patológicas quando os dois instintos básicos se desavêm, quando por parte do Eu se mantém uma repressão contra o instinto sexual parcial correspondente. A aplicação disso ao olho e à visão é simples. Quando o instinto sexual parcial que se utiliza da visão — o prazer sexual em olhar — atrai a reação defensiva dos instintos do Eu por

---

* No original: *Reize*, que significa "encantos, atrações" e também "estímulos".

suas exigências excessivas, de modo que as ideias em que se exprimem seus desejos sucumbem à repressão e são mantidas longe da consciência, a relação do olho e da visão com o Eu e a consciência é perturbada. O Eu perde seu domínio sobre o órgão, que então se coloca inteiramente à disposição do instinto sexual reprimido. É como se a repressão por parte do Eu fosse longe demais, como se ela jogasse fora a criança com a água do banho, pois o Eu nada mais quer enxergar, desde que os interesses sexuais em ver adquiriram tamanho relevo. Mais pertinente é outra explicação, que põe a atividade do lado do reprimido prazer em olhar. Constitui a vingança, a compensação para o instinto reprimido, o fato de ele, impedido de maior avanço psíquico, conseguir então aumentar seu domínio sobre o órgão que o serve. A perda do domínio consciente sobre o órgão é a nociva formação substitutiva para a repressão malograda, que apenas a esse preço foi tornada possível.

Tal relação de um órgão duplamente solicitado — relação com o Eu consciente e com a sexualidade reprimida — é ainda mais claramente visível nos órgãos motores do que no olho, quando, por exemplo, a mão que pretendia realizar uma agressão sexual fica histericamente paralisada e após aquela inibição nada mais consegue fazer, como se teimosamente insistisse em realizar a inervação reprimida; ou quando os dedos de pessoas que deixaram a masturbação se recusam a aprender os sutis movimentos requeridos para tocar piano ou violino. Quanto ao olho, costumamos traduzir os obscuros processos psíquicos que se verificam na repressão do prazer sexual de olhar e no surgimento do transtorno psicogênico da visão como se uma voz punitiva se manifestasse no indivíduo, dizendo: "Porque você pretendia utilizar seu órgão da visão para um mau prazer sensual, é bem feito que não consiga mais enxergar", e assim aprovando o desfecho do processo. Nisso está a ideia do castigo de Talião, e nossa explicação do transtorno psicogênico da visão coincide realmente com aquela oferecida pela lenda, pelo mito. Na bela história de *lady* Godiva, todos os habitantes de uma pequena cidade têm de se esconder atrás de suas janelas cerradas, de modo a facilitar para a dama a tarefa de andar nua pelos caminhos, montada num cavalo. O único morador que espreita a beldade despida, através do postigo da janela, tem o castigo de se tornar cego.* Esse não é único exemplo, aliás, que nos leva a suspeitar que a neurose também encerra a chave para a mitologia.

Senhores, a psicanálise é alvo da injusta recriminação de levar a teorias puramente psicológicas dos processos mórbidos. A ênfase no papel patogênico da sexualidade, que certamente não é um fator apenas psicológico, já deveria protegê-la dessa acusação. A psicanálise jamais esquece que o psíquico se baseia no orgânico, embora seu trabalho possa acompanhá-lo apenas até esse fundamento e não além. Assim, a psicanálise

---

* Conforme a lenda inglesa, a bela Godiva, mulher do senhor de Coventry, em meados do séc. XI, apiedou-se dos vassalos oprimidos pelos impostos do marido e pediu a este que os suspendesse. Ele impôs como condição que ela percorresse as ruas de Coventry nua num cavalo, coberta somente pelos longos cabelos.

também se dispõe a admitir, e mesmo a postular, que nem todos os distúrbios funcionais da visão são psicogênicos como aqueles provocados pela repressão do prazer erótico de olhar. Quando um órgão que serve aos dois tipos de instintos aumenta seu papel erógeno, é de esperar, em termos bem gerais, que isso não ocorra sem alterações na excitabilidade e na inervação, que se darão a conhecer como transtornos na função do órgão a serviço do Eu. De fato, se virmos que um órgão que ordinariamente serve à percepção sensorial se conduz francamente como um genital quando é aumentado seu papel erógeno, não consideraremos improvável que também alterações tóxicas nele se verifiquem. Por falta de um termo melhor, teremos de conservar o velho, inadequado nome de transtornos "neuróticos" para as duas espécies de distúrbios funcionais, tanto os de origem fisiológica como os de origem tóxica, que se devem a um aumento da importância erógena. Os transtornos neuróticos da visão estão para aqueles psicogênicos, de modo geral, como as neuroses atuais para as psiconeuroses; dificilmente transtornos psicogênicos da visão aparecerão sem distúrbios neuróticos, mas esses poderão surgir sem aqueles. Infelizmente, tais sintomas "neuróticos" ainda são muito pouco examinados e entendidos, pois não são diretamente acessíveis à psicanálise e os outros modos de investigação não consideraram o aspecto da sexualidade.

Há ainda outra linha de pensamento que procede da psicanálise e se estende à pesquisa orgânica. Pode-se perguntar se a repressão de instintos sexuais parciais gerada pelas influências da vida é suficiente, em si, para causar os transtornos funcionais dos órgãos, ou se não deveriam estar presentes condições constitucionais especiais que antes levem os órgãos a exacerbar seu papel erógeno e assim provoquem a repressão dos instintos.* Teríamos de enxergar nessas condições a parte constitucional da predisposição para adoecer de transtornos psicogênicos e neuróticos. Esse é o fator que, em relação à histeria, designei provisoriamente como "complacência somática" dos órgãos.**

---

* Embora tenhamos usado a mesma palavra, "repressão", para traduzir os dois termos, na primeira ocasião consta *Unterdrückung* no original, e na segunda, *Verdrängung*; cf. nota sobre a versão dos dois termos no v. 10 destas *Obras completas*, p. 88.

** Cf. *Fragmento da análise de um caso de histeria* ("Caso Dora"), 1905; e também "O debate sobre a masturbação", 1912. Na primeira edição, de 1910, o presente artigo terminava com a seguinte frase: "Os conhecidos trabalhos de Alfred Adler procuram definir esse fator em termos biológicos".

SOBRE PSICANÁLISE "SELVAGEM" (1910)

TÍTULO ORIGINAL: "ÜBER 'WILDE' PSYCHOANALYSE".
PUBLICADO PRIMEIRAMENTE EM *ZENTRALBLATT FÜR PSYCHOANALYSE*, V. 1, N. 3, PP. 91-5.
TRADUZIDO DE *GESAMMELTE WERKE* VIII,
PP. 118-25. TAMBÉM SE ACHA EM *STUDIENAUSGABE*,
ERGÄNZUNGSBAND [VOLUME COMPLEMENTAR],
PP. 133-41.

SOBRE PSICANÁLISE "SELVAGEM"

Há alguns dias apresentou-se em meu consultório, acompanhada de uma amiga, uma senhora que dizia sofrer de estados de angústia. Tinha seus quarenta e tantos anos, estava bem conservada, e claramente ainda não renunciara à sua feminilidade. O ensejo precipitador da angústia foi a separação de seu último marido; mas essa angústia, conforme seu relato, aumentara consideravelmente após ela consultar um jovem médico da localidade em que vivia, nos arredores de Viena, pois esse lhe explicara que a causa da angústia era sua carência sexual. Ela não podia se privar das relações com o marido, segundo ele; portanto, havia apenas três caminhos para recuperar a saúde: ou ela voltava para o marido, ou arranjava um amante, ou satisfazia a si mesma. Desde então ela estava convencida de que era incurável, pois para o marido não desejava voltar, e os dois outros meios repugnavam sua moral e sua religiosidade. Procurou-me porque o médico lhe havia dito que se tratava de um novo conhecimento que se devia a mim, e que ela necessitava apenas me visitar para ter a confirmação daquilo. A amiga, uma senhora mais velha, mirrada e de aparência não muito sadia, implorou-me então que assegurasse à paciente que o médico se enganara. Não podia ser verdade, ela própria era viúva desde muito tempo e permanecera respeitável, não sofrendo de angústia.

Não me deterei na difícil situação em que essa visita me colocou; tentarei, isto sim, esclarecer a conduta do médico que a enviou. Primeiramente, quero lembrar uma precaução que talvez — ou oxalá — não seja supérflua. Uma longa experiência me ensinou — como teria ensinado a qualquer outro — a não tomar imediatamente como verdadeiro o que os pacientes, em especial os neuróticos, relatam de seus médicos. Em toda espécie de tratamento, o especialista em doenças nervosas não apenas se torna facilmente o objeto de muitos dos impulsos hostis do paciente, como às vezes tem de conformar-se em assumir, por uma espécie de projeção, a responsabilidade pelos ocultos desejos reprimidos dos neuróticos. É algo triste, mas significativo, que tais acusações achem crédito principalmente junto aos outros médicos.

Portanto, tenho o direito de pensar que aquela senhora me fez um relato tendencioso das afirmações de seu médico, e que faço uma injustiça com ele, que pessoalmente não conheço, ao tomar esse caso como ponto de partida para minhas observações sobre psicanálise "selvagem".* Assim fazendo, no entanto, eu talvez impeça outros de prejudicarem seus pacientes.

Vamos supor, então, que o médico tenha dito exatamente o que a paciente me relatou. Qualquer pessoa lhe adiantará a crítica de que, se um médico acha necessário discutir o tema da sexualidade com uma mulher, tem de fazê-lo com tato e discrição. Ora, tal exigência coincide com a observância de determinados preceitos *técnicos* da psicanálise; e, além do mais, o médico teria ignorado ou entendido mal uma série de teorias *científicas* da psica-

---

* "Selvagem": tradução literal do adjetivo alemão *wild*, que é grafado como seu equivalente inglês e, como ele, pode ter o sentido de "desregrado, irregular" — sentido que não é tão frequente em português, mas que se acha, por exemplo, na expressão "capitalismo selvagem".

nálise, mostrando que pouco avançou na compreensão de sua natureza e seus propósitos.

Comecemos com os últimos, os erros científicos. Os conselhos do médico mostram claramente em que sentido ele compreende a "vida sexual": naquele popular, no qual se entende por necessidades sexuais apenas a necessidade do coito ou de atos semelhantes que produzam o orgasmo e a liberação de determinadas substâncias. Mas ele não pode ter ignorado que costumam fazer à psicanálise a objeção de que ela estende a noção de sexual muito além da sua amplitude habitual. Isso é um fato; se ele pode ser usado como uma objeção, é algo que não discutiremos aqui. O conceito de sexual abrange muito mais na psicanálise; vai além do sentido popular, tanto para cima como para baixo. Tal ampliação se justifica geneticamente; incluímos na "vida sexual" todas as manifestações de sentimentos afetuosos que provêm da fonte dos primitivos impulsos sexuais, mesmo quando esses impulsos experimentaram uma inibição de sua original meta sexual ou trocaram essa por outra não mais sexual. Por isso preferimos falar em *psicossexualidade*, enfatizando que o elemento psíquico da vida sexual não deve ser esquecido nem subestimado. Empregamos o termo "sexualidade" no mesmo sentido abrangente em que a língua alemã usa a palavra *lieben* [amar]. Há muito sabemos que pode haver insatisfação psíquica, com todas as suas consequências, também quando não falta o intercurso sexual normal, e como terapeutas sempre levamos em conta que frequentemente os impulsos sexuais insatisfeitos — cujas satisfações substitutivas combatemos na forma de sintomas nervosos — somente em pequena medida encontram desafogo mediante o coito e outros atos sexuais.

Quem não partilha essa concepção da psicossexualidade não tem o direito de invocar as teses da psicanálise que tratam da importância etiológica da sexualidade. Essa pessoa simplifica bastante o problema, ao acentuar exclusivamente o fator somático na sexualidade; mas a responsabilidade pelo procedimento deve ser apenas sua.

Outra incompreensão, igualmente grave, transparece nos conselhos do médico.

É certo que a psicanálise afirma que a insatisfação sexual é causa de transtornos nervosos. Mas ela não diz mais do que isso? Pretende-se deixar de lado, por demasiado complexo, seu ensinamento de que os sintomas nervosos nascem de um conflito entre dois poderes, uma libido (que geralmente se tornou excessiva) e uma rejeição da sexualidade ou repressão rigorosa demais? Quem não esquece esse último fator, que realmente não é secundário, não pode crer que a satisfação sexual constitua, em si, um remédio de eficácia geral para as queixas dos neuróticos. Afinal, boa parte desses indivíduos é incapaz de satisfação, absolutamente ou nas circunstâncias dadas. Se eles fossem capazes disso, se não tivessem suas resistências internas, a força do instinto lhes apontaria o caminho para a satisfação, mesmo quando o médico não aconselhasse. Para que, então, um conselho como o que o médico teria dado à senhora?

Mesmo que ele se justifique cientificamente, ela não tem como segui-lo. Caso não tivesse resistências internas à masturbação ou à relação amorosa, há muito ela já teria recorrido a um desses meios. Ou o médico acredita que uma mulher de mais de quarenta anos não sabe que é possível arranjar um amante, ou superestima ele de tal modo sua influência que acha que ela jamais daria um passo desses sem aprovação médica?

Tudo isso parece bastante claro, mas devemos admitir que há um fator que muitas vezes dificulta o julgamento. Vários estados nervosos, tanto as assim chamadas *neuroses atuais* como a neurastenia típica e a pura neurose de angústia, dependem claramente do fator somático da vida sexual, ao passo que não temos ainda ideia segura sobre o papel que neles desempenham o fator psíquico e a repressão. Nesses casos é natural que o médico considere inicialmente uma terapia atual, uma alteração da atividade somática sexual, e ele o faz com plena justificação, se o seu diagnóstico foi correto. A senhora que consultou o jovem médico queixava-se principalmente de estados de angústia, e provavelmente ele supôs que ela sofria de neurose de angústia, sentindo-se justificado em lhe recomendar uma terapia somática. Novamente um cômodo mal-entendido! Quem sofre de angústia não tem necessariamente uma neurose de angústia; esse diagnóstico não deve ser tirado do nome. É preciso saber que manifestações constituem uma neurose de angústia, e distingui-la de outros estados patológicos em que aparece a angústia. Parece-me que a senhora em questão sofria de uma *histeria de angústia*, e todo o valor dessas distinções nosográficas (aquilo que também as justifica) está no fato de que indicam outra etiologia e outra terapia. Quem considerasse a possibilidade de uma histeria de angústia não incorreria nessa negligência dos fatores psíquicos que se mostra nas alternativas aconselhadas pelo médico.

Curiosamente, nessas alternativas terapêuticas do suposto psicanalista não sobra espaço para — a psicanálise! A senhora poderia se curar da angústia apenas se voltasse para o marido, ou satisfazendo-se pela via da masturbação ou com um amante. Onde ficaria o tratamento analítico, em que vemos o principal recurso para os estados de angústia?

Com isso chegamos às falhas técnicas que percebemos na conduta do médico, no caso presente. Uma concepção há muito superada, baseada na simples aparência, diz que o doente sofre devido a uma espécie de ignorância, e que, quando removemos essa ignorância através da informação (sobre os nexos causais entre sua doença e sua vida, sobre suas vivências infantis etc.), ele certamente se cura. O fator patogênico não é a ignorância em si, mas o fato de ela se fundamentar em *resistências internas*, que inicialmente a provocaram e ainda a sustentam. A tarefa da terapia é combater essas resistências. Informar o que o paciente não sabe, porque o reprimiu, é apenas um dos preparativos necessários à terapia. Se a informação sobre o inconsciente fosse tão importante para o doente como acreditam os não iniciados na psicanálise, bastaria, para seu restabelecimento, que ele frequentasse palestras e lesse livros. Mas essas medidas têm tão pouca influência nos sintomas da doença nervosa quanto a distribuição de cardápios para os famintos numa época de fome. E a comparação pode ir além, pois informar ao doente acerca do inconsciente resulta, via de regra, em exacerbação do conflito e intensificação das dores.

Porém, como a psicanálise não pode prescindir dessa comunicação, determina que ela não suceda antes que se cumpram duas condições. Primeiro, antes que o paciente mesmo se avizinhe, mediante preparação, daquilo que foi por ele reprimido; segundo, antes que tenha se apegado tanto ao médico (*transferência*) que a ligação emocional a esse torne impossível a fuga.

Apenas depois de cumpridas essas condições será possível conhecer e dominar as resistências que levaram à repressão e à insciência. Logo, uma intervenção psicanalítica pressupõe um contato prolongado com o doente, e tentativas de surpreendê-lo na primeira sessão, comunicando-lhe abruptamente os segredos adivinhados, são tecnicamente condenáveis e acarretam muitas vezes seu próprio castigo, ao atrair a autêntica inimizade do paciente e impedir qualquer influência ulterior.

Sem considerar que às vezes o médico aconselha erradamente e jamais pode perceber tudo. Na psicanálise, essas prescrições técnicas definidas substituem a exigência do inapreensível "tato médico", que é visto como um dom especial.

Portanto, para o médico não basta conhecer algumas conclusões da psicanálise; é preciso também familiarizar-se com a técnica, se quiser que sua prática médica seja guiada pelas concepções psicanalíticas. Essa técnica ainda não pode ser aprendida em livros, e certamente pode ser obtida apenas com grandes sacrifícios de tempo, esforço e resultados. Como outras técnicas médicas, o indivíduo a aprende com aqueles que já a dominam. Por isso não deixa de ser relevante, na avaliação do caso que tomei como ponto de partida para estas observações, que eu não conheça o médico que teria dado esses conselhos nem jamais tenha ouvido seu nome.

Não é agradável, para mim e meus amigos e colaboradores, monopolizar dessa maneira a prerrogativa de exercer uma técnica médica. Mas não tivemos outra escolha, em face dos perigos que traz consigo, para os doentes e a causa da psicanálise, o previsível exercício de uma psicanálise "selvagem". Na primavera de 1910 fundamos uma sociedade psicanalítica internacional,* em que a lista dos membros se acha à disposição do público, para poder rechaçar a responsabilidade pelos atos de todos aqueles que não são um dos nossos e chamam de "psicanálise" seu procedimento médico. Pois, na realidade, tais psicanalistas "selvagens" prejudicam mais a causa do que os doentes. Frequentemente observei que um desses procedimentos inábeis, embora

---

* Com minúsculas no original: *ein internationaler psychoanalytischer Verein*. Esse último termo é o mesmo empregado na designação das sociedades psicanalíticas locais: *Wiener* [de Viena] *Psychoanalytischer Verein*, por exemplo. Na "Contribuição à história do movimento psicanalítico" (1914, cap. III) e na *"Autobiografia"* (1925, cap. V), Freud fala de *Internationale Psychoanalytische Vereinigung*, traduzida por Associação Psicanalítica Internacional.

no início tenha provocado uma piora na condição do paciente, acabou por levá-lo à recuperação. Nem sempre, mas com frequência. Depois de xingar por algum tempo o médico e sentir-se a alguma distância de sua influência, o doente vê os sintomas cederem ou resolve dar um bom passo no caminho da cura. A melhora final ocorre então "por si mesma", ou é atribuída a algum tratamento anódino de um médico ao qual o paciente se dirigiu depois. No caso da senhora que se queixou do médico, inclino-me a crer que, tudo somado, o psicanalista "selvagem" fez mais por sua cliente do que alguma prestigiosa autoridade que lhe dissesse que ela sofria de uma "neurose vasomotora". Ele a fez voltar a atenção para os verdadeiros motivos de seu problema, ou para as proximidades desse, e, apesar da revolta da paciente, essa intervenção não terá ficado sem consequências positivas. Mas ele prejudicou a si mesmo e contribuiu para aumentar os preconceitos que, devido a compreensíveis resistências afetivas, os doentes nutrem em relação à atividade do analista. E isso pode ser evitado.

UM TIPO ESPECIAL DE ESCOLHA DE OBJETO FEITA PELO HOMEM (1910)

(CONTRIBUIÇÕES À PSICOLOGIA DO AMOR I)

TÍTULO ORIGINAL: "ÜBER EINEN BESONDEREN TYPUS DER OBJEKTWAHL BEIM MANNE (BEITRÄGE ZUR PSYCHOLOGIE DES LIEBESLEBENS I)". PUBLICADO PRIMEIRAMENTE EM *JAHRBUCH FÜR PSYCHOANALYTISCHE UND PSYCHOPATHOLOGISCHE FORSCHUNGEN* [ANUÁRIO DE PESQUISAS PSICANALÍTICAS E PSICOPATOLÓGICAS], V. 2, N. 2, PP. 389-97. TRADUZIDO DE *GESAMMELTE WERKE* VIII, PP. 66-77. TAMBÉM SE ACHA EM *STUDIENAUSGABE* V, PP. 185-95.

UM TIPO ESPECIAL DE ESCOLHA DE OBJETO FEITA PELO HOMEM

Até agora deixamos que os poetas e romancistas descrevessem as "condições amorosas" segundo as quais as pessoas fazem sua escolha de objeto, e a maneira como harmonizam as exigências da realidade com sua fantasia. Eles dispõem de algumas qualidades que os habilitam a realizar essa tarefa, sobretudo de sensibilidade para perceber movimentos psíquicos ocultos em outras pessoas e coragem para fazer seu próprio inconsciente falar. Do ponto de vista do conhecimento, porém, há uma circunstância que diminui o valor do que têm a dizer. Os escritores obedecem à condição de visar o prazer intelectual e estético, assim como determinados efeitos emocionais; por isso não podem apresentar sem mudanças o material da realidade, mas têm de isolar parcelas dele, excluir nexos que atrapalham, atenuar o conjunto e substituir o que falta. São as prerrogativas da chamada "licença poética". Além disso, não podem manifestar grande interesse pela origem e pelo desenvolvimento dos estados mentais que descrevem de forma acabada. Então é inevitável que a ciência, com uma mão mais pesada e menor obtenção de prazer, venha a se ocupar das mesmas matérias cuja elaboração poética deleita os seres humanos há milênios. Essas observações talvez justifiquem uma abordagem estritamente científica da vida amorosa humana. Pois a ciência é a mais completa renúncia do princípio do prazer que a nossa atividade psíquica é capaz de fazer.

No tratamento psicanalítico temos ampla oportunidade de reunir impressões da vida amorosa de pessoas neuróticas, e podemos recordar já ter observado ou sabido de comportamento semelhante também em indivíduos medianos sadios e até naqueles excepcionais. Havendo acúmulo de impressões, devido a um material favorável, emergem mais nitidamente alguns tipos particulares. É um desses tipos de escolha de objeto pelo homem que descreverei inicialmente, porque se distingue por uma série de "condições amorosas" cuja combinação não se entende e é mesmo de estranhar, e porque admite um esclarecimento psicanalítico simples.

1) A primeira dessas condições para o amor pode ser designada como realmente específica; tão logo é encontrada, deve-se aguardar a presença das outras características desse tipo. É possível chamá-la de condição de "um terceiro prejudicado"; consiste em que o interessado nunca toma por objeto amoroso uma mulher que esteja livre, isto é, solteira ou sozinha, mas apenas uma mulher sobre a qual outro homem possa ter direitos, como noivo, marido ou namorado. Tal condição mostra-se tão inexorável, em alguns casos, que uma mulher pode ser inicialmente ignorada ou mesmo desprezada, enquanto não pertence a ninguém, e logo se tornar objeto de paixão, ao estabelecer relação de um daqueles tipos com outro homem.

2) A segunda condição é talvez menos frequente, mas não menos singular. Apenas quando ela se une à primeira o tipo se torna completo, enquanto a primeira parece ocorrer por si só com muita frequência. Esta segunda condição diz que a mulher casta e insuspeita nunca exerce o fascínio que a transforma em objeto amoroso, mas apenas a mulher de alguma má fama, so-

bre cuja fidelidade e constância paira certa dúvida. Essa última característica pode variar numa gama significativa, da ligeira sombra na reputação de uma esposa inclinada ao flerte até a conduta abertamente poligâmica de uma *cocotte* ou artista do amor, mas a algo desse gênero não renunciam os que se enquadram nesse tipo. Com alguma crueza podemos denominar esta condição de "amor à prostituta".

Assim como a primeira condição dá oportunidade para satisfazer impulsos competitivos, hostis, em relação ao homem do qual se tira a mulher amada, a segunda, a da facilidade feminina, acha-se ligada à ativação do *ciúme*, que parece constituir uma necessidade para os amantes desse tipo. Apenas quando podem estar enciumados a paixão atinge seu ápice, a mulher adquire seu inteiro valor, e nunca deixam escapar a ocasião de experimentar esses fortes sentimentos. Curiosamente, não é para o dono legal da mulher amada que se volta este ciúme, mas para novos conhecidos, em relação aos quais se pode suspeitar da amada. Em casos gritantes, o amante não mostra nenhum desejo de ter somente para si a mulher, parecendo sentir-se bem no relacionamento triangular. Um de meus pacientes, que sofrera terrivelmente com as escapadas de sua dama, não fez objeções ao casamento desta, mas o promoveu de todas as formas; e nos anos seguintes não demonstrou nenhum ciúme do marido. É verdade que outro caso típico tivera bastante ciúme do marido em seu primeiro caso amoroso, e obrigara a dama a suspender as relações conjugais; mas em seus numerosos relacionamentos posteriores comportou-se como os demais e não enxergou no marido legítimo um estorvo.

Os pontos que seguem não abordam mais as condições requeridas do objeto amoroso, mas a atitude do amante para com o objeto de sua escolha.

3) Na vida amorosa normal o valor da mulher é definido pela sua integridade sexual e reduzido por qualquer aproximação à característica da facilidade. Parece, então, um notável afastamento da normalidade que as mulheres com essa característica sejam tratadas como *objetos sexuais valiosíssimos* pelos amantes deste nosso tipo. As relações amorosas com tais mulheres são conduzidas mediante um elevado dispêndio psíquico, até a consumição de quaisquer outros interesses; elas são as únicas pessoas que podem ser amadas, e a autoexigência de fidelidade é sempre renovada pelo amante, por mais que possa não ser cumprida na realidade. Nesses traços da relação amorosa que descrevemos se exprime bem claramente o caráter *obsessivo* que, em certa medida, é próprio de todo enamoramento. Mas a fidelidade e a intensidade da ligação não devem levar à expectativa de que uma única relação desse gênero preencha a vida amorosa da pessoa ou aconteça apenas uma vez nela. Ocorre, isto sim, que tais paixões se repetem, com as mesmas peculiaridades — cada uma a exata cópia da outra —, várias vezes na vida dos que pertencem a esse tipo; e, devido a condições externas como mudança de endereço e de ambiente, os objetos de amor podem mesmo suceder um ao outro com tal frequência que se chega à *formação de uma longa série*.

4) O que mais surpreende o observador, nos amantes desse tipo, é a tendência que manifestam de "salvar" a mulher amada. O homem está convencido de que a amada necessita dele, que sem ele perderia todo amparo moral e rapidamente desceria a um nível lamentável. Então ele a salva, ao não abandoná-la. O propósito de salvamento pode justificar-se, em alguns casos, invocando a volubilidade e a posição social ameaçada da mulher; mas ele surge com igual clareza quando não existe esse apoio na realidade. Um homem do tipo que descrevo, que sabia conquistar suas damas com refinada sedução e sutil dialética, não poupava então esforços, na relação amorosa, para conservar a amante do momento na via da "virtude", mediante tratados por ele mesmo redigidos.

Examinando os traços do quadro que descrevemos, as condições de que a amada não seja livre e seja fácil, o alto valor a ela dado, a necessidade de ter ciúmes, a fidelidade, compatível com as substituições numa longa série, e o propósito de salvamento, acha-se pouco provável que eles derivem todos de uma única fonte. No entanto, o aprofundamento psicanalítico na vida das pessoas em questão revela que tal fonte existe. Essa escolha de objeto peculiarmente determinada e a conduta amorosa singular têm a mesma origem psíquica da vida amorosa da pessoa normal, vêm da fixação infantil de sentimentos ternos na mãe e representam um dos desenlaces de tal fixação. Na vida amorosa normal restam poucos traços que revelam inconfundivelmente o modelo materno na escolha do objeto, como, por exemplo, a predileção de homens jovens por mulheres maduras; o desligamento da libido em relação à mãe ocorreu de modo relativamente rápido. Já em nosso tipo, a libido permaneceu tanto tempo na mãe, mesmo após o advento da puberdade, que nos objetos amorosos depois escolhidos ficam impressas as características maternas, que todos eles se tornam substitutos maternos facilmente reconhecíveis. Impõe-se, aqui, a analogia com a forma do crânio do recém-nascido: após um parto demorado, o crânio da criança apresentará o molde da pelve da mãe.

Agora nos cabe tornar verossímil que os traços característicos de nosso tipo, as condições para o amor e a conduta amorosa, procedam realmente da constelação materna. Isto seria mais fácil no tocante à primeira condição, a de que a mulher não seja livre ou de que haja um terceiro prejudicado. Sem dificuldade percebemos que, para a criança que se desenvolve no seio da família, o fato de a mãe pertencer ao pai torna-se algo indissociável da natureza materna, e que a terceira pessoa prejudicada não é outra senão o pai. Também se ajusta naturalmente ao contexto infantil o traço superestimador, segundo o qual a amada é única e insubstituível, pois ninguém possui mais que uma mãe, e a relação com ela baseia-se no alicerce de um evento livre de qualquer dúvida e que não pode se repetir.

Se os objetos amorosos de nosso tipo devem ser substitutos da mãe acima de tudo, torna-se compreensível também a formação de série, que parece contrariar tão diretamente a condição da fidelidade. A psicanálise nos ensina, também por outros exemplos, que algo insubstituível que atua no inconsciente manifesta-se frequentemente pela decomposição numa série infinita; infinita porque todo substituto deixa de proporcionar a satisfação desejada. De modo que o insaciável gosto por perguntas, presente nas crianças de certa idade, se explica pelo fato de terem uma única pergunta a fazer, que não chegam a expressar; e assim também a garrulice de várias pessoas afetadas pela neurose, vivendo sob a pressão de um segredo que pede para ser revelado e que elas não denunciam, apesar de toda a tentação.

Já a segunda condição para o amor, a da volubilidade do objeto escolhido, parece contradizer energicamente uma derivação a partir do complexo materno. O pensamento consciente do adulto gosta de ver a mãe como uma pessoa de inatacável pureza moral, e pouca coisa é mais ofensiva, quando vem de fora, ou dolorosa, quando surge de dentro, do que a dúvida relativa a esse aspecto da mãe. Mas justamente essa relação de agudo contraste entre a "mãe" e a "mulher fácil" nos estimula a investigar a história do desenvolvimento e a relação inconsciente desses dois complexos, quando há muito sabemos que com frequência se acha reunido num só, no inconsciente, o que na consciência é dividido em opostos. A investigação nos conduz então ao período em que o garoto adquire um conhecimento maior das relações sexuais entre os adultos, aproximadamente nos anos da pré-puberdade. Comunicações brutais, francamente voltadas para o descrédito e a provocação, familiarizam-no com o segredo da vida sexual e destroem a autoridade dos adultos, que se revela incompatível com o descobrimento de suas atividades sexuais. O que nessas revelações mais afeta o iniciado é sua aplicação aos próprios pais. Muitas vezes ela é diretamente rechaçada por quem a ouve, em palavras como estas: "É possível que os teus pais e outras pessoas façam isso uma com a outra, mas os meus pais não".

Como provável corolário ao "esclarecimento sexual", o menino aprende também que determinadas mulheres praticam o ato sexual como ofício, e por isso são alvo do desprezo de todos. Ele mesmo deve estar longe de partilhar esse desprezo; olha para essas infelizes com uma mistura de anseio e horror, tão logo fica sabendo que também ele pode ser iniciado por elas na vida sexual, que até então lhe parecera reservada apenas aos "grandes". Depois, não mais podendo se apegar à dúvida que tornava seus pais uma exceção às feias regras da atividade sexual, diz a si mesmo, com cínica coerência, que a diferença entre a mãe e a prostituta não é tão grande, afinal, pois no fundo fazem a mesma coisa. Aquelas esclarecedoras informações despertaram nele os traços mnêmicos das impressões e dos desejos de sua primeira infância e a partir deles reativaram certos impulsos psíquicos. Ele começa a desejar a mãe, no sentido então descoberto, e a novamente odiar o pai, como o rival que põe obstáculos a esse desejo; ele cai, segundo costumamos dizer, sob o domínio do complexo de Édipo. Não perdoa isto à mãe, e vê como uma infidelidade que ela tenha concedido ao pai, e não a ele, o favor do intercurso sexual. Quando não passam rapidamente, tais impulsos não têm outra saída senão esgotar-se em fantasias cujo teor é a atividade sexual da mãe nas mais diversas circunstâncias, e cuja tensão leva facilmente a buscar alívio na masturbação. Devido à persistente atuação conjunta dos dois motivos que o impelem, desejo e sede de vingança, fantasias sobre a infidelidade da mãe são suas prediletas; o amante com o qual ela comete a infidelidade tem quase sempre os traços do próprio Eu, ou melhor, de sua própria pessoa idealizada, amadurecida até a idade do pai. O que em outro lugar caracterizei de "romance familiar"[1] abrange as múltiplas ramificações dessa atividade da fantasia e o seu entrelaçamento com variados interesses egoístas desse período de vida.

Uma vez conhecida essa parte do desenvolvimento psíquico, não mais podemos achar contraditório e incompreensível que seja diretamente derivada do complexo materno a condição da volubilidade da mulher amada. O tipo de amor masculino que descrevemos carrega os traços dessa evolução e pode ser entendido como fixação nas fantasias da puberdade, que depois ainda encontraram saída para a vida real. Não há dificuldade em supor que a masturbação tão praticada durante a puberdade tenha contribuído para a fixação dessas fantasias.

Entre essas fantasias, que cresceram até dominar a vida amorosa real, e a tendência a *salvar* a amada parece haver uma ligação apenas frouxa, superficial, que se esgotaria na fundamentação consciente. A mulher amada corre perigo, por inclinar-se à inconstância e infidelida-

[1] "O romance familiar do neurótico" (1909).

de, então é compreensível que o amante se esforce em protegê-la dos perigos, zelando por sua virtude e contrariando seus pendores ruins. No entanto, o estudo das lembranças encobridoras, fantasias e sonhos das pessoas mostra que temos aí uma bem-sucedida "racionalização" de um motivo inconsciente, equiparável a uma boa elaboração secundária do sonho. Na realidade, o *tema da salvação* tem história e significação próprias e é um derivado autônomo do complexo materno ou, mais precisamente, do complexo parental. Quando o menino ouve que "deve" a vida aos pais, que a mãe lhe "deu a vida", conjugam-se nele impulsos ternos e que anseiam por grandeza e independência, para dar origem ao desejo de restituir aos pais esse presente, de recompensá-los com um de igual valor. É como se a rebeldia do garoto quisesse dizer: "Eu não preciso de nada do meu pai, quero devolver tudo o que lhe custei". Ele forma então a fantasia de *salvar o pai de um perigo mortal*, mediante a qual fica quite com ele, e essa fantasia é frequentemente deslocada para o imperador, o rei ou algum outro grão-senhor, e após essa deformação torna-se admissível na consciência e até mesmo aproveitável para o poeta. Na aplicação ao pai, prevalece na fantasia de salvação o sentido desafiador, enquanto à mãe se dirige geralmente o sentido carinhoso. A mãe deu à criança a vida, e não é fácil retribuir com algo do mesmo valor a essa dádiva única. Com ligeira mudança de significado, facilitada no inconsciente — e comparável ao interfluir dos conceitos na consciência —, a salvação da mãe adquire o significado de lhe dar ou fazer um filho, naturalmente um filho como ele próprio. O distanciamento do sentido original de salvar não é muito grande, a mudança de significado não é arbitrária. A mãe lhe deu uma vida, a própria vida dele, e recebe em troca uma outra vida, a de uma criança que tem a maior semelhança com ele próprio. O filho mostra-se agradecido, ao desejar ter da mãe um filho que seja igual a ele, isto é, na fantasia de salvação ele se identifica inteiramente com o pai. Todos os impulsos [*Triebe*], os de ternura, gratidão, prazer, desafio, independência, são satisfeitos mediante o desejo de *ser seu próprio pai*. Também o fator do perigo não se perdeu na mudança de sentido; pois o ato mesmo de nascer é o perigo do qual ele se salvou pelos esforços da mãe. O nascimento é tanto o primeiro dos perigos da vida como o modelo de todos os outros que nos causam medo [*Angst*], e é provável que a experiência do nascimento tenha deixado em nós a expressão de afeto a que chamamos medo. Macduff, o personagem da lenda escocesa, que não foi parido pela mãe, mas tirado de seu ventre, não conhecia o medo graças a isso.

Artemidoro, o antigo intérprete de sonhos, tinha certamente razão ao afirmar que o sonho muda de sentido conforme o sonhador. Segundo as leis que regem a expressão de pensamentos inconscientes, "salvação" pode variar de significado, conforme o autor da fantasia seja um homem ou uma mulher. Tanto pode significar "fazer um filho = fazer com que nasça" (para o homem) como "parir um filho" (para a mulher).

Sobretudo em relação com a água pode-se reconhecer claramente esses variados sentidos da salvação nas fantasias e nos sonhos. Se um homem, num sonho, salva uma mulher da água, isto significa que faz dela uma mãe, o que, segundo as considerações anteriores, equivale a fazer dela a sua mãe. Se uma mulher salva da água outra pessoa (uma criança), confessa deste modo, como a filha do faraó na lenda de Moisés,[2] ser sua genitora.

Ocasionalmente, também a fantasia de salvação relativa ao pai tem um sentido carinhoso. Quer então expressar o desejo de ter o pai como filho, isto é, ter um filho que seja como o pai. Devido a todos esses nexos entre o tema da salvação e o complexo parental, a tendência a salvar a amada constitui um traço essencial do tipo de amor aqui descrito.

Não me parece necessário justificar meu método de trabalho, que, tal como na apresentação do *erotismo anal*, visa primeiramente destacar, no material de observação, tipos extremos e claramente delimitados. Nos dois casos há um número bem maior de indivíduos em que se pode constatar apenas alguns traços desse tipo, ou traços pouco pronunciados, sendo óbvio que uma apreciação correta dos tipos é possível apenas com a exposição de todo o contexto em que eles se acham integrados.

---

2 Em Otto Rank, *Der Mythus von der Geburt des Helden* [O mito do nascimento do herói], 1909, 2ª ed., 1922.

SOBRE A MAIS COMUM DEPRECIAÇÃO NA VIDA AMOROSA (1912)

(CONTRIBUIÇÕES À PSICOLOGIA DO AMOR II)

TÍTULO ORIGINAL: "ÜBER DIE ALLGEMEINSTE ERNIEDRIGUNG DES LIEBESLEBENS (BEITRÄGE ZUR PSYCHOLOGIE DES LIEBESLEBENS II)". PUBLICADO PRIMEIRAMENTE EM *JAHRBUCH FÜR PSYCHOANALYTISCHE UND PSYCHOPATHOLOGISCHE FORSCHUNGEN* [ANUÁRIO DE PESQUISAS PSICANALÍTICAS E PSICOPATOLÓGICAS], V. 4, N. 1, PP. 40-50
TRADUZIDO DE *GESAMMELTE WERKE* VIII, PP. 78-91.
TAMBÉM SE ACHA EM *STUDIENAUSGABE* V, PP. 197-209.

SOBRE A MAIS COMUM DEPRECIAÇÃO NA VIDA AMOROSA

I

Quando o psicanalista se pergunta por qual motivo ele é mais procurado, tem de responder — não considerando as muitas formas de angústia — que é por causa da impotência psíquica. Esse peculiar transtorno atinge homens de natureza intensamente libidinosa e se manifesta no fato de que os órgãos executivos da sexualidade se recusam a perfazer o ato sexual, embora antes e depois se revelem intactos e capazes, e embora exista uma forte inclinação psíquica à realização do ato. O primeiro indício para compreender seu estado é fornecido pelo doente mesmo, ao notar que esse fracasso ocorre apenas com determinadas pessoas, não se apresentando jamais com outras. Ele sabe, então, que a inibição de sua potência viril vem de uma característica do objeto sexual, e às vezes conta que sente um obstáculo dentro de si, percebe uma vontade contrária que tem êxito em perturbar a intenção consciente. Mas não pode descobrir que obstáculo interior é esse e qual característica do objeto sexual o torna operante. Se experimentou repetidamente esse fracasso, julgará talvez, fazendo uma conexão sabidamente errada, que a lembrança da primeira vez, sendo uma perturbadora representação angustiosa, produziu as repetições; essa primeira vez, porém, ele a atribui a uma impressão "casual".

Estudos psicanalíticos sobre a impotência psíquica já foram feitos e publicados por diversos autores. Cada analista pode confirmar pela própria experiência clínica as explicações que neles aparecem. Trata-se realmente do efeito inibidor de certos complexos psíquicos que se furtam ao conhecimento do indivíduo. Como teor mais comum desse material patogênico destaca-se a fixação incestuosa, nunca superada, na mãe e na irmã. Além disso, há que considerar a influência de impressões penosas acidentais, ligadas à atividade sexual infantil, e os fatores que de forma geral diminuem a libido a ser dirigida ao objeto sexual feminino.

Submetendo casos gritantes de impotência psíquica a um estudo aprofundado, mediante a psicanálise, chega-se à informação seguinte sobre os processos psicossexuais que neles atuam. O fundamento da doença é de novo — como em todos os distúrbios neuróticos, provavelmente — uma inibição no desenvolvimento da libido, antes de ela tomar a configuração definitiva que se chama de normal. Não se juntaram duas correntes cuja união é imprescindível para uma atitude inteiramente normal no amor, duas correntes que podemos caracterizar como *a terna* e *a sensual*.

A corrente terna é a mais antiga das duas. Ela vem dos primeiros anos da infância, formou-se com base nos interesses do instinto de autoconservação e se dirige às pessoas da família e aos que cuidam da criança. Desde o início recebeu contribuições dos instintos sexuais, componentes de interesse erótico, que já na infância aparecem com nitidez maior ou menor, e que nos neuróticos se revelam, em todos os casos, mediante a psicanálise posterior. Ela corresponde à *escolha de objeto infantil primária*. Por ela vemos que os instintos sexuais acham seus primeiros objetos apoiando-se nas avaliações dos instintos do Eu, exatamente como as primeiras satisfações sexuais são experimentadas apoiando-se nas funções corporais necessárias à conservação da vida. O "carinho" dos pais e pessoas que cuidam da criança, que raramente nega sua natureza erótica ("a criança é um brinquedo erótico"), ajuda bastante a elevar, na criança, as contribuições do erotismo aos investimentos dos instintos do Eu, levando-as a uma medida que terá de ser considerada no desenvolvimento posterior, sobretudo quando algumas outras circunstâncias concorrem para isso.

Tais fixações ternas da criança continuam através da infância e sempre incorporam erotismo, que assim é desviado de suas metas sexuais. Na época da puberdade sobrevém a poderosa corrente "sensual", que já não ignora suas metas. Ao que parece, ela nunca deixa de seguir os caminhos anteriores e de investir os objetos da escolha infantil primária com montantes de libido bem mais intensos. Mas, como vai de encontro aos obstáculos erguidos nesse meio-tempo pela barreira do incesto, envidará esforços para logo transitar desses objetos, impróprios na realidade, para outros, desconhecidos, com os quais seja possível uma vida sexual real. Esses novos objetos ainda serão escolhidos segundo o modelo (a *imago*) daqueles infantis, mas com o tempo atrairão para si a ternura que se ligava aos primeiros. O homem deixará pai e mãe — conforme o preceito bíblico — e se apegará à mulher; ternura e sensualidade ficarão unidas. O grau máximo de paixão sensual acarretará o máximo de valoração psíquica. (A superestimação do objeto sexual, normal no homem.)

Dois fatores serão decisivos para o malogro desse avanço no desenvolvimento da libido. Primeiro, a medida de *real frustração* que se opõe à nova escolha de objeto e a desvaloriza para o indivíduo. Pois não tem sentido voltar-se para a escolha de objeto, quando não se pode escolher ou não há perspectiva de escolher algo satisfatório. Em segundo lugar, há a medida de *atração* que os objetos infantis a serem abandonados podem exercer, proporcional ao investimento erótico que lhes foi concedido na infância. Sendo esses dois fatores suficientemente fortes, o mecanismo geral de formação das neuroses entra em operação. A libido se afasta da realidade, é tomada pela fantasia (introversão), reforça as imagens dos primeiros objetos sexuais, fixa-se neles. Mas o obstáculo ao incesto obriga a libido voltada para esses objetos a permanecer no inconsciente. A ocupação em atos onanistas por parte da corrente sensual, que agora é parte do inconsciente, contribui para reforçar tal fixação. Nada muda nesse estado de coisas, se então é realizado na fantasia o que malogrou na realidade, se nas situações fantasiosas conducentes à satisfação onanista os objetos sexuais originais são substituídos por outros. As fantasias se tornam, com essa substituição, capazes de chegar à consciência, e nenhum progresso se efetua na real alocação da libido.

Desse modo pode ocorrer que toda a sensualidade de um jovem seja ligada no inconsciente a objetos incestuosos, ou, como também podemos dizer, seja fixada em fantasias inconscientes incestuosas. O resultado é então uma absoluta impotência, que talvez seja ainda confirmada pela efetiva debilitação, verificada simultaneamente, dos órgãos que perfazem o ato sexual.

A instauração da impotência psíquica propriamente dita requer condições menos severas. A corrente sensual não pode sofrer o destino de ter de ocultar-se toda por trás da corrente terna, é preciso que tenha permanecido forte ou desinibida o bastante para obter em parte o acesso à realidade. Mas a atividade sexual dessas pessoas faz perceber, por indícios bem claros, que não tem o respaldo de toda a energia instintual da psique.* Ela é caprichosa, facilmente perturbável, frequentemente incorreta na atuação, e de escasso prazer. Acima de tudo, porém, ela precisa evitar a corrente terna. Produziu-se, portanto, uma limitação na escolha do objeto. A corrente sensual que permaneceu ativa busca apenas objetos que não lembrem as pessoas incestuosas proibidas; quando uma pessoa faz uma impressão que pode conduzir a uma elevada apreciação psíquica, isto não resulta em excitação da sensualidade, mas em ternura ineficaz eroticamente. A vida amorosa de tais pessoas fica cindida em duas direções, que a arte personifica em amor celestial e amor terreno (ou animal). Quando amam, não desejam, e quando desejam, não podem amar. Buscam objetos que não necessitam amar, a fim

---

* No original: *die volle psychische Triebkraft*. Esse último termo significa normalmente "força motriz"; assim é encontrado nos dicionários bilíngues alemão-português. As versões estrangeiras consultadas empregam: *la plena energía instintiva psíquica, la íntegra fuerza pulsional psíquica, la piena forza motrice psichica, the whole psychical driving force of the instinct*.

de manter sua sensualidade longe dos objetos amados, e o estranho fracasso da impotência psíquica surge, conforme as leis da "sensibilidade do complexo"* e do "retorno do reprimido", quando o objeto escolhido para escapar ao incesto recorda, num traço às vezes insignificante, o objeto a ser evitado.

Para proteger-se desse distúrbio, o principal meio de que alguém se vale nesta cisão amorosa é a *depreciação* psíquica do objeto sexual, enquanto é reservada para o objeto incestuoso e seus representantes a superestimação que normalmente cabe ao objeto sexual. Tão logo é atendida a condição da depreciação, a sensualidade pode manifestar-se livremente, com significativa atividade sexual e elevado prazer. Para esse resultado também contribui outro elemento. Pessoas nas quais a corrente carinhosa e a sensual não confluíram devidamente têm, em geral, uma vida amorosa pouco refinada; nelas se conservaram metas sexuais pervertidas, cujo não cumprimento é tido como sensível perda de prazer, mas cujo cumprimento parece possível apenas com um objeto sexual depreciado, menosprezado.

Agora vêm a ser compreensíveis, nos seus motivos, as fantasias de garotos mencionadas na primeira "Contribuição", que rebaixam a mãe ao nível de mulher fácil. Constituem esforços de, ao menos na fantasia, fechar o abismo entre as duas correntes da vida amorosa, de ganhar a mãe como objeto de sensualidade, pela depreciação.

---

* Uma nota de James Strachey informa que a expressão foi tomada das experiências de Jung com associação de palavras.

II

Até o momento nos ocupamos de uma investigação médico-psicológica da impotência psíquica, algo que o título deste ensaio não justifica. Mas logo se verá que necessitávamos dessa introdução para chegar ao nosso verdadeiro tema.

Reduzimos a impotência psíquica à não convergência das correntes terna e sensual na vida amorosa, e explicamos tal inibição no desenvolvimento pelas influências das fortes fixações infantis e da posterior frustração na realidade, com a interferência da barreira do incesto. A essa teoria pode-se fazer uma objeção, sobretudo: ela é excessiva, ela nos explica por que determinadas pessoas sofrem de impotência psíquica, mas faz parecer enigmático que outras possam escapar a este sofrimento. Como todos os fatores claros e considerados — a intensa fixação infantil, a barreira do incesto e a frustração nos anos de desenvolvimento após a puberdade — podem ser encontrados em praticamente todo indivíduo civilizado, seria justo esperar que a impotência psíquica seja um mal comum na civilização, em vez da doença de algumas pessoas.

Seria tentador fugir a esta conclusão indicando o fator quantitativo nas causas da doença, a maior ou menor contribuição dos vários elementos que determinam se surge ou não uma doença reconhecível. Mas, embora eu admita essa resposta como correta, não tenho a intenção de por isso rejeitar a conclusão mesma. Pelo contrário, sustentarei que a impotência psíquica é bem mais difundida do que se crê, e que certa medida dessa conduta caracteriza realmente a vida amorosa do homem civilizado.

Se ampliamos o conceito de impotência psíquica, não mais o limitando ao fracasso no coito quando há a intenção de obter prazer e o aparelho genital se acha intacto, ele pode abranger também todos os homens designados como "psicanestésicos", que nunca fracassam no ato, mas o realizam sem prazer especial — algo mais comum do que se pensa. A investigação psicanalítica desses casos revela os mesmos fatores etiológicos que achamos na impotência psíquica em sentido restrito, sem poder inicialmente explicar as diferenças sintomáticas. Uma analogia facilmente justificável nos leva dos homens "anestésicos" às mulheres frígidas, cuja conduta no amor não pode realmente ser descrita ou entendida melhor do que através da comparação com a — mais clamorosa — impotência psíquica do homem.[1]

No entanto, se não cuidarmos de uma ampliação do conceito de impotência psíquica, mas das gradações de sua sintomatologia, não poderemos fugir à percepção de que o comportamento amoroso do homem, no mundo civilizado de hoje, traz geralmente a marca da impotência psíquica. Em poucas das pessoas cultivadas as correntes terna e sensual se acham apropriadamente fundidas; quase sempre o homem se sente limitado pelo respeito ante a mulher, em sua atividade sexual, e somente desenvolve a plena potência quando tem diante de

---

[1] Mas deve-se admitir que a frigidez da mulher é um tema complexo, que pode ser abordado também de outro ângulo.

si um objeto sexual depreciado, o que é causado, entre outras coisas, pela participação de componentes perversos em suas metas sexuais, que ele não ousa satisfazer com a mulher respeitada. Um pleno gozo sexual lhe é dado apenas quando pode entregar-se à satisfação sem escrúpulos, o que não se arrisca a fazer com sua morigerada esposa. Daí vem, então, sua necessidade de um objeto sexual depreciado, de uma mulher eticamente inferior, a que ele não precise atribuir escrúpulos estéticos, que não o conheça nem possa julgá-lo em suas outras relações sociais. A uma mulher assim ele prefere dedicar sua energia sexual, ainda que sua ternura pertença a outra, de nível mais alto. É possível que também a inclinação muito observada entre homens das classes altas, de tomar por amante ou mesmo por esposa uma mulher de condição baixa, não seja senão consequência da necessidade de um objeto sexual depreciado, ao qual se liga psicologicamente a possibilidade da plena satisfação.

Não hesito em responsabilizar também os dois fatores atuantes na impotência psíquica propriamente dita, a intensa fixação incestuosa da infância e a frustração real da época da adolescência, por essa conduta tão frequente na vida amorosa dos homens civilizados. Ainda que soe pouco agradável, e mesmo paradoxal, deve-se dizer que, para ser realmente livre e feliz no amor, é preciso haver superado o respeito ante a mulher, haver se familiarizado com a ideia do incesto com a mãe ou a irmã. Quem, diante de tal exigência, submeter-se a um sério autoexame, certamente descobrirá que no fundo vê o ato sexual como algo degradante, que macula e polui não apenas o corpo. A gênese desta valoração, que o indivíduo não confessa de bom grado, ele encontrará apenas naquele período da juventude em que sua corrente sensual já estava bastante desenvolvida, mas a satisfação dela com um objeto fora da família era quase tão proibida quanto com um objeto incestuoso.

Em nossa cultura as mulheres se acham sob um semelhante efeito de sua educação e, além disso, sob o reflexo da conduta dos homens. Naturalmente, para elas é tão desfavorável que o homem não as aborde em sua plena potência como que a superestimação inicial da paixão dê lugar ao menosprezo após a posse. Quase não se nota, na mulher, a necessidade de depreciar o objeto sexual; isto se relaciona, sem dúvida, com o fato de normalmente ela não apresentar algo semelhante à superestimação sexual encontrada no homem. Mas o longo afastamento da sexualidade e o confinamento da sensualidade na fantasia têm, para ela, outra consequência importante. Ela frequentemente não pode mais desfazer o laço entre atividade sensual e proibição, e mostra-se psicologicamente impotente, isto é, frígida, quando essa atividade lhe é enfim permitida. Vem daí o esforço de muitas mulheres em manter secretas, por algum tempo, mesmo as relações lícitas, e a capacidade de outras terem sensações normais tão logo se restabelece a condição da proibição, num caso amoroso secreto; infiéis ao marido, podem guardar ao amante uma fidelidade de segunda ordem.

Penso que a condição de proibido, na vida amorosa da mulher, deve ser equiparada à necessidade de depreciação do objeto sexual por parte do homem. Ambas são consequência do longo intervalo entre maturação sexual e atividade sexual, requerido pela educação por razões culturais. Ambas procuram eliminar a impotência psíquica resultante da não convergência de impulsos ternos e sensuais. Se as mesmas causas têm efeitos tão diversos no homem e na mulher, isto se deve talvez a outra diferença na conduta dos dois sexos. A mulher civilizada costuma não transgredir a proibição no período da espera, e desse modo adquire o íntimo nexo entre sexualidade e proibição. Geralmente o homem infringe esta proibição, sob condição de depreciar o objeto, e por isso leva tal condição para sua vida amorosa posterior.

Em vista do empenho por uma reforma na vida sexual, tão intenso na cultura de hoje, não seria supérfluo lembrar que a investigação psicanalítica, como toda pesquisa, é alheia a qualquer tendência. Ela pretende tão só descobrir nexos, relacionando o que é manifesto ao que se acha oculto. Ela estará de acordo, se as reformas utilizarem suas averiguações para trocar o que é prejudicial pelo que for vantajoso. Mas não pode predizer se outras instituições não acarretarão outros sacrifícios, talvez mais graves.

III

O fato de a restrição cultural da vida amorosa acarretar uma depreciação geral dos objetos sexuais talvez nos convide a retirar nossa atenção dos objetos e voltá-la para os instintos mesmos. O dano causado pela frustração inicial do prazer sexual se exprime no fato de sua posterior liberação no casamento não trazer mais uma plena satisfação. Mas também a irrestrita liberdade sexual desde o início não conduz a um resultado melhor. É fácil constatar que o valor psíquico da necessidade amorosa cai imediatamente, tão logo a sua satisfação se torna cômoda. É preciso um obstáculo para impulsionar a libido para o alto, e, quando as resistências naturais à satisfação não bastam, em todas as épocas as pessoas introduziram resistências convencionais, a fim de poder fruir o amor. Isso vale para indivíduos e para povos. Em períodos em que a satisfação amorosa não encontrou dificuldades, como durante o declínio da Antiguidade, o amor ficou sem valor, a vida tornou-se vazia, e foram necessárias poderosas formações reativas para restabelecer os indispensáveis valores afetivos. Quanto a isso, pode-se afirmar que a corrente ascética do cristianismo criou, para o amor, valorizações psíquicas que a cultura pagã dos antigos nunca pôde lhe dar. Ela atingiu seu maior significado com os monges ascéticos, cuja vida consistia quase exclusivamente em lutar contra a tentação libidinal.

Num primeiro momento nos inclinamos a relacionar as dificuldades que aqui aparecem a características gerais de nossos instintos orgânicos. Sem dúvida é também correto, em geral, que a importância psíquica de um instinto cresce com a sua frustração. Experimente-se deixar que certo número de indivíduos os mais variados passe fome igualmente. Com a exacerbação da imperiosa necessidade de alimento, todas as diferenças individuais se apagam, e em seu lugar surgem as manifestações uniformes do instinto não saciado. Mas é também certo que, com a satisfação de um instinto, cai geralmente o seu valor psíquico? Recorde-se, por exemplo, a relação que uma pessoa que bebe mantém com o vinho. Não é fato que o vinho proporciona ao bebedor a mesma satisfação tóxica que frequentemente a poesia comparou à erótica, comparação que também do ponto de vista científico pode ser feita? Já se ouviu falar de um bebedor obrigado a mudar constantemente de bebida, porque logo já não lhe agrada a habitual? Pelo contrário, o hábito estreita cada vez mais a ligação entre um homem e o tipo de vinho que ele bebe. Sabe-se de algum bebedor que sentiu necessidade de ir para um país em que o vinho seja mais caro ou seja proibido, para reavivar, interpondo essas dificuldades, a sua satisfação em declínio? Absolutamente. Se ouvimos as declarações de nossos grandes alcoólatras — Böcklin, por exemplo[2] — sobre sua relação com o vinho, elas parecem indicar uma perfeita harmonia, um modelo de casamento feliz. Por que é tão diferente a relação entre o amante e o seu objeto sexual?

Acho que devemos levar em conta, por mais estranho que pareça, a possibilidade de que algo na natureza do próprio instinto sexual não seja favorável à plena satisfação. No longo e difícil desenvolvimento do instin-

2 G. Floerke, *Zehn Jahre mit Böcklin* [Dez anos com Böcklin], 2ª ed., 1902, p. 16. [Arnold Böcklin(1827-91): pintor suíço].

to destacam-se, de imediato, dois fatores que poderiam ser responsáveis por tal dificuldade. Em primeiro lugar, graças ao duplo encetamento da escolha de objeto, com interposição da barreira ao incesto, o objeto definitivo do instinto sexual nunca mais é o original, mas apenas um substituto dele. Mas a psicanálise nos ensina que, quando o objeto original de um desejo é perdido em consequência da repressão, frequentemente ele é representado por uma série interminável de objetos substitutos, nenhum dos quais chega a satisfazer plenamente. Isso talvez explique a inconstância na escolha de objeto, a "fome de estímulos" que caracteriza tão frequentemente a vida amorosa dos adultos.

Em segundo lugar, sabemos que o instinto sexual decompõe-se inicialmente numa grande série de elementos — melhor, nasce deles —, dos quais nem todos podem ser acolhidos em sua configuração posterior, tendo que ser antes suprimidos ou empregados de outra maneira. Sobretudo os elementos instintuais coprófilos demonstraram ser incompatíveis com a nossa cultura estética, provavelmente depois que, adotando a postura ereta, afastamos da terra o nosso órgão olfativo; assim também com boa parcela dos impulsos sádicos que fazem parte da vida amorosa. Mas todos esses processos de desenvolvimento dizem respeito somente às camadas superiores da complicada estrutura. Os processos fundamentais que produzem a excitação amorosa ficam inalterados. O excremental se acha íntima e inseparavelmente unido ao sexual, a posição dos genitais — *inter urinas et faeces* — permanece o fator determinante e imutável. Pode-se dizer, modificando uma conhecida frase do grande Napoleão, que "Anatomia é destino". Os genitais mesmos não acompanharam o desenvolvimento das formas do corpo humano em direção à beleza, continuaram animalescos, e também o amor permaneceu, no fundo, tão animal como sempre foi. Os instintos amorosos são difíceis de educar, a sua educação ora obtém muito pouco, ora demasiado. Aquilo que a cultura pretende fazer deles não parece atingível sem considerável perda de prazer; a persistência dos impulsos não aproveitados se expressa, na atividade sexual, como insatisfação.

De modo que deveríamos talvez nos habituar à ideia de que uma conciliação das exigências do instinto sexual com os reclamos da cultura não é possível, de que não podem ser evitados a renúncia e o sofrimento, assim como, num futuro remoto, o perigo de extinção da espécie humana, em consequência de sua evolução cultural. Este sombrio prognóstico baseia-se, é verdade, apenas na conjectura de que a insatisfação cultural é a consequência necessária de certas peculiaridades que o instinto sexual adquiriu sob a pressão da cultura. Mas a própria incapacidade de o instinto sexual produzir plena satisfação, tão logo se submete às primeiras exigências da cultura, torna-se fonte das mais grandiosas realizações culturais, obtidas através da sublimação cada vez maior de seus componentes instintuais. Pois que motivo teriam os homens para dar outras aplicações às energias instintuais sexuais, se delas resultasse, por qualquer distribuição, plena satisfação do prazer? Eles nunca abandonariam tal prazer e não realizariam mais nenhum progresso. Parece, então, que a diferença inconciliável entre as reivindicações dos dois instintos — o sexual e o egoísta — torna os homens capazes de realizações cada vez mais altas, é certo que sob uma constante ameaça, à qual atualmente sucumbem os mais fracos, na forma da neurose.

A ciência não tem o propósito de atemorizar nem de consolar. Mas eu próprio admito, de bom grado, que conclusões de tão largo alcance como essas deveriam repousar sobre bases mais amplas, e que talvez outros desenvolvimentos da humanidade possam corrigir o resultado desses que aqui abordamos isoladamente.

O TABU DA VIRGINDADE (1917)
(CONTRIBUIÇÕES À PSICOLOGIA DO AMOR III)

TÍTULO ORIGINAL: "DAS TABU DER VIRGINITÄT",
COMUNICAÇÃO À SOCIEDADE PSICANALÍTICA
DE VIENA, 12 DE DEZEMBRO DE 1917.
PUBLICADO PRIMEIRAMENTE EM *SAMMLUNG
KLEINER SCHRIFTEN ZUR NEUROSENLEHRE*
[PEQUENOS TEXTOS SOBRE TEORIA DAS NEUROSES],
VIENA, 1918. TRADUZIDO DE *GESAMMELTE
WERKE* XII, PP. 159-180, PP. 128-211.
TAMBÉM SE ACHA EM *STUDIENAUSGABE* V, PP. 211-28

Entre as peculiaridades da vida sexual dos povos primitivos, poucas são tão surpreendentes para a nossa sensibilidade como a sua atitude ante a virgindade da mulher. A valorização da virgindade, por parte do homem que faz a corte, parece-nos algo tão firme e evidente, que quase ficamos perplexos ao ter que fundamentar esse juízo. A exigência de que a moça não traga, para o casamento com um homem, a lembrança do comércio sexual com outro homem não passa, afinal, da continuação lógica do exclusivo direito de posse sobre uma mulher, que constitui a essência da monogamia — a ampliação desse monopólio ao passado.

Então não nos é difícil explicar, a partir de nossas concepções sobre a vida amorosa da mulher, o que antes parecia um preconceito. Quem é o primeiro a satisfazer a ânsia de amor — trabalhosamente contida por largo tempo — de uma donzela, superando as resistências que nela se formaram por influência do meio e da educação, torna-se aquele com o qual ela forma uma relação duradoura, não mais possível para nenhum outro. Com base nessa experiência, produz-se na mulher um estado de sujeição que garante o calmo prosseguimento da posse, e que a torna capaz de resistir a novas impressões e desconhecidas tentações.

A expressão "servidão sexual" foi utilizada por Krafft-Ebing em 1892,[1] para designação do fato de que

---

[1] Krafft-Ebing, "Bemerkungen über 'geschlechtiche Hörigkeit' und Masochismus" [Observações sobre "servidão sexual" e masoquismo], *Jahrbücher für Psychiatrie*, v. x, 1892.

uma pessoa pode adquirir um extraordinário grau de dependência em relação a outra com a qual tem relacionamento sexual. Pode acontecer que esta servidão vá muito longe, até a perda de toda vontade autônoma e a tolerância dos maiores sacrifícios do próprio interesse; mas o autor não deixa de observar que um determinado grau dessa dependência é "realmente necessário, se a ligação for durar um certo tempo". Alguma medida de servidão sexual é, de fato, imprescindível para a manutenção do casamento civilizado e para a detenção das tendências polígamas que o ameaçam, e em nossa comunidade esse fator é normalmente levado em conta.

Um "grau incomum de enamoramento e fraqueza de caráter", de um lado, e ilimitado egoísmo, do outro — é dessa conjunção que Krafft-Ebbing deriva a gênese da servidão sexual. Mas a experiência analítica não permite que nos contentemos com esta singela tentativa de explicação. Pode-se perceber, isto sim, que a magnitude da resistência sexual superada é o fator decisivo, e também o fato de a superação acontecer de forma concentrada e somente uma vez. Em conformidade a isso, a sujeição é muito mais frequente e intensa na mulher do que no homem, embora neste seja mais frequente agora do que na Antiguidade. Quando pudemos estudar a servidão sexual nos homens, ela demonstrou ser consequência da superação de uma impotência psíquica por obra e graça de uma mulher, à qual o homem permaneceu então ligado. Muitos matrimônios surpreendentes, e mais de um destino trágico

— até mesmo de amplas consequências —, parecem ter explicação nessa origem.

Não se descreve corretamente a conduta dos povos primitivos quando se afirma que eles não atribuem valor à virgindade e se aduz, como prova disso, o fato de consumarem a defloração da menina fora do casamento e antes do primeiro intercurso matrimonial. Parece, ao contrário, que também para eles a defloração é um ato significativo, mas veio a ser objeto de um tabu, de uma proibição que chamaríamos de religiosa. Em vez de reservá-la para o noivo e futuro esposo da menina, o costume exige *que ele evite esta ação*.[2]

Está fora de meu escopo reunir cabalmente as provas da existência dessa proibição tradicional, acompanhar a sua difusão geográfica e enumerar todas as formas em que se manifesta. Limito-me à constatação de que é bastante difundida, entre os povos primitivos de hoje, tal ruptura do hímen fora do matrimônio subsequente. Eis o que diz Crawley: *"This marriage ceremony consists in perforation of the hymen by some appointed person other than the husband; it is most common in the lowest stages of culture, especially in Australia"* [Esta cerimônia de casamento consiste na perfuração do hímen por uma pessoa indicada que não seja o marido; é bastante comum nos estágios mais baixos da cultura, especialmente na Austrália].

---

2 Crawley, *The Mystic Rose*: *A Study of Primitive Marriage*, Londres, 1902; Ploss e Bartels, *Das Weib in der Natur- und Völkerkunde*; diversas passagens em Frazer, *Taboo and the Perils of the Soul* [1911], e Havelock Ellis, *Studies in the Psychology of Sex* [1913].

Mas quando a defloração não ocorre no primeiro ato matrimonial, tem de ser realizada antes, de alguma maneira e por alguma pessoa. Citarei outras passagens do livro de Crawley que informam sobre esse ponto, e que também nos dão ensejo para algumas observações críticas.

P. 191: "Assim, entre os dieris e tribos vizinhas é costume universal, quando a garota chega à puberdade, romper o hímen. Nas tribos de Portland e Glenelg isso é feito por uma velha senhora; e às vezes, por esse motivo, homens brancos são solicitados a deflorar meninas."[3]

P. 307: "Às vezes a ruptura artificial do hímen ocorre na infância; em geral, porém, na puberdade. [...] Frequentemente é combinada, como sucede na Austrália, com um ato cerimonial de intercurso."[4]

P. 348: (A respeito de tribos australianas em que se acham as conhecidas restrições matrimoniais exogâmicas, segundo comunicam Spencer e Gillen): "O hímen é perfurado artificialmente, e os homens presentes têm acesso (cerimonial, seja notado) à garota,

---

[3] "Thus in the Dieri and neighbouring tribes it is the universal custom when a girl reaches puberty to rupture the hymen." (Journ. Anthrop. Inst. XXIV, 169). In the Portland and Glenelg tribes this is done to the bride by an old woman; and sometimes white men are asked for this reason to deflower maidens. (Brough Smith, op. cit., II. 319)."

[4] "The artificial rupture of the hymen sometimes takes place in infancy, but generally at puberty [...] It is often combined, as in Australia, with a ceremonial act of intercourse."

em determinada ordem [...] O ato acontece em duas partes, perfuração e intercurso."⁵

P. 349: "Entre os masais (na África Equatorial), o empreendimento dessa operação na menina é uma importante preliminar do casamento. Entre os sakais (Malaia), battas (Sumatra) e entre os alfoers de Celebes,* a defloração é realizada pelo pai da noiva. Nas Filipinas havia certos homens cuja profissão era deflorar noivas, no caso de o hímen não ter sido rompido na infância por uma velha senhora às vezes empregada para isso. Em algumas tribos esquimós, a defloração da noiva era atribuição do angekok, o sacerdote."⁶

As observações que anunciei referem-se a dois pontos. Primeiro, é lamentável que nesses relatos não se

---

5 "The hymen is artificially perforated, and then assisting men have access (ceremonial, be it observed) to the girl in a stated order [...] The act is in two parts, perforation and intercourse."

* As informações entre parênteses foram acrescentadas por Freud. Cabe registrar também que, excetuando a primeira, reproduzida apenas em inglês e no corpo do texto, as citações aparecem vertidas para o alemão no texto e com o original inglês no rodapé, e suas especificações bibliográficas (e consequente distinção entre uma e outra) foram omitidas por Freud no texto.

6 "An important preliminary of marriage among the Masai is the performance of this operation on the girl (J. Thomson, op. cit., 258). This defloration is performed by the father of the bride amongst the Sakais, Battas, and Alfoers of Celebes (Ploss e Bartels, op. cit. II, 474). In the Philippines there were certain men whose profession it was to deflower brides, in case the hymen had not been ruptured in childhood by an old woman who was sometimes employed for this (Featherman, op. cit. II, 474). The defloration of the bride was amongst some Eskimo tribes entrusted to the angekok, or priest (id. III, 406).

tenha maior cuidado em distinguir entre a mera destruição do hímen, sem coito, e o coito com a finalidade dessa destruição. Apenas em um trecho vimos expressamente que a operação consiste em dois atos, na defloração (manual ou instrumental) e na cópula subsequente. O material de Ploss e Bartels, tão rico em outros aspectos, tem pouca utilidade para o nosso objetivo, pois em sua exposição avulta o resultado anatômico do ato da defloração, em detrimento da importância psicológica. Em segundo lugar, gostaríamos de saber o que diferencia o coito "cerimonial" (puramente formal, solene, oficial), que acontece em tais ocasiões, do ato sexual regular. Os autores que consultei tinham demasiado pudor em escrever sobre isso, ou subestimaram, uma vez mais, a importância psicológica desses detalhes sexuais. Esperamos que os relatos originais dos viajantes e missionários sejam mais completos e inequívocos, mas, com a presente inacessibilidade da maior parte da bibliografia, que é em língua estrangeira, nada posso dizer de seguro a respeito disso.* Podemos contornar a dúvida relativa a esse segundo ponto, aliás, considerando que um pseudocoito cerimonial representaria o substituto, e talvez tomasse inteiramente o lugar, de um plenamente consumado em tempos remotos.[7]

---

* A bibliografia estrangeira era inacessível, naquele momento, devido às circunstâncias da I Guerra.

7 Em inúmeros outros exemplos de cerimônia nupcial, não há dúvida de que outras pessoas que não o noivo, como seus assistentes e companheiros (os nossos "padrinhos"), podem dispor sexualmente da noiva.

O TABU DA VIRGINDADE

Para explicar esse tabu da virgindade pode-se recorrer a vários fatores, que apreciarei rapidamente. Na defloração de uma menina, em geral é derramado sangue; a primeira tentativa de explicação, pois, baseia-se no temor dos primitivos ao sangue, para eles a sede da vida. Esse tabu do sangue é demonstrado por muitos preceitos que nada têm a ver com a sexualidade, e liga-se claramente à proibição de matar, constitui uma medida protetora contra a avidez de sangue dos primórdios, o prazer de matar dos primeiros homens. Nesta concepção, o tabu da virgindade é relacionado ao tabu da menstruação, observado quase sem exceções. O primitivo não pode manter afastado de ideias sádicas o enigmático fenômeno do fluxo de sangue mensal. A menstruação, sobretudo a primeira, é por ele interpretada como a mordida de um bicho espectral, talvez como indício de relacionamento sexual com esse espírito. Ocasionalmente, algum relato permite reconhecer nesse espírito aquele de um antepassado, e então compreendemos, apoiando-nos em outras percepções,[8] que a menina menstruada, enquanto propriedade desse espírito ancestral, seja tabu.

Por outro lado, somos advertidos a não superestimar a influência de um fator como o horror ao sangue. Afinal, este não pôde suprimir costumes como a circuncisão do menino e aquele ainda mais cruel praticado nas meninas (excisão do clitóris e dos pequenos lábios), que vigoram parcialmente nesses povos, nem abolir outras

---

8 Ver *Totem e tabu*, 1913.

cerimônias em que é derramado sangue. Logo, não seria de estranhar que ele fosse superado, em benefício do marido, na primeira coabitação.

Uma segunda explicação também prescinde do elemento sexual, mas é de alcance muito mais geral. Ela diz que o primitivo está à mercê de uma permanente disposição à angústia, tal como afirmamos, na teoria psicanalítica, daqueles que sofrem de neurose de angústia. Essa disposição à angústia se apresentará mais fortemente nas ocasiões que, de algum modo, desviam-se do habitual, que trazem consigo algo novo, inesperado, incompreendido, inquietante. Daí também procede o cerimonial, bastante presente nas religiões posteriores, relacionado ao começo de toda nova empresa, ao início de cada estação, aos primeiros frutos da vida humana, animal e vegetal. Os perigos de que o homem angustiado se crê ameaçado nunca aparecem mais fortes, na sua expectativa, do que no início da situação perigosa, e apenas então é adequado proteger-se deles. Não há dúvida de que o primeiro ato sexual no casamento requer, por seu significado, ser precedido por tais medidas acauteladoras. As duas tentativas de explicação, a do horror ao sangue e a da angústia dos primeiros frutos, não contradizem, mas sim reforçam uma à outra. O primeiro ato sexual é certamente um ato considerável, tanto mais se faz verter sangue.

Uma terceira explicação — a preferida de Crawley — pede atenção para o fato de que o tabu da virgindade é parte de um contexto imenso, que abrange toda a vida sexual. Não apenas a primeira relação com a mulher é tabu, mas o próprio ato sexual; quase poderíamos dizer que a mulher é toda tabu. Ela não só é tabu nas situações especiais que decorrem de sua vida sexual, na menstruação, na gravidez, no parto e puerpério; também fora delas o trato com a mulher está sujeito a tão sérias e numerosas limitações, que temos toda razão em duvidar da suposta liberdade sexual dos selvagens. É verdade que, em determinadas ocasiões, a sexualidade dos primitivos extrapola toda inibição; de ordinário, no entanto, ela parece mais vigorosamente coartada por proibições do que nos estágios de cultura mais elevados. Se o homem empreende algo especial, uma expedição, uma caçada, uma incursão guerreira, tem de manter-se longe da mulher, sobretudo do ato sexual com a mulher; de outro modo, sua força ficaria paralisada e ele atrairia o fracasso. Também nos usos cotidianos há uma inconfundível tendência a manter os sexos à parte. Mulheres vivem com mulheres, homens com homens; dificilmente haverá, em muitas tribos primitivas, uma vida familiar no sentido que conhecemos. Às vezes a separação vai ao ponto de não se permitir a um sexo pronunciar os nomes próprios do outro, de as mulheres desenvolverem uma linguagem com vocabulário particular. A necessidade sexual pode sempre tornar a romper essas barreiras, mas em algumas tribos até os encontros dos esposos têm de ocorrer fora da casa e em segredo.

Ali onde o primitivo ergueu um tabu, é porque teme o perigo, e não se pode negar que um temor básico ante a mulher se exprime em todos esses preceitos para evitá-la. Talvez ele se fundamente no fato de a mulher ser algo diferente do homem, eternamente incompreensível e misteriosa, estranha e, por isso, aparentemente hostil. O homem teme ser debilitado pela mulher, ser contagiado por sua feminilidade e, então, mostrar-se incapaz. O efeito relaxante e dissolvedor de tensões, que tem o coito, talvez seja exemplar para esse temor, e a percepção da influência que a mulher adquire sobre o homem através do ato sexual, a consideração que ela assim obtém, talvez explique a difusão desse temor. Em tudo isso não há nada que tenha envelhecido, nada que não perdure entre nós.

Muitos observadores dos primitivos atuais julgam que seus impulsos eróticos são relativamente fracos e nunca atingem as intensidades que nos acostumamos a ver no homem civilizado. Outros contradizem tal avaliação, mas, de todo modo, os tabus enumerados demonstram a existência de um poder que os opõe ao amor, ao rejeitar a mulher como estranha e hostil.

Em palavras que pouco se diferenciam da terminologia habitual da psicanálise, Crawley afirma que cada indivíduo separa-se dos outros mediante um *"taboo of personal isolation"*, e que justamente as pequeninas diferenças, dentro da semelhança geral, motivam os sentimentos de estranheza e hostilidade entre eles. Seria tentador perseguir essa ideia e derivar desse "narcisismo das pequenas diferenças" a hostilidade que em todas as relações humanas combate vitoriosamente os sentimentos de solidariedade e sobrepuja o mandamento de amor ao próximo. Ao atentar para o complexo da castração e sua influência no juízo que se faz da mulher, a psicanálise acredita haver apreendido boa parte do que fundamenta a rejeição da mulher pelo homem, narcísica e bastante entremeada com menosprezo.

Notamos, porém, que essas últimas considerações nos levaram muito além do nosso tema. O tabu geral da mulher não lança nenhuma luz sobre os preceitos particulares relativos ao primeiro ato sexual com uma virgem. Nisso permanecemos limitados às duas primeiras explicações, do temor ao sangue e do temor à primeira ocasião, e mesmo delas é preciso dizer que não tocam o cerne do tabu em questão. Na base deste acha-se evidentemente a intenção de negar ou poupar, ao futuro esposo, algo que não pode ser separado do primeiro ato sexual, embora dessa mesma relação, conforme a observação inicial que fizemos, devesse resultar uma ligação especial da mulher com esse homem.

Não é nossa tarefa, aqui, abordar a origem e o derradeiro significado dos preceitos do tabu. Fiz isso na minha obra *Totem e tabu*, na qual considerei a ambivalência original na determinação do tabu e sustentei a gênese deste nos eventos pré-históricos que levaram à fundação da família humana. Já não se pode reconhecer, nos tabus dos primitivos de hoje, tal significado anterior. Esquecemos facilmente, com tal expectativa, que também os povos mais primitivos vivem numa cultura bem distante daquela dos tempos primevos, tão antiga como a nossa, que igualmente corresponde a um estágio de desenvolvimento posterior, embora diverso.

Hoje em dia vemos o tabu articulado num sistema engenhoso entre os primitivos, tal como os neuróticos desenvolvem nas suas fobias, e encontramos velhos temas substituídos por outros mais novos, harmoniosamente ajustados. Deixando de lado os problemas genéticos, retomemos então à ideia de que o primitivo estabelece um tabu onde receia um perigo. Esse perigo é, de modo geral, psíquico, pois o homem primitivo não é impelido a fazer, neste ponto, duas distinções que nos parecem inevitáveis. Ele não diferencia o perigo material do psíquico e o real do imaginário. Em sua concepção do mundo, coerentemente aplicada, todo perigo vem da intenção hostil de um ser animado como ele, tanto o perigo de uma força natural como o de outros homens ou animais. Por outro lado, ele está acostumado a projetar seus impulsos hostis internos no mundo exterior, ou seja, a atribuí-los aos objetos que sente como desagradáveis ou apenas como desconhecidos. Então a mulher é também percebida como fonte de tais perigos, e o primeiro ato sexual com a mulher é visto como um perigo particularmente intenso.

Acredito que obteremos algum esclarecimento sobre qual é esse perigo intensificado, e por que precisamente ele ameaça o futuro esposo, se investigarmos mais detidamente o comportamento das mulheres de nosso estágio cultural nas mesmas circunstâncias. Já antecipo, como resultado desse exame, que existe realmente esse perigo, de modo que o homem primitivo se defende, com o tabu da virgindade, de um perigo corretamente pressentido, embora psíquico.

Avaliamos como sendo a reação normal que a mulher, após o coito, abrace firmemente o homem no auge da satisfação, e vemos nisso uma expressão de seu agradecimento e um penhor de duradoura sujeição. Mas sabemos que não constitui absolutamente a regra que já a primeira relação traga esse comportamento; muito frequentemente ela significa uma decepção para a mulher, que permanece fria e insatisfeita, e de ordinário se requer mais tempo e frequente repetição do ato sexual, para que nele ocorra também a satisfação da mulher. Há uma sequência contínua, desde esses casos de frigidez apenas inicial e passageira até o desagradável resultado de uma frigidez permanente, que os ternos esforços do homem não conseguem vencer. Acho que essa frigidez da mulher ainda não é suficientemente compreendida e, excetuando os casos que devem ser imputados à insuficiente potência do homem, exige explicação, se possível através de fenômenos que lhe são próximos.

Neste ponto não quero abordar as frequentes tentativas de fugir ao primeiro ato sexual, porque admitem vários significados, podendo ser vistas em primeira linha, mas não totalmente, como expressão da tendência defensiva geral da mulher. Creio, por outro lado, que certos casos patológicos lançam alguma luz sobre o enigma da frigidez feminina, casos em que a mulher, após o primeiro, ou após cada novo ato, exprime abertamente sua hostilidade ao homem, insultando-o, erguendo a mão contra ele ou golpeando-o de fato. Num caso bem notável desse tipo, que pude analisar a fundo, isso ocorria embora a mulher amasse bastante o marido, costumasse ela mesma solicitar o coito e claramente obtivesse grande satisfação nele. Quero dizer que essa estranha reação contrária é resultado dos mesmos impulsos que ordinariamente podem manifestar-se apenas como frigidez, isto é, que são capazes de deter a reação terna, sem impor-se eles próprios. No caso patológico, é dividido em seus dois componentes, por assim dizer, aquilo que na frigidez, bem mais frequente, une-se para produzir um efeito inibidor, exatamente como, tempos atrás, percebemos nos chamados sintomas "em duas fases" da neurose obsessiva.* O perigo assim ativado pela defloração da mulher consistiria em atrair a sua hostilidade, e justamente o futuro esposo teria toda razão para subtrair-se a tal inimizade.

A análise leva a descobrir, sem dificuldade, que impulsos da mulher tomam parte no surgimento dessa conduta paradoxal, na qual espero achar a explicação da frigidez. O primeiro coito mobiliza uma série de impulsos que são inaproveitáveis para a atitude feminina desejada, e deles alguns não necessitam repetir-se nos atos posteriores. Pensamos aqui, em primeiro lugar, na dor que a defloração causa na virgem, e talvez nos inclinemos a ver como decisivo esse fator, prescindindo de buscar outros. Mas não se pode realmente atribuir à dor tal importância, deve-se pôr em seu lugar a injúria narcísica que advém da destruição de um órgão, e que acha mesmo uma representação racional no conhecimento do diminuído valor sexual da moça deflorada. Mas os costumes matrimoniais dos primitivos contêm uma ad-

---

* Cf. *Conferências introdutórias à psicanálise* (1916-17), no final da conferência XIX.

vertência acerca de tal superestimação. Vimos que em alguns casos a cerimônia tem duas fases; após a ruptura (manual ou instrumental) do hímen, há um coito oficial ou pseudorrelação com os representantes do marido, o que demonstra que o sentido da prescrição do tabu não é satisfeito com evitar-se a defloração anatômica, que ao marido será poupada outra coisa mais que a reação da mulher à lesão dolorosa.

Outro motivo para a decepção com o primeiro coito, achamos, é o fato de nele a expectativa e a realização não poderem coincidir, ao menos para a mulher civilizada. O intercurso sexual foi, até então, fortemente ligado à proibição, e por isso o intercurso legal e permitido não é sentido como a mesma coisa. Como pode ser íntima esta associação é algo evidenciado, de maneira quase cômica, pelo empenho de tantas noivas em ocultar a nova relação amorosa de outras pessoas, até mesmo dos pais, quando não há real necessidade disso nem se espera objeção alguma. As moças dizem abertamente que o seu amor perde algum valor para elas, quando outros sabem dele. Ocasionalmente esse motivo pode tornar-se preponderante e impedir o desenvolvimento da capacidade para o amor no matrimônio. A mulher só reencontra sua sensibilidade amorosa numa relação interdita, que deve ser mantida em segredo, a única na qual ela está certa de que sua vontade é soberana.

No entanto, tampouco esse motivo vai suficientemente a fundo; ligado a condições culturais, além disso, não se vincula muito bem à situação dos primitivos. Logo, tanto mais significativo é o fator seguinte, baseado na evolução da libido. Graças aos esforços da psicanálise, aprendemos como são regulares e poderosas as primeiras alocações da libido. Trata-se de desejos sexuais infantis tenazmente conservados; na mulher, geralmente, fixação da libido no pai ou no irmão que o substitui — desejos que frequentemente não se dirigiam para o coito, ou que o incluíam apenas como vago objetivo. O marido é sempre, digamos, um homem-substituto, jamais o homem certo. O primeiro lugar na capacidade amorosa da mulher pertence a outro, em casos típicos o pai; o marido tem, no máximo, o segundo lugar. Para que o substituto seja rejeitado como insatisfatório, importa qual a intensidade da fixação e com que pertinácia é mantida. Assim, a frigidez se acha entre as condições genéticas da neurose. Quanto mais poderoso o elemento psíquico na vida sexual da mulher, tanto mais a sua distribuição libidinal se mostrará capaz de resistência à comoção do primeiro ato sexual, tanto menos avassalador poderá ser o efeito da sua posse física. A frigidez pode então firmar-se como inibição neurótica ou aplanar o chão para o desenvolvimento de outras neuroses, e mesmo ligeiras diminuições da potência masculina contribuirão para isso.

O tema do desejo sexual infantil parece ser levado em conta pelo costume em que os primitivos transferem a defloração para um homem idoso, um sacerdote ou indivíduo sagrado, isto é, um substituto do pai (ver acima). Daí uma linha direta me parece conduzir ao *jus primae noctis* [direito da primeira noite] dos senhores feudais da Idade Média. A. J. Storfer sustentou a mesma concepção,[9] e também viu na difundida instituição das "bodas de Tobias" (o costume da continência nas três primeiras noites) um reconhecimento dos privilégios do patriarca, tal como fizera C. G. Jung.[10] Corresponde a nossa expectativa, portanto, se encontramos imagens de deuses entre os substitutos do pai encarregados da defloração. Em algumas regiões da Índia, a recém-casada tinha de sacrificar seu hímen ao lingam de madeira, e, segundo o relato de Santo Agostinho, havia esse costume na cerimônia de casamento romana (de seu tempo?), na forma atenuada em que a jovem precisava apenas sentar-se no enorme falo de pedra de Príapo.[11]

Há outro motivo, relacionado a camadas ainda mais profundas, que demonstravelmente tem a principal culpa pela reação paradoxal ao homem, e cuja influência manifesta-se também na frigidez da mulher, segundo penso. O primeiro ato sexual ativa, na mulher, outros velhos impulsos além daqueles descritos, que contrariam inteiramente a função e o papel femininos.

Sabemos, pela análise de muitas mulheres neuróticas, que bem cedo elas passam por um estágio em que

---

9 "Zur Sonderstellung des Vatermordes" [A posição especial do parricídio], 1911, *Schriften zur angewandten Seelenkunde* [Escritos de psicologia aplicada].
10 "Die Bedeutung des Vaters für das Schicksal des Einzelnen [A significação do pai para o destino do indivíduo], *Jahrbuch für Psychoanalyse* [Anuário de Psicanálise], I, 1909.
11 Ploss e Bartels, *Das Weib* [A mulher] I, XII, e Dulaure, *Des Divinités génératrices*, Paris, 1885 (reimpressão da edição de 1825), pp. 142 ss.

invejam o sinal de masculinidade do irmão e sentem-se prejudicadas e rebaixadas por sua ausência (por sua diminuição, na verdade). Incluímos essa "inveja do pênis" no "complexo da castração". Se entendemos por "masculino" também o querer ser masculino, adequa-se a essa conduta a designação "protesto masculino", que Alfred Adler cunhou a fim de proclamar esse fator o responsável pela neurose em geral. Nessa fase, é frequente as meninas não esconderem a sua inveja e a hostilidade que dela resulta para com o irmão favorecido; elas procuram também urinar em pé como o irmão, para defender a sua suposta igualdade. No caso mencionado de agressão da mulher ao marido que amava, após o coito, pude constatar que essa fase havia precedido a escolha de objeto. Somente depois a libido da garota se voltou para o pai, e então ela desejou, em vez do pênis — um filho.[12]

Não me surpreenderia se, em outros casos, a sequência de tais impulsos fosse invertida e essa parte do complexo da castração tivesse efeito apenas depois de realizada a escolha objetal. Mas a fase masculina da mulher, na qual ela inveja o pênis do menino, ocorre mais cedo no desenvolvimento, de todo modo, e acha-se mais próxima do narcisismo original do que do amor objetal.

Há algum tempo tive ensejo de examinar o sonho de uma recém-casada, no qual transparecia a reação à perda da virgindade. Ele mostrava facilmente o desejo de castrar o seu jovem marido e guardar para si o pênis.

---

[12] Ver "Sobre transformações dos instintos, em particular no erotismo anal" (1917).

É certo que também cabia a interpretação mais inofensiva de que ela desejava o prolongamento e a repetição do ato, mas vários pormenores do sonho extrapolavam esse sentido, e o caráter e o comportamento posterior da sonhadora deram testemunho em favor da concepção mais séria. Por trás dessa inveja do pênis vem à luz o hostil amargor da mulher frente ao homem, que nunca está ausente de todo nas relações entre os sexos, e do qual vemos claros indícios nos esforços e nos escritos das "emancipadas". Numa especulação de natureza paleobiológica, Ferenczi faz remontar essa hostilidade — não sei se é o primeiro nisso — à época da diferenciação dos sexos. No início, pensa ele, a copulação realizava-se entre dois indivíduos de gênero igual, dos quais um tornou-se mais forte e obrigou o mais fraco a suportar a união sexual. O amargor com tal submissão ainda persistiria na atual disposição da mulher. Não vejo o que censurar no uso de tais especulações, desde que se evite superestimá-las.

Após essa enumeração dos motivos para a reação paradoxal da mulher à defloração, da qual perduram traços na frigidez, podemos dizer, resumindo, que a *sexualidade inacabada* da mulher se descarrega no homem que primeiro a faz conhecer o ato sexual. Então o tabu da virgindade faz sentido, e entendemos o preceito que manda poupar desses perigos justamente o homem que vai partilhar a vida com tal mulher. Em estágios de cultura mais elevados diminui a importância dada a esse perigo, ante a promessa de sujeição e, sem dúvida, ante outros motivos e atrações; a virgindade é considerada uma possessão a que o homem não deve renunciar. Mas a análise dos distúrbios matrimoniais ensina que tampouco na vida psíquica da mulher civilizada se extinguiram completamente os motivos que buscam levar a mulher a vingar-se de sua defloração. Acho que não pode escapar a um observador o número extraordinário de casos em que a mulher permanece frígida e sente-se infeliz num primeiro casamento, e, após a dissolução deste, torna-se uma esposa terna e dedicada para o segundo marido. A reação arcaica esgotou-se no primeiro objeto, digamos.

Mas também em outros aspectos o tabu da virgindade não desapareceu de nossa vida civilizada. É conhecido da alma popular, e os escritores utilizam ocasionalmente esse tema. Uma comédia de Anzengruber* mostra um camponês simplório que se abstém de casar com a moça a ele destinada, porque ela é "uma rapariga que vai custar a vida ao primeiro". Então ele concorda em que ela se case com outro, e a terá quando for viúva e não representar perigo. O título da peça, *Das Jungferngift* [O veneno da virgem], alude ao fato de os domadores de serpentes fazerem as cobras venenosas morderem antes um pedaço de pano, a fim de manejá-las sem perigo.[13]

---

* Ludwig Anzengruber (1839-89): dramaturgo vienense; no parágrafo seguinte faz-se referência ao tragediógrafo alemão Friedrich Hebbel (1813-63).

13 Um conto magistral de Arthur Schnitzler, "Das Schicksal des Freiherrn v. Leisenbogh" [O destino do barão von Leisenbogh], merece ser lembrado aqui, não obstante a diferença da situação. O amante de uma atriz experimentada no amor, condenado por um

O TABU DA VIRGINDADE

O tabu da virgindade e parte de sua motivação acharam sua mais forte expressão numa conhecida personagem teatral, da tragédia Judite e Holofernes, de Hebbel. Judite é uma daquelas mulheres cuja virgindade se acha protegida por um tabu. Seu primeiro marido foi paralisado na noite de núpcias por um medo misterioso, e não mais ousou tocá-la. "Minha beleza é como a beladona", diz ela. "Sua fruição traz loucura e morte." Quando o general assírio sitia a cidade, ela planeja seduzi-lo com sua beleza e destruí-lo, usando um motivo patriótico para encobrir um sexual. Após ser desvirginada por esse homem violento, que se vangloria de sua força e impiedade, a indignação de Judite lhe dá forças para decapitá-lo, e assim ela liberta seu povo. A ação de decapitar nos é bem conhecida como substituto simbólico de castrar; Judite é a mulher que castra o homem que a deflorou, tal como no desejo do sonho que relatei, de uma mulher recém-casada. Hebbel sexualizou deliberadamente a narrativa patriótica achada nos livros apócrifos do Antigo Testamento, pois nela Judite pode gabar-se, após o seu retorno, de não haver sido maculada, e no texto bíblico também não se acha menção nenhuma à

---

acidente, cria uma espécie de nova virgindade para ela, ao amaldiçoar mortalmente aquele que primeiro a possuir depois dele. Durante algum tempo, a mulher sobre quem pesa esse tabu não ousa ter uma relação amorosa. Mas, depois que se apaixona por um cantor, recorre ao expediente de conceder antes uma noite ao barão Von Leisenbogh, que há anos a corteja sem sucesso. E nele se cumpre a maldição: morre de um ataque, ao saber do motivo de sua inesperada fortuna amorosa.

sua perturbadora noite de núpcias. Mas é provável que, com fina sensibilidade de escritor, ele tenha percebido o tema antiquíssimo que se perdera na história tendenciosa, não fazendo mais que restituir ao material seu conteúdo anterior.

Numa excelente análise, Isidor Sadger mostrou como o complexo parental do próprio Hebbel determinou sua escolha do material, e como ele veio a tomar sempre o partido da mulher na luta entre os sexos e a penetrar os mais recônditos impulsos da alma da mulher.[14] Ele também menciona os motivos que o próprio escritor oferece para a alteração que fez no material, corretamente julgando-os artificiais e como que destinados a justificar externamente — e, no fundo, ocultar — algo de que o próprio autor não tem consciência. Não contestarei a explicação dada por Sadger para a transformação de Judite, que na história bíblica é uma viúva, numa viúva virgem. Ele invoca a intenção, encontrada nas fantasias infantis, de negar as relações sexuais dos pais e fazer da mãe uma mulher inviolada. Mas acrescento: depois que o escritor estabeleceu a virgindade da sua heroína, sua imaginação sensível deteve-se na reação hostil desencadeada pela profanação da virgindade.

Podemos então dizer, concluindo, que a defloração não tem só a consequência cultural de ligar duradouramente a mulher ao homem; ela também desperta uma reação arcaica de hostilidade ao homem, que pode as-

---

14 Sadger, "Von der Pathographie zur Psychografie" [Da patografia à psicografia], *Imago*, I, 1912.

sumir formas patológicas que se manifestam com frequência em inibições da vida amorosa conjugal, e à qual podemos atribuir o fato de o segundo matrimônio frequentemente vingar mais que o primeiro. O surpreendente tabu da virgindade, o temor com que, nos povos primitivos, o marido foge do ato da defloração, acham nessa reação hostil a sua plena justificação.

É interessante que, na qualidade de psicanalista, encontremos mulheres em que as reações opostas de sujeição e hostilidade acharam expressão e permaneceram intimamente ligadas. Há mulheres que parecem desavir-se totalmente com os maridos, e fazem apenas esforços vãos para distanciar-se deles. Por mais que tentem dirigir seu amor para outro homem, a imagem do primeiro, a quem já não amam, intervém de forma inibidora. A análise mostra, então, que tais mulheres ainda se apegam a seus primeiros maridos por sujeição, não mais por ternura. Não se libertam deles porque não chegaram a vingar-se deles, e, em casos pronunciados, nem tomaram consciência do impulso de vingança.

TEXTOS BREVES
(1910)

INTRODUÇÃO E CONCLUSÃO DE UM DEBATE SOBRE O SUICÍDIO*

1. INTRODUÇÃO

Senhores: Todos escutaram com grande satisfação o apelo de um educador que não admite que se faça uma acusação injustificada contra a instituição que lhe é cara. Mas sei que, de toda forma, os senhores não se inclinavam a crer facilmente na alegação de que a escola empurra seus alunos para o suicídio. Não nos deixemos levar muito longe, contudo, em nossa simpatia pela parte agravada. Nem todos os argumentos do expositor me parecem sólidos. Se os casos de suicídio juvenil ocorrem não apenas entre alunos do secundário, mas também com aprendizes etc., tal circunstância não absolve a escola secundária; ela talvez requeira a interpretação de que a escola secundária, para os alunos, toma o lugar dos traumas que outros adolescentes experimentam em suas outras condições de vida. Mas a escola secundária deve fazer mais do que deixar de impelir os jovens para o suicídio; deve lhes dar vontade de viver e lhes proporcionar apoio e esteio numa fase da vida em que, pelas próprias condições de seu desenvolvimento, veem-se obrigados a afrouxar os vínculos com a casa paterna e

---

* Título original: "Zur Selbstmord-Diskussion". Publicado primeiramente em *Diskussionen des Wiener psychoanalytischen Vereins* I, Wiesbaden: Bergmann, 1910. Traduzido de *Gesammelte Werke* VIII, 62-4.

a família. Parece-me indiscutível que as escolas não fazem isso, e que em muitos pontos não cumprem a tarefa de fornecer substituição para a família e despertar o interesse pela vida no mundo lá fora. Este não é o lugar para uma crítica da escola secundária em sua atual configuração. Mas talvez me seja permitido ressaltar um só fator. A escola não pode esquecer que lida com pessoas ainda imaturas, a quem não é lícito negar o direito de se demorar em certos estágios — até mesmo desagradáveis — do desenvolvimento. Ela não pode arrogar para si o caráter inexorável da vida, não pode querer ser mais do que um jogo de vida.

2. CONCLUSÃO

Senhores: Tenho a impressão de que, apesar do valioso material aqui apresentado, não conseguimos chegar a uma decisão a respeito do problema que nos interessa. Queríamos saber, principalmente, como é possível subjugar o poderoso instinto de vida, se isso pode ocorrer apenas com a ajuda da libido decepcionada ou se o Eu renuncia à afirmação de si mesmo por motivos próprios do Eu. Talvez não tenhamos obtido a resposta a essa questão psicológica porque não temos uma boa aproximação a ela. Quero dizer que nisso podemos partir apenas do estado da melancolia, conhecido clinicamente, e da comparação entre ele o afeto do luto. Mas os processos afetivos da melancolia, as vicissitudes da libido nesse estado, são-nos inteiramente desconhecidos, e também o duradouro afeto do luto ainda não se tornou psicanaliticamente compreensível. Vamos suspender nosso julgamento, portanto, até que a experiência tenha resolvido essa questão.

CARTA A FRIEDRICH S. KRAUSS SOBRE A REVISTA *ANTHROPOPHYTEIA**

Caro dr. Kauss,

O sr. me pergunta que valor científico podem reivindicar, na minha opinião, as coletâneas de piadas eróticas, gracejos, anedotas etc. Sei que o sr. não tem a menor dificuldade em justificar essa atividade de compilação; deseja apenas meu testemunho, na condição de psicólogo, sobre a utilidade e até mesmo o caráter indispensável desse material.

Gostaria de acentuar principalmente duas coisas. As anedotas e pilhérias eróticas que o senhor reuniu nos volumes da *Anthropophyteia* só foram produzidas e passadas adiante porque deram prazer tanto aos narradores como aos ouvintes. Não é difícil imaginar quais componentes do instinto sexual — tão complexo e composto — nelas encontraram satisfação. Essas historietas nos informam diretamente sobre quais instintos parciais da sexualidade são preservados em certo grupo de pessoas, como particularmente adequados para se obter prazer, e assim corroboram perfeitamente as conclusões a que

---

* Publicada primeiramente em *Anthropophyteia*, 7, p. 472. Traduzida de *Gesammelte Werke* VIII, pp. 224-5.

chegou a investigação psicanalítica de indivíduos neuróticos. Permita-me lembrar o mais importante exemplo desse tipo. A psicanálise nos levou a constatar que a região do ânus — normalmente e também nos não pervertidos — é um local de sensibilidade *erógena*, que em determinados aspectos se comporta exatamente como um genital. Os médicos e psicólogos a quem falamos de um erotismo anal e do caráter anal dele decorrente ficaram bastante indignados. Nisso a *Anthropophyteia* vem ao encontro da psicanálise, mostrando como é universal as pessoas se deterem prazerosamente nessa região do corpo, suas atividades e até mesmo produto de sua função. Não fosse assim, todas essas histórias despertariam nojo naqueles que as escutam, ou o povo seria "pervertido" no sentido de uma *psychopathia sexualis* moralizante. Não seria difícil dar outros exemplos de como é valioso para o conhecimento sexual-psicológico o material coletado pelos autores da *Anthropophyteia*. Talvez o seu valor seja ainda acrescido pelo fato — que em si não representa uma vantagem — de os compiladores nada saberem sobre as conclusões teóricas da psicanálise e reunirem esse material sem concepções orientadoras.

Outro ganho psicológico, de natureza mais geral, resulta em especial das piadas propriamente eróticas, como das piadas em si. Em meu estudo sobre o chiste, mostrei que a revelação do que é normalmente reprimido na psique humana pode, seguindo-se determinadas regras, tornar-se uma fonte de prazer e, assim, uma técnica para a formação de chistes. Na psicanálise chamamos de "complexo" uma trama de ideias com o afeto a elas relacionado, e afirmamos que muitas das piadas mais apreciadas são "piadas de complexos", e que devem seu efeito animador e liberador ao hábil desnudamento de complexos normalmente reprimidos. Demonstrar essa tese com exemplos tomaria espaço demasiado aqui, mas pode-se enunciar, como resultado dessa investigação, que as piadas eróticas e outras que circulam no povo constituem excelentes meios para pesquisa da psique inconsciente dos seres humanos, de modo muito semelhante aos sonhos e aos mitos e lendas, que a psicanálise já procura estudar.

Portanto, podemos abrigar a esperança de que o valor psicológico do folclore será cada vez mais reconhecido e os laços entre essa pesquisa e a psicanálise logo se tornarão mais íntimos.

Subscrevo-me, caro dr. Krauss, muito cordialmente,
Freud
[26 de junho de 1910]

EXEMPLOS DE COMO OS NEURÓTICOS REVELAM SUAS FANTASIAS PATOGÊNICAS *

Há pouco tempo examinei um paciente de cerca de vinte anos que apresentava um quadro inequívoco de *de-*

---

* Título original: "Beispiele des Verrats pathogener Phantasien bei Neurotikern", publicado primeiramente em *Zentralblatt für Psychoanalyse*, I, p. 43. Traduzido de *Gesammelte Werke* VIII, p. 228.

mentia praecox (hebefrenia), identificado também por outros médicos. Nos estágios iniciais da doença ele havia mostrado periódicas mudanças de ânimo; tivera considerável melhora e, num desses estados favoráveis, fora retirado da instituição pelos pais. Durante uma semana regalaram-no com toda espécie de entretenimento, festejando sua suposta recuperação. Após esta semana, sobreveio de imediato uma recaída. Levado de volta ao sanatório, ele contou que o médico atendente lhe havia dado o conselho de "flertar um pouco com sua mãe". Não há dúvida de que nesse delirante equívoco da memória ele expressou a excitação que a companhia da mãe produzira nele, e que fora a causa imediata para a sua recaída.

Há mais de dez anos, numa época em que os resultados e pressupostos da psicanálise eram familiares a poucas pessoas, foi-me relatado, de uma fonte confiável, o seguinte caso. Uma garota, filha de um médico, adoeceu de histeria com sintomas localizados. O pai negou a histeria e fez com que se realizassem tratamentos somáticos diversos, que pouco adiantaram. Certa vez, uma amiga perguntou à garota: "Você nunca pensou em consultar o dr. F.?". Ao que a doente respondeu: "Para quê? Sei muito bem a pergunta que ele me faria: 'Já lhe ocorreu a ideia de ter relações sexuais com seu pai?'" — Não preciso garantir que nem naquele tempo nem agora eu faço perguntas desse tipo. Mas note-se que muita coisa que os pacientes relatam como sendo palavras ou atos dos médicos pode ser entendida como revelação de suas próprias fantasias patogênicas.

RESENHA DE *CARTAS A MULHERES NEURÓTICAS*, DE WILHELM NEUTRA*

Deveria ser visto como um auspicioso sinal do interesse crescente pela psicoterapia o fato de em tão breve tempo se ter feito uma reimpressão desse livro. Infelizmente, não podemos saudar o próprio livro como algo auspicioso. O autor, médico assistente do instituto de hidroterapia Gainfahrn, próximo a Viena, adotou a forma das *Cartas psicoterapêuticas*, de Oppenheim, e preencheu essa forma de um conteúdo psicanalítico. Isso é, em determinado sentido, um desacerto, pois a psicanálise não pode ser combinada satisfatoriamente com a técnica persuasiva de Oppenheim (ou de Dubois, se preferirem);** ela busca seu efeito terapêutico por vias muito diferentes. Mais grave, porém, é que o autor não alcança os méritos de seu modelo, o tato e a seriedade moral, e que na apresentação das teorias psicanalíticas incorre frequentemente numa retórica oca, e faz algumas declarações incorretas. No entanto, muita coisa é dita de modo hábil e apropriado; a obra pode ser admitida

---

* Título original: "Besprechung von Dr. Wilhelm Neutra, *Briefe an nervöse Frauen*" [Dresden, 1909]. Publicada originalmente em *Zentralblatt für Psychoanalyse*, 1, 1910, p. 49. Traduzida de *Gesammelte Werke. Nachtragsband* [Volume suplementar], p. 500.
** Hermann Oppenheim, conhecido neurologista, publicou *Cartas psicoterapêuticas* em 1906. Paul Dubois (1848-1918) foi professor de neuropatologia em Berna e adquiriu notoriedade por seu tratamento de neuróticos mediante a "persuasão".

como leitura popular. Numa exposição séria, científica, o autor teria de indicar com maior escrupulosidade as fontes de seus pontos de vista e afirmações.

ÍNDICE REMISSIVO

AS INDICAÇÕES *NA* E *NT* DESIGNAM AS NOTAS DO AUTOR E DO TRADUTOR, RESPECTIVAMENTE.

Abel, K., 304, 307-8, 310NT, 311
abutre(s), 142-3, 145, 147, 149-58, 164, 168, 176-7, 184, 186, 189NA, 190NA, 191-2, 202, 218
Academia Vinciana, 135, 206
ações sintomáticas, 260; *ver também* atos falhos
Adler, 19NA, 323NT, 382
adolescente(s), 129, 167, 169, 389
adulto(s), 24, 69NA, 137-8, 156, 190, 203, 204, 209, 211, 256-7, 266, 274-5, 341, 361
afeto(s), afetivo(s), afetiva(s), 22-3, 35-6, 48, 57-9, 60NA, 83NA, 93, 100, 101NA, 131-2, 156, 169, 173, 193-4, 202, 208, 223, 226-8, 233-5, 252, 263, 280, 297, 315, 333, 345, 359, 390, 392
África, 369
Afrodite, 159
agorafobia, 298
Agostinho, Santo, 381
Albiera, d., 142, 155, 186, 187, 195, 218
Alcibíades, 102NA
Além do bem e do mal (Nietzsche), 44NA, 249NT
Além do princípio do prazer (Freud), 124NT
alimentação, 118, 275, 286, 319
almas, 77NA
alucinação, alucinações, 229-30, 299, 314

ambivalência, 101NA, 375
American Journal of Psychology, 267
Amiano Marcelino, 151
amigo(s), amiga, 18, 31-5, 38, 42, 62, 117, 125, 153, 205, 215, 264, 268, 325, 332, 394
amnésia, 24, 57, 93, 236
amor, amoroso(s), amorosa(s), 38, 40-3, 48, 50, 52-4, 56, 60-2, 65, 68NA, 70NA, 96-105, 107, 127NA, 131-3, 136, 159, 166-7, 176, 179, 191-2, 208, 211, 217NT, 243, 264, 267-8, 271, 274, 276, 280, 318-9, 329, 334-41, 343, 346-7, 349, 352-9, 361-2, 364, 365, 374, 379-80, 382, 387
Análise da fobia de um garoto de cinco anos (Freud), 69NA, 138NA, 268NA
angústia, 55, 106, 139, 229, 259, 268, 293, 325, 329-30, 348, 372; *ver também* medo; temor(es)
animais, 122, 124, 134, 169, 204, 210, 231, 376
ânsia de saber, 124, 136-7, 139-40, 145, 157, 159, 208, 216, 271
Anthropophyteia, 76, 391
Antigo Testamento, 54NT, 385
Antiguidade, 117, 127NA, 151, 154, 255, 303, 359, 366
Anunciação (Leonardo da Vinci), 172NA

ÍNDICE REMISSIVO

ânus, anal, 26, 75, 76, 81, 110NA, 177NA, 270, 346, 392; *ver também* reto
Anzengruber, 384
aparelho psíquico, 244; *ver também* psique
apoplexia, 225
Aristóteles, 118
arte(s), artista(s), 76NA, 115-9, 121-3, 125, 127NA, 129NA, 130, 134-6, 149, 153-4, 168-9, 171, 177-8, 180-2, 187, 189NA, 196, 197, 201, 202, 206, 211, 212, 214-5, 224, 250-1, 253-4, 256, 267, 279NA, 337, 352
ascetismo, ascéticos, ascética, 88, 111, 123, 359
associação livre *ver* livre associação
Atena *ver* Palas Atena
atos falhos, 253, 260, 262; *ver também* ações sintomáticas
Ausführliches Lexikon der griechischen und römischen Mythologie (Roscher), 151NA, 158
Austrália, 367, 368
autoanálise, 269, 293
Autobiografia (Freud), 332NT
autoerotismo, autoerótica(s), 68NA, 70NA, 107, 167, 270-2; *ver também* masturbação, masturbatória
autopunição, 49
aversão, 17, 40, 41, 94, 127, 208

Baco (Leonardo da Vinci), 119, 192
Bacon, F., 118
Bain, 308
Balaão, 54
Bandelli, 120
Banquete (Platão), 102NA
Bartels, 367NA, 369, 370, 381NA
Batalha de Anghiari (Leonardo da Vinci), 122
Batalha de Cascina (Michelangelo), 122NT
Bazzi, 170
bebê(s), 76, 81, 138, 149, 157, 191, 202, 270, 275
"Bedeutung des Vaters für das Schicksal des Einzelnen, Die" (Jung), 381NA
beleza, 116, 124, 149, 169, 176, 186, 217, 226, 362, 385
Bell, S., 267
bem, o, 123, 132
"Bemerkungen über 'geschlechtiche Hörigkeit' und Masochismus" (Krafft), 365NA
Benveniste, 310NA
Bernheim, 240
besouros, 152
Bíblia, 192, 200
Binet, 314
Bleuler, 101NA, 252, 269
boca, 142-3, 147-8, 157, 177, 190NA, 191, 210, 270, 319
Böcklin, 360
"bodas de Tobias", 381
Boltraffio, G., 169, 170
Bonaparte, Marie, 148NT

Borch-Jacobsen, 112NT
Bórgia, C., 123
Boringhieri, 71NT, 117NT, 152NT, 195NT
Botrazzi, 122NA, 131NA
Breuer, 221-2, 224-5, 228-30, 232-3, 235-9, 242, 245, 264
Brill, 148NT, 162NT, 221NA, 231NA
Brutus, 40
Burckhardt, 114NA

canhotismo, 217
capacidade intelectual, 107NA
Caprotti, G., 171NA
"Caráter e erotismo anal" (Freud), 75NA, 177NA
carinho, 350
Cartas psicoterapêuticas (Oppenheim), 395
castração, 160-1, 374, 382
Caterina da Vinci, 141, 173, 174NA, 175, 184, 187, 190, 193
cegueira, cegos, 314-6
cérebro, 180, 223-5
César, 40
Cesare da Sesto, 169
Champollion, 151
Champollion. Sein Leben und sein Werk (Harzleben), 151NA
Charcot, 237, 314
Chiste e sua relação com o inconsciente, O (Freud), 88NA, 103NA
chiste(s), 250, 392
ciência, 117, 134NA, 135, 153, 197, 215, 301, 335, 363

circuncisão, 161NA, 371
cisão psíquica, 238, 244, 258
ciúme, 45, 49, 89, 337
civilização, civilizado(s), civilizada(s), 95NA, 110, 151, 162, 182, 209, 258, 265, 283-4, 294-5, 305, 318, 354-6, 358, 366, 374, 379, 384
clitóris, 371; *ver também* vagina
Códice Atlântico, 129NA, 153
coito, 17, 63, 76, 88, 124, 127NA, 290, 327, 355, 370, 374, 376-80, 382
Colonna, V., 125
compaixão, 63, 78, 210
complexo da castração, 161, 374, 382
complexo de Édipo, 275, 342
compulsão, 14, 52, 54NA, 99, 140, 175, 196
concupiscência, 265
condensação, 258; *ver também* deslocamento(s)
Conferências introdutórias à psicanálise (Freud), 378NA
Conferenze fiorentine (Solmi et al.), 119NA, 122NA, 130-1, 135NA, 180NA, 198NA
conflito(s), 19, 22, 24, 42, 53-5, 60, 62, 81, 94, 98-101, 105, 108, 176, 242, 244, 247, 300, 317, 328, 331
consciência, 35-6, 41NA, 44, 48-9, 57, 80, 83NA, 90, 100-1, 108-9, 111, 144, 176, 199, 235, 239, 241-3, 246, 249, 257, 261-3, 281, 282,

309, 315, 317, 320, 341, 344, 351, 386-7
consciente, o, 36-7, 40, 90, 258
conscientes, atos e processos, 144, 240, 249, 266, 281, 315-6
conteúdo manifesto, 256-8
Conti, A., 180
contratransferência, 293
Contribuição à história do movimento psicanalítico (Freud), 221NA, 332NT
Copérnico, 118
coprofílicas, tendências, 110NA, 272, 361
Cornelisz, J., 185
corpo humano, 20, 125NA, 126NA, 134, 159, 164, 222, 260, 269-70, 318, 357, 362, 392
Corrêa, J. B., 222NT, 282NT
Crawley, 367NA, 368, 372-4
criança(s), 22, 44, 46, 62, 64, 66, 77-8, 100, 136-8, 149, 156, 157, 164, 166-7, 183-4, 191, 195, 199, 202-4, 209, 255-6, 258, 266-71, 274-6, 311, 318, 340-1, 344-6, 349-50; *ver também* infância, infantil, infantis
cristianismo, cristão, 200-1, 359
crueldade(s), cruel, cruéis, 26, 29, 32, 74NA, 77, 79, 123, 180, 371
culpa, 35, 36, 44NA, 50NA, 118, 199, 216, 381

Culte du Priape, Le (Knight), 163NA
cultura, cultural, culturais, 64, 162-3, 278, 282, 285, 301, 305, 318, 357-9, 361-2, 367, 373, 375-6, 379, 383, 386
cura, 96, 221, 226, 241, 247, 266, 282, 330, 333

Dante, 194
De lingua latina (Varrão), 310NT
Decline and fall of the Freudian empire (Eysenck), 143NT
defloração, 367-71, 378, 380, 383, 386
deformação, 85, 87-8, 108-9, 175, 247, 249, 256, 258, 297, 344
delírio(s), 23, 33, 73, 75-7, 82, 84, 95, 110, 148, 223
dementia praecox, 393-4
depreciação do objeto sexual, 353, 356-8
desejo(s), 21-4, 26, 27NA, 34, 37-8, 40, 42-3, 44NA, 48-9, 55, 69NA, 79, 83, 85, 88, 95, 97NA, 98, 102NA, 111-2, 144, 149, 169, 191-2, 202-4, 206, 208, 211, 216, 218, 241-2, 246-8, 256-61, 263-4, 266, 268, 274-5, 278-80, 283-4, 320, 326, 337, 342-6, 361, 380, 382, 385
desenvolvimento psíquico, 137, 140, 146, 176, 208, 210, 343
deslocamento(s), 29, 59, 103, 105-6, 108, 188NA, 194, 258; *ver também* condensação

ÍNDICE REMISSIVO

Deus, deuses, 54, 105, 115, 129NA, 149, 152, 158-9, 163, 164, 194NA, 199, 201, 218, 381
devaneios, 55, 69, 226
Diableries érotiques (Le Poitevin), 76NA
diagnóstico, 224, 329
Diagnostische Assoziationstudien (Jung), 253NA
dinheiro, 28, 33, 50NA, 59, 61, 72, 74, 80, 81NA, 89, 172, 177NA
Diodário de Soria, 206
Dionísio, 159
dissociação, 238-9, 244, 315-6
divã, 70
Divinités génératrices, Des (Dulaure), 381NA
Dizionario di mitologia egizia (Lanzone), 151NA
doença(s), doente(s), 15-7, 21-2, 41NA, 44, 46, 48, 51, 55-6, 58-9, 60NA, 61-4, 67, 69, 82-4, 94-5, 99, 103, 106, 111, 139, 146NA, 169, 209, 211, 222-6, 229-30, 232-4, 237, 239-41, 246-7, 249, 252-4, 262-4, 277-8, 281-2, 288-9, 291-301, 315, 326, 330-3, 348-9, 354, 394; *ver também* enfermidade(s)
dom artístico, 279
dor(es), 49, 71, 270, 282-3, 331, 378
Dossier Freud, Le (Borch-Jacobsen & Shamdasani), 112NT
Drexler, 158

Dubois, 395
Dulaure, 381NA
Dumas, 56
dúvida neurótica, 106

Édipo, mito de, 275; *ver também* complexo de Édipo
educação, 139, 269, 271, 276, 357-8, 362, 365
egípcios, 150-1, 153, 158, 304-10
egoísmo, egoísta(s), 77, 138, 243, 343, 363, 366
Ellis, H., 143NA, 270, 367NA
emoção, emoções, emocional, emocionais, 41, 133, 150, 177, 193, 234, 243, 267-8, 280, 331, 335
enamoramento, 338, 366
energia psíquica, 284
energias instintuais, 136, 362
enfermidade(s), 22, 46, 57, 60, 82, 84, 107, 223-4, 230, 237, 277-8, 292, 300-1; *ver também* doença(s), doente(s)
Entwicklung des Madonnentypus bei Leonardo da Vinci, Die (Konstantinowa), 114NA
erotismo, erótico(s), erótica(s), 23, 63, 75-6, 110NA, 125, 147, 161, 166, 176-7, 191, 196, 203, 207, 212, 214, 264-5, 274, 277-8, 322, 346, 349-51, 360, 374, 391-3
escaravelhos, 152, 154
escolha de objeto, 166NA, 271, 274, 334-6, 339, 349, 351-2, 361, 382

ÍNDICE REMISSIVO

escritores, 179, 335, 384
espírito(s), 54, 66, 84, 297
Estrabão, 151
Estudos sobre a histeria (Breuer & Freud), 221, 227NA, 231, 264
Etcheverry, 148NT
Eu, 22, 111, 134, 242, 244, 247, 257, 259, 277, 284, 295, 317-20, 322, 350, 390
excitação, 168, 211, 233, 236, 269, 274, 352, 361, 394
excrementos, 76, 272
exibição artística, 271
Eysenck, 143NT

família(s), 19NA, 33, 59, 60, 141, 171, 308, 340, 349, 357, 375, 390
fantasia(s), 27-8, 45-6, 50NA, 56, 61, 64, 66, 68NA, 69NA, 70NA, 76NA, 97, 98, 104, 125, 143, 144NA, 145-50, 154-8, 164-5, 168, 176-7, 181, 184, 186, 191-2, 202, 206, 208, 218, 226, 278-80, 301, 335, 342-6, 351, 353, 357, 386, 394
"Fantasias histéricas e sua relação com a bissexualidade" (Freud), 53NA
Fausto (Goethe), 78NA, 133
Federn, 203NA
felação, 147
felicidade, 40, 127NA, 186, 191-2, 285
feminino(s), feminina(s), 20, 22, 76, 123-4, 125NA, 126NA, 127NA, 147, 158-62, 166, 178, 182, 192, 217, 275, 337, 349, 377-8, 381
Ferenczi, 165NA, 280, 383
fidelidade conjugal, 35NA, 337-40, 357
filho(s), filha(s), 21, 24, 60-3, 68, 69NA, 73, 78, 80, 82, 88-9, 105, 141-2, 143NA, 146, 149, 154-6, 166, 169, 174, 177, 185-7, 190-1, 193, 195-6, 210NA, 230, 274, 344-6, 382, 394
Filipinas, 369
filósofos, 90, 315
fixação, fixações, 100, 161, 166NA, 211, 232, 272-3, 339, 343, 349-51, 354, 356, 380
flerte, 337
Fliess, 217NT
Floerke, 360NA
fobia(s), 69NA, 293, 294, 376
fome, 127, 286, 318, 331, 359, 361
força(s) psíquica(s), 99, 244, 256, 271, 283
Fragmento da análise de um caso de histeria (Freud), 149NA, 323NT
França, 117, 120, 123, 181
Francesco del Giocondo, 120
Francisco I, rei, 120, 181
Frazer, 367NA
Freud and the Rat Man (Mahony), 112NT
Fries, H., 185
frigidez, 124, 355, 377-8, 380-1, 383

genital, genitais, 19, 59, 84, 95NA, 125, 127NA, 157, 159-64, 269-72, 275, 319, 322, 355, 361-2, 392
Geschwister (Sudermann), 43NT
Girolamo dai Libri, 185
Godiva, *lady*, 321
Goethe, 65, 78NA, 123, 146NA
governanta(s), 19-20
gregos, 151, 159, 198
grupamentos psíquicos, 235, 244, 258
Gruyer, 178NA

Hall, S., 246
Hamlet (Shakespeare), 104NA, 219, 275
Harzleben, 151NA
Hathor (deus egípcio), 158-9
Hebbel, 384-6
hebefrenia *ver dementia praecox*
Hermes Trismegisto, 152
Herzfeld, 124NA, 135NA, 170NA, 172NA, 183, 200NA, 202NA, 206NA, 219
Hieroglyphica (Horapollo), 151NA, 152NA
hímen, 367-70, 379, 381
hipnose, hipnótico(s), hipnótica, 90, 226-7, 230, 235-6, 239-40, 245, 248-9, 280, 314
hipocrisia, 265
histeria, histérico(s), histérica(s), 15-6, 25, 50NA, 53, 57, 90, 93, 102, 110-1, 221, 223-5, 227-8, 231NA, 232-4, 236-9, 241, 243, 246, 256-7, 292-3, 314-6, 323, 329-30, 394
Holbein, o Velho, 185
homem, homens, 13, 17-8, 19NA, 26, 30, 35NA, 56, 62, 67, 82, 91, 95NA, 100, 115-6, 122, 125NA, 127NA, 129-30, 134, 147-8, 150, 163, 165, 167, 169, 179, 182, 190-1, 193-4, 196-202, 204, 207-8, 211, 214-5, 218, 246, 265, 278, 291-2, 297, 307, 314, 334, 336-7, 339-40, 345-6, 348, 350, 355, 356-8, 360, 362-3, 365-6, 368-9, 371-7, 380-1, 383-7
homossexualidade, homossexual, homossexuais, 19NA, 125, 140, 147, 150, 157, 161, 164-9, 176-7, 195, 211, 271-73
Horapollo, 151NA, 152-3
hostilidade, 42, 99, 280, 374, 377, 382-3, 386-7

Ibsen, 77
Idade Média, 380
ideias, 17-8, 21, 22NA, 27, 31, 33, 37, 47, 50, 52, 54NA, 62-3, 75, 82-7, 90, 99, 106, 205, 225, 241, 254, 315-7, 320, 371, 392
Igreja, 117, 154, 201
imaginação, imaginário, 34, 55, 68NA, 87, 97, 159, 195, 205, 376, 386
Imago, 160NT, 386NA

impotência psíquica, 161, 348, 349, 352, 354-6, 358, 366
impulso(s), 17-8, 23, 42, 45-7, 49-50, 52-3, 55-6, 65, 70NA, 77, 83, 105-8, 111, 138, 140, 176-7, 193, 196, 202, 207, 210-1, 214, 241-3, 261, 268, 271-2, 278, 280, 283-5, 326-7, 337, 342, 344-5, 358, 361-2, 374, 376, 378, 381-2, 386-7
incesto, 275, 350-1, 353-4, 356, 361
inconsciente, o, 36-8, 40-2, 46, 90, 101-2, 105, 111, 139-40, 176, 191, 211, 246, 248-9, 253-4, 256-9, 263, 273, 275, 280, 288, 290, 294, 315-6, 330, 331, 341, 344, 351
inconscientes, atos e processos, 23, 50NA, 90, 94, 104, 175, 214, 240-1, 257-8, 261, 263, 280-1, 283-4, 293, 315-6, 345, 351
Índia, 122, 381
inervação somática, 16, 234
infância, infantil, infantis, 17-9, 23-5, 37-8, 42-3, 46, 57, 59, 60NA, 61-4, 66, 68, 69NA, 70NA, 75, 79-82, 88, 93, 96, 99-101, 107, 110, 136-7, 138NA, 139-3, 144NA, 145-8, 150, 155-7, 159, 161-2, 164, 166-7, 176-7, 182-3, 184NA, 186-7, 188NA, 190NA, 195-9, 201-4, 207-8, 210-2, 214, 216, 218-9, 230, 257-8, 266, 268-79, 284, 330, 339-40, 342, 349-51, 354, 356, 368-9, 380, 386; *ver também* criança(s)
infidelidade conjugal, 342-3
Inglaterra, 49
inibição, inibições, inibido(s), inibida, 14, 65, 103-4, 106, 108, 121, 139-40, 168, 191, 194, 198, 209, 212, 214, 233-4, 272-4, 283, 320, 327, 348-9, 354, 373, 380, 387
Inibição, sintoma e angústia (Freud), 98NT
instinto(s), instintual, instintuais, 22-3, 47, 50, 74, 94, 102, 110, 124NT, 125NA, 127NA, 132-3, 135-7, 139-40, 161, 180, 210-2, 214-5, 217-8, 264, 266, 268-73, 275-7, 279, 282-5, 293-4, 297, 300, 317-20, 322-3, 328, 349-50, 352, 359-61, 362-3, 390-1; *ver também* vida instintual
Internationale Psychoanalytische Vereinigung, 332NT
Internationale Zeitschrift für ärztliche Psychoanalyse, 160NT
Internationale Zeitschrift für Psychoanalyse, 125
interpretação dos sonhos, 69NA, 254, 259; *ver também* sonho(s); trabalho do sonho
Interpretação dos sonhos, A (Freud), 80NA, 85NA, 254NA, 290, 303

intestino, 138
"Introjektion und Übertragung" (Ferenczi), 280NA
inveja do pênis, 382-3; *ver também* pênis
investigação psicanalítica, 15, 137, 163, 216, 265, 279, 355, 358, 392
investimento(s), 57, 350-1
irmão(s), irmã(s), 19-20, 34, 38, 43-4, 46, 50NA, 67, 70NA, 88, 97, 146NA, 195NA, 210NA, 243, 274-5, 306, 349, 356, 380, 382
Ísis (deusa egípcia), 158-9

Jahrbuch der Schweizerischen Gesellschaft für Schulgesundheispflege, 269NA
Jahrbuch für Kinderheilkunde, 270NA
Jahrbuch für Psychoanalyse, 381NA
Jahrbuch für psychoanalytische und psychopathologische Forschungen, 160NA, 268NA, 280NA
Janet, P., 238-9, 244, 314, 316
Jesus Cristo, 155, 185, 188NA
Jones, 53NA, 231NA
Journal of Abnormal Psychology, 53NA
Journal of Mental Science, 143NA
judeus, 161NA
Judite e Holofernes (Hebbel), 385
Júlio César (Shakespeare), 40

Jung, 71NT, 249, 252-3, 268, 279, 292, 353NT, 381
Jungferngift, Das (Anzengruber), 384

Kauss, 391
Knight, R., 163NA
Kölnische Zeitung, 311
Konstantinowa, A., 114NA, 181, 185NA
Krafft-Ebing, 148, 365
Krauss, 76, 393
Künstler, Der (Rank), 279

Lanzer, 112NT
Lanzone, 151NA, 158NA
latentes, pensamentos, 256-7
Le Poitevin, 76NA
Leda (Leonardo da Vinci), 119, 192
Leemans, 152NT
lembrança(s), 19, 34, 68NA, 72, 80, 83NA, 92-3, 99, 142-6, 156, 167, 177, 183, 228, 231, 235-6, 239-42, 246, 248, 257, 269, 280, 307, 344, 348, 365
Léonard de Vinci (Müntz), 122NA, 153NA
Leonardo biologo e anatomico (Botrazzi), 122NA, 131NA
Leonardo da Vinci, 114-23, 125, 126NA, 127-36, 140-3, 144NA, 145-51, 153-8, 164-5, 168-79, 181-8, 190-212, 214-9
Leonardo da Vinci (Rosenberg), 188NA

Leonardo da Vinci (Vecce), 141NA
Leonardo da Vinci, der Wendepunkt der Renaissance (Seidlitz), 120NA
Leonardo da Vinci. Der Denker, Forscher und Poet (Herzfeld), 124
Leonardo da Vinci. Um romance biográfico (Merejkóvski), 130NA
Leonardo pittore (Conti), 180NA
"Lessons of Leonardo, The" (Stannard), 143NT
libido, libidinal, libidinais, 81, 102, 129NA, 140, 169, 176, 177, 211, 214, 216, 270, 276, 278-9, 285, 328, 340, 349-51, 359, 380, 382, 390
Lichtenberg, 95NA
Lina, srta., 20, 45
Lindner, 270
linguagem, 15, 61, 72, 75, 80NA, 130, 147, 157, 163, 291, 304-5, 307-10, 312, 373
línguas, 147, 230, 304, 308, 310, 312
Literary works of Leonardo da Vinci, The (Richter), 122NA
livre associação, 257, 262
Lomazzo, 119
López-Ballesteros, 148NT
Löwenfeld, 82NA
Ludovico Mouro *ver* Sforza, L.
Luini, 170

Macduff, 345
"Mädchen von Orleans, Das" (Schiller), 114NT
Madona de santo Onofre (Leonardo da Vinci), 119
mãe, 21, 34, 54, 59, 67, 69NA, 78, 93, 95NA, 109, 138, 141, 143NA, 146NA, 149-50, 153-9, 161, 164, 166-7, 169, 174-7, 184-7, 188NA, 189NA, 190-1, 195NT, 198-9, 210-1, 214, 216, 229, 243, 274, 339-42, 344, 346, 349-50, 353, 356, 386, 394; *ver também* maternidad; pai
Mahony, 112NT
mal, o, 37, 123, 132, 225
mania, 49, 50, 52, 96
Marcondes, D., 222NT, 223NT, 282NT
masculino(s), masculina(s), 19NA, 95NA, 125NA, 127NA, 147, 157-9, 164, 166-7, 192, 202, 217, 275, 343, 380, 382
masoquismo, masoquista, 270, 294, 365
masturbação, masturbatória, 17, 59, 63-6, 87, 107, 270, 320, 323, 329-30, 343; *ver também* autoerotismo, autoerótica(s)
maternidade, 151-2, 159, 164, 184-5, 189
McLintock, 148NT
médico(s), 16, 18NA, 33-5, 54, 58, 63-4, 148, 164, 173-4, 221-6, 233-4, 246-7, 253,

265, 280-1, 288-9, 292-3, 296, 299, 325-33, 354, 392, 394-5
medo, 25-6, 34, 38, 67, 71, 75, 123, 205, 233, 283, 293, 345, 385; *ver também* angústia; temor(es)
Mefistófeles, 77NA
Melzi, 129, 169
memória, 19, 29, 43-5, 57, 67, 69, 79NA, 93-5, 105, 145, 147, 155, 177, 190, 198, 232, 240, 394
menstruação, 371, 373
mente, 17, 39, 42, 50, 97, 267
Merejkóvski, 130, 141, 170NA, 174NA, 184NA, 197
metas(s), 100, 169, 211, 247, 272, 274, 281, 284-5, 292, 317-8, 327, 350, 353, 356
metátese *ver* troca fonética
Meyer-Rinteln, 311
Michelangelo, 118, 122, 125
misoginia, 161
mitologia, 151, 158, 164, 321
Monna Lisa (Leonardo da Vinci), 120, 178-85, 188NA, 190, 214, 218
Monna Lucia, 186
moral, morais, 37, 149, 272, 285, 305, 325, 339, 341, 395
morte, 21, 34, 38, 43, 46, 49, 62, 63, 65, 70NA, 88, 90, 92, 96-8, 123, 124NT, 129, 169, 175, 193, 194, 201, 224, 232, 385
mulher(es), 17, 19NA, 23, 27-8, 35, 43-5, 63, 65-6, 76, 78, 81, 86-100, 105, 111, 125, 126NA, 127NA, 129NA, 147-8, 155, 160-2, 165-8, 179-80, 183-6, 188NA, 189NA, 190NA, 191, 195, 212, 214, 223, 238, 296, 321, 326, 329, 336-43, 345-6, 350, 353, 355-8, 365, 366, 372-87, 395
Müntz, 122NA, 153NA, 179, 193NA, 200NA, 206NA, 207
Mut (deusa egípcia), 151, 158-9, 164, 311
Muther, 179, 185-6, 192, 201
Mystic Rose: A Study of Primitive Marriage, The (Crawley), 367NA
Mythus von der Geburt des Helden, Der (Rank), 346NA

Napoleão, 362
narcisismo, narcísica, 167, 374-5, 378, 382
Narciso, mito de, 167
"Natureza e mecanismo da neurose obsessiva" (Freud), 14NA
negação, 303
Neith (deusa egípcia), 159
neurose(s), neurótico(s), neurótica(s), 13-6, 22-5, 38NA, 46NA, 50NA, 53, 57-9, 64-5, 67, 70NA, 76NA, 82NA, 86, 88, 90-1, 93-6, 98-100, 102-8, 110-1, 136, 139-40, 175-6, 199, 209, 212, 217, 228, 232, 246-7, 253, 259-60, 263, 273, 275-9, 281,

284-5, 288, 292, 294-6, 298-301, 318-9, 321-3, 326, 328-9, 333, 335, 341, 349, 351, 363-4, 372, 375, 378, 380-2, 392-3, 395
nexo(s), 35, 41-2, 47, 49, 50NA, 69NA, 75, 93, 110, 127NA, 150, 156, 163, 165, 218, 239-40, 257, 273, 278, 315-6, 330, 335, 346, 358
Nietzsche, 44, 249NT
nojo, 162, 222, 228, 233, 272, 392
"Novas observações sobre as neuropsicoses de defesa" (Freud), 14NA, 82NA

obras de arte, 148, 279
obsessão, obsessões, obsessivo(s), obsessiva(s), 13-7, 21-5, 27, 29-33, 38NA, 47-9, 50NA, 51-3, 55, 57-8, 62-3, 66, 69, 74-9, 80NA, 81-99, 102-11, 175-6, 209, 217, 294, 298, 338, 378
Ocidente, 161NA, 296
ódio, 40, 52-4, 96, 99-103, 105, 107, 131-3, 161NA, 298
olfato, 110, 361
olho(s), 61, 222, 229, 314-5, 319-20
onanista(s), 351; *ver também* masturbação, masturbatória
onipotência, 88, 95, 97NA
Oppenheim, 395
oração, orações, 54, 86, 104-5
órgãos vitais, 223

"Origem da linguagem" (Abel), 310

paciente(s), 14-5, 18NA, 19, 22, 24-5, 29, 32, 34, 35NA, 47, 48, 50NA, 52, 53NA, 54, 56-9, 61-3, 65-6, 68, 69NA, 70NA, 72, 73NA, 76-9, 83-7, 89, 91, 94-7, 99, 102-3, 105, 107, 109-11, 112NA, 166, 222-30, 232-3, 235, 237-43, 245, 247-9, 251-3, 255, 257, 260, 262-3, 265-6, 268, 277, 280-1, 283, 289, 292-5, 325-6, 330-1, 333, 337, 393-4
pai, 17, 21, 23-4, 27-8, 34, 38, 42-3, 45-6, 59, 61-3, 65-6, 68, 69NA, 70NA, 72, 75, 77, 79-81, 84, 87, 89, 92, 95NA, 97, 99-100, 138, 141, 154-6, 166, 171, 179NA, 186-7, 191, 193, 194NA, 195NT, 196-7, 199, 208, 210, 212, 224, 226, 229, 232-3, 242, 268, 274, 293, 340, 342, 344, 346, 350, 369, 380, 382, 394; *ver também* mãe; paternidade
Pais da Igreja, 154
paixão, paixões, 43, 67NA, 101, 132, 134, 156, 215, 336-8, 350, 357
Palas Atena, 95NA, 159
palavra mágica, 86
Palavras de Freud, As (Paulo César de Souza), 241NT, 244NT
Paradiso (Dante), 194
paranoia, 102

Pater, W., 121NA, 182, 183, 190
paternidade, 94
Patients de Freud, Les (Borch-Jacobsen), 112NT
Paul (paciente), 20
pele, 270
pênis, 66, 76, 149, 157, 161, 164, 172, 382; *ver também* genital, genitais; inveja do pênis; vagina
pensamento(s), 15, 21-5, 27, 38-41, 44-6, 50NA, 53, 54NA, 62, 69, 73, 79NA, 80, 83, 85-91, 94-5, 97, 99, 106-8, 110, 132, 136, 139-40, 179, 205, 226, 244, 249-58, 262, 303, 305, 307, 309-12, 322, 341, 345
Pequeno Eyolf, O (Ibsen), 77
percepção, percepções, 24, 55, 84, 90, 93, 100, 103, 110, 160, 176, 201, 245, 322, 355, 371, 374
perigo(s), 34, 52, 282, 297, 332, 343-5, 362, 372-3, 376, 378, 383-4
personalidade, 14, 37, 111, 115, 180, 207, 209, 215, 223, 235, 238, 242, 247, 278
Perugino, 117
perversão, perversões, 148, 162NT, 272-3
Peter, srta., 19
Pfister, 189NA, 190NA
piada, 34, 72, 88NA, 103, 250
Piero da Vinci, 141, 155, 179NA, 193-4

Platão, 102NA
Ploss, 367NA, 369-70, 381NA
Plutarco, 151
Poesia e verdade (Goethe), 65, 146NA
prazer, prazerosa, 22, 27, 44, 63, 66, 82, 107-8, 110, 117, 122, 127NA, 133, 139-40, 149, 154, 161, 165, 205, 269-71, 277, 318-22, 335, 345, 352-3, 355, 359, 362-3, 371, 391-2; *ver também* princípio do prazer
pré-consciente(s), 111
"Predisposição à neurose obsessiva, A" (Freud), 101NA
pré-história, 68, 144, 145, 161NA
"Preliminary study of the emotion of love between the sexes, A" (Bell), 267
Príapo, 381
princípio do prazer, 335; *ver também* prazer, prazerosa
Problèmes de linguistique générale (Benveniste), 310NA
processo(s) psíquico(s), 14, 23, 57, 90, 140, 175, 193, 234, 238, 241, 249, 258, 281, 298, 315-6, 320
procriação, 95NA, 138, 162, 269, 271, 273, 318
proibição, proibições, 17, 65, 83, 88, 106, 109, 357, 358, 367, 371, 373, 379
projeção, 24, 94, 105, 326; *ver também* transferência
psicanálise, 70NA, 84, 86, 147,

ÍNDICE REMISSIVO

165, 199, 202, 215, 217, 221, 236, 248, 253, 260, 262, 273, 276, 281-3, 289, 293, 295, 300, 316-7, 321-2, 326-8, 330-2, 340, 349, 361, 374, 380, 392-5
psicanalista(s), 19NA, 147, 193, 253-5, 261, 274, 293, 297, 330, 332-3, 348, 387
psicologia, 135, 175, 334, 347, 364, 381
psicólogos, 46NA, 90, 392
Psicopatologia da vida cotidiana (Freud), 17NA, 93NA, 260NA
psicoses, 253
psicossexualidade, 327-8
psique, 94, 97NA, 105, 162, 201, 215, 226, 244, 245, 261-3, 278, 282, 352, 392; *ver também* aparelho psíquico
psiquiatra(s), 255, 269, 312
Psychischen Zwangserscheinungen, Die (Löwenfeld), 82NA
Psychopathia sexualis (Krafft-Ebing), 148
puberdade, 42, 63-5, 68NA, 69, 161, 196, 211-2, 266, 271, 340-1, 343, 350, 354, 368
pudor, 123, 180, 271-2, 370

racionalização, 86, 344
raiva, 49, 52, 67-8, 88
Rank, 279NA, 346NA
"Rationalisation in every-day life" (Jones), 53NA
rato(s), 13, 26-8, 33, 61, 71, 74-82, 87, 89

realidade, real, reais, 16, 61, 68, 70NA, 90, 94, 97, 103, 137, 143NA, 144NA, 150, 155, 176, 199, 207-8, 212, 214, 232, 248, 275, 277-80, 285, 301, 335, 338, 343, 350-1, 354, 356, 376, 379; *ver também* vida real
reconciliação, 52
"Recomendações ao médico que pratica a psicanálise" (Freud), 293NT
recriminação, recriminações, 34-7, 42, 44, 58-9, 82, 83NA, 191, 206, 298, 321
regressão, regressões, 60NA, 106-7, 212, 214, 272, 277-8
Reitler, 125, 128NA, 129NA
Religion de Léonard, La (Müntz), 200NA
religiosidade, religião, religiões, religioso, religiosa(s), 29-30, 54, 132-3, 139, 151, 163, 199-201, 206, 218, 295, 325, 367, 372
reminiscência(s), 149, 165, 231
Renaissance, Die (Pater), 121NA, 182NA
Renascimento / Renascença, 114, 116, 182, 196
repressão, repressões, reprimido(s), reprimida(s), 24, 37, 40, 41NA, 43, 44NA, 54, 56-7, 82, 83NA, 87, 93, 100-1, 107, 110-2, 125NA, 127NA, 129NA, 139-40, 162, 167, 175-7, 191, 196, 204, 209-

12, 216-7, 241-53, 257-64,
266, 269, 271-9, 282-5,
289, 295-6, 317-23, 326,
328-9, 331, 353, 361, 392-3
resistência(s), 15, 26, 33, 44, 55,
61, 91-2, 100, 208, 241,
243-5, 247, 249-50, 252-3,
257, 260, 263, 272, 277-8,
280-1, 289, 292-3, 296,
328-31, 333, 359, 365-6, 380
"Resurrezione dell' opera di Leonardo, La" (Solmi), 119NA, 133NA, 134NA, 170NA
reto, 82; *ver também* ânus, anal
Ricerca e documenti sulla giovinezza di Leonardo da Vinci (Scognamiglio), 120NA
Richter, 122NA, 153, 206
rivalidade(s), 122, 195
"Romance familiar do neurótico, O" (Freud), 343NA
romanos, 151
Roscher, 151NA, 158
Rosenberg, 188NA

Sadger, 165NA, 386
sadismo, sádico(s), sádica(s), 102, 107, 162NT, 210, 270, 294, 361, 371
Salaino, A., 169, 171
Salomão, J., 222NT, 223NT
sanção, 27, 28, 81
sangue, 122, 295, 305, 371-2, 375
Sant'Ana com a Virgem e o Menino (Leonardo da Vinci), 182, 184, 214-8
São João Batista jovem (Leonardo da Vinci), 119, 172NA, 182, 192
satisfação, satisfações, 44, 51, 59, 81, 101, 107-8, 114, 139, 148, 169, 216, 222, 270-1, 277, 285-6, 294, 297, 328, 341, 350-1, 356-7, 359-60, 362, 377, 389, 391
Saugen an den Fingern, Lippen, etc. bei den Kindern (Ludeln), Das (Lindner), 270NA
"Schicksal des Freiherrn v. Leisenbogh, Das" (Schnitzler), 384NA
Schiller, 114NT, 318NT
Schnitzler, 384NA
Schopenhauer, 58NA
Schorn, 205NA
Schriften zur angewandten Seelenkunde (Storfer), 381NA
Scognamiglio, 120NA, 129NA, 141NA, 183NA
Seidlitz, 120NA, 121NA, 178NA, 186NA, 197NA, 214NA
sêmen, 87
sensualidade, sensual, sensuais, 42, 123, 179, 201, 211, 268, 321, 349-55, 357-8
sentido antitético, 302, 308-9, 311-2
sentimento(s), 40, 55, 88, 95-101, 123, 150, 165, 175, 182, 195, 201, 243, 246, 274, 293, 327, 337, 339, 374
ser humano, 110, 122, 169, 191, 199, 247, 263, 307
serpentes, 229, 384

servidão sexual, 365
sexualidade, sexual, sexuais, 17, 19, 21-2, 24-5, 43, 59, 63-6, 68, 69NA, 70NA, 76-7, 79, 81-2, 88, 99-100, 103, 107, 110, 123-24, 125NA, 126NA, 127NA, 129-30, 136-40, 147-9, 157-9, 161-6, 168-70, 176-7, 184, 198, 202-4, 210-2, 214, 216, 259, 264-80, 282, 284-5, 290-1, 317-22, 325-9, 338, 341-3, 348-53, 355-63, 365-6, 370-81, 383, 385-6, 391-2, 394; *ver também* vida sexual
"Sexuelle Abnormitäten der Kinder" (Bleuler), 269NA
Sforza, L., 115, 117, 120, 172NA, 196-7
Shakespeare, 40, 219NT, 275
Shamdasani, 112NT
Shrinking history: On Freud and the failure of psychohistory (Stannard), 143NT
sífilis, 76
simbolismo, símbolo(s), 75, 79, 147, 151-2, 161, 189NA, 231-2, 259, 290-1
sintoma(s), 50NA, 53, 57, 72, 95, 102, 107, 121, 209, 223, 227-8, 231-6, 240, 243, 245, 247-8, 250, 256-8, 261-2, 264-6, 273, 277-80, 292, 298, 301, 317, 319, 322, 328, 331, 333, 378, 394
"Sobre teorias sexuais infantis" (Freud), 81NA

"Sobre transformações dos instintos, em particular no erotismo anal" (Freud), 382NA
sociedade, 148, 250, 269, 296, 298, 299, 301, 332, 364
Sócrates, 102NA
sofrimento(s), 37, 51, 71, 247, 262, 282-3, 295, 354, 362
Solmi, 119, 124, 130, 133-4, 170NA, 174NA, 198NA
sonambulismo, 240, 314
sonho(s), 47, 54, 57, 61, 68NA, 69, 79-80, 82, 85, 92, 147-8, 157, 182-3, 190NA, 202-3, 229, 253-9, 261-3, 266, 290, 303-4, 311-2, 344-6, 382-3, 385, 393; *ver também* interpretação dos sonhos; trabalho do sonho
sono, 257
Sprachwissenschaftliche Abhandlungen (Abel), 304
Stannard, 143NT
Stekel, 165NA, 290
Storfer, 380
Strachey, 71NT, 73NA, 93NT, 98NT, 124NT, 142NT, 143NT, 148NT, 282NT, 318NT, 353NT
Studies in the Psychology of Sex (Ellis), 367NA
sublimação, 65, 137, 140, 163, 198, 211-2, 217, 247, 284-5, 362
Sudermann, 43
suicídio, 47, 49, 389
superestimação sexual, 357
superfícies sensoriais, 270

superstição, superstições, supersticioso(s), supersticiosas, 23, 90-1, 98, 111, 163
Symbolik des Traumes, Die (Von Schubert), 303NA

Taboo and the Perils of the Soul (Frazer), 367NA
tabu(s), 364, 367, 371-6, 379, 383-4, 385NA, 387
talking cure, 226, 237
temor(es), 17, 21-4, 27NA, 29, 40, 52, 62, 91, 97, 371, 373-5, 387; *ver também* angústia; medo
tensão, tensões, 20, 106, 229, 241, 343, 374
terapia, 35, 70NA, 86, 221, 246, 253, 288, 298, 329-30
ternura, 38, 56, 100, 102, 166, 179-80, 185, 190, 216, 298, 345, 350, 352, 356, 387
tio, tia, 35, 59
"Tipo especial de escolha de objeto feita pelo homem, Um" (Freud), 291INT
Totem e tabu (Freud), 97NA, 371NA, 375
trabalho do sonho, 258, 303, 310-1, 312
trabalho psicanalítico, 281, 284-5
transferência, 61, 69, 206, 262, 280, 289, 331; *ver também* projeção
transtorno psicogênico da visão, 313-4, 321
transtornos nervosos, 328

Tratado sobre a pintura (Leonardo da Vinci), 116, 131
trauma(s), traumático, traumática(s), 57, 228, 231-3, 237-8, 245, 265, 266, 389
Três ensaios sobre a teoria da sexualidade (Freud), 64NA, 191NA, 267, 269NA
troca fonética, 311
tumor, 225
Turquia, 296

"Über die androgynische Idee des Lebens" (Von Römer), 152NA
Última ceia (Leonardo da Vinci), 119-21, 197, 212
uretra, 270
útero, 125, 127NA

vagina, 127NA; *ver também* clitóris; genital, genitais; pênis
valor psíquico, 260, 359-60
Varrão, 310NT
Vasari, 115, 120, 181, 183, 196, 200, 204, 205NA, 206, 212
Vecce, 141INT, 153NA, 171NA, 174NA, 184NA
vergonha, 162
Verrocchio, 125, 142, 178NA, 195
vida humana, 218, 372
vida instintual, 98-9, 102, 110-1
vida psíquica, 22, 47, 103, 123, 135, 156, 161, 169, 172, 211, 226, 232, 234, 250, 261-2, 275, 281, 296, 316, 319, 384

vida real, 15, 278, 343; *ver também* realidade, real, reais
vida sexual, 17, 19, 25, 59, 64, 70NA, 110, 136-7, 140, 159, 162, 196, 209, 211-2, 265, 269-71, 273-4, 276-7, 327, 329, 341-2, 350, 358, 365, 372, 380; *ver também* sexualidade, sexual, sexuais
vingança, 56, 99, 320, 343, 387
Virgem Maria, 154, 185-6, 299
virgindade, 364-5, 367, 371-2, 376, 382, 383-7
visão, 35, 93, 221-2, 229, 314, 316-7, 319, 321-2
Vite (Vasari), 115NA
Vold, M., 203NA
"Von der Pathographie zur Psychografie" (Sadger), 386NA
Von Römer, 152NA
Von Schubert, G. H., 303NA

Weib in der Natur- und Völkerkunde, Das (Ploss & Bartels), 367NA, 381NA
"Weltweisen, Die" (Schiller), 318NT
Zehn Jahre mit Böcklin (Floerke), 360NA

Zeus, 95NA
zonas erógenas, 270
"Zur Sonderstellung des Vatermordes" (Storfer), 381NA

**SIGMUND FREUD,
OBRAS COMPLETAS
EM 20 VOLUMES**
COORDENAÇÃO DE PAULO CÉSAR DE SOUZA

1. TEXTOS PRÉ-PSICANALÍTICOS (1886-1899)
2. ESTUDOS SOBRE A HISTERIA (1893-1895)
3. PRIMEIROS ESCRITOS PSICANALÍTICOS (1893-1899)
4. A INTERPRETAÇÃO DOS SONHOS (1900)
5. PSICOPATOLOGIA DA VIDA COTIDIANA E SOBRE OS SONHOS (1901)
6. TRÊS ENSAIOS SOBRE A TEORIA DA SEXUALIDADE, ANÁLISE FRAGMENTÁRIA DE UM CASO DE HISTERIA ("O CASO DORA") E OUTROS TEXTOS (1901-1905)
7. O CHISTE E SUA RELAÇÃO COM O INCONSCIENTE (1905)
8. O DELÍRIO E OS SONHOS NA GRADIVA, ANÁLISE DA FOBIA DE UM GAROTO DE CINCO ANOS ("O PEQUENO HANS") E OUTROS TEXTOS (1906-1909)
9. OBSERVAÇÕES SOBRE UM CASO DE NEUROSE OBSESSIVA ("O HOMEM DOS RATOS"), UMA RECORDAÇÃO DE INFÂNCIA DE LEONARDO DA VINCI E OUTROS TEXTOS (1909-1910)
10. OBSERVAÇÕES PSICANALÍTICAS SOBRE UM CASO DE PARANOIA RELATADO EM AUTOBIOGRAFIA ("O CASO SCHREBER"), ARTIGOS SOBRE TÉCNICA E OUTROS TEXTOS (1911-1913)
11. TOTEM E TABU, HISTÓRIA DO MOVIMENTO PSICANALÍTICO E OUTROS TEXTOS (1913-1914)
12. INTRODUÇÃO AO NARCISISMO, ENSAIOS DE METAPSICOLOGIA E OUTROS TEXTOS (1914-1916)
13. CONFERÊNCIAS INTRODUTÓRIAS À PSICANÁLISE (1916-1917)
14. HISTÓRIA DE UMA NEUROSE INFANTIL ("O HOMEM DOS LOBOS"), ALÉM DO PRINCÍPIO DO PRAZER E OUTROS TEXTOS (1917-1920)
15. PSICOLOGIA DAS MASSAS E ANÁLISE DO EU E OUTROS TEXTOS (1920-1923)
16. O EU E O ID, "AUTOBIOGRAFIA" E OUTROS TEXTOS (1923-1925)
17. INIBIÇÃO, SINTOMA E ANGÚSTIA, O FUTURO DE UMA ILUSÃO E OUTROS TEXTOS (1926-1929)
18. O MAL-ESTAR NA CIVILIZAÇÃO, NOVAS CONFERÊNCIAS INTRODUTÓRIAS E OUTROS TEXTOS (1930-1936)
19. MOISÉS E O MONOTEÍSMO, COMPÊNDIO DE PSICANÁLISE E OUTROS TEXTOS (1937-1939)
20. ÍNDICES E BIBLIOGRAFIA

PARA MAIS INFORMAÇÕES SOBRE OS VOLUMES PUBLICADOS, ACESSE:
www.companhiadasletras.com.br

ESTA OBRA FOI COMPOSTA
EM FOURNIER E CONDUIT
POR WARRAKLOUREIRO
E IMPRESSA EM OFSETE PELA
GEOGRÁFICA SOBRE PAPEL
PÓLEN DA SUZANO S.A.
PARA A EDITORA SCHWARCZ EM
JULHO DE 2024

A marca FSC® é a garantia de que a madeira utilizada na fabricação do papel deste livro provém de florestas que foram gerenciadas de maneira ambientalmente correta, socialmente justa e economicamente viável, além de outras fontes de origem controlada.